Kinder- und Hausmärchen.

Gesammelt
durch
die Brüder Grimm.

Kleine Ausgabe 1825.

Mit sieben Kupferstichtafeln
von Ludwig Emil Grimm.

Frölich & Kaufmann Verlag und Versand GmbH
Berlin.

Erstausgabe dieser Neuedition

Textkritische Ausgabe, herausgegeben und mit einem
Nachwort versehen von Axel Winzer

Die Abbildungen der sieben Kupferstichtafeln von Ludwig Emil
Grimm stammen mit freundlicher Genehmigung der Staatsbibliothek
zu Berlin, Preußischer Kulturbesitz, aus dem Exemplar der Abteilung
Historische Drucke, Signatur: Libri impr. rari oct. 331.

Lothar Bluhm sei bedankt für einen konstruktiven Zweifel.

Frölich & Kaufmann Verlag und Versand GmbH
Berlin 2022

ISBN 978-3-948391-48-5

www.froelichundkaufmann.de

Inhalt.

1.

Der Froschkönig oder der eiserne Heinrich.

Es war einmal eine Königstochter, die saß daheim und wußte nicht was sie vor langer Weile anfangen sollte. Da stand sie auf, nahm eine goldene Kugel, womit sie schon oft gespielt hatte, und gieng hinaus in den Wald. Mitten in dem Wald aber war ein reiner, kühler Brunnen, dabei setzte sie sich nieder, warf die Kugel in die Höhe, fieng sie wieder und das war ihr so ein Spielwerk. Es geschah aber, als die Kugel einmal recht hoch geflogen war und die Königstochter schon den Arm in die Höhe hielt und die Fingerchen streckte, um sie zu fangen, daß sie neben vorbei auf die Erde schlug und gerade zu ins Wasser hinein rollte.

Erschrocken sah ihr die Königstochter nach; aber die Kugel sank hinab und der Brunnen war so tief, daß kein Grund zu erkennen war. Als sie nun ganz verschwand, da fieng das Mädchen gar jämmerlich an zu weinen und rief: „ach! meine goldene Kugel! hätte ich sie wieder, ich wollte alles darum hingeben: meine Kleider, meine Edelsteine, meine Perlen, ja meine goldene Krone noch dazu.“ Wie es das gesagt hatte, tauchte ein Frosch mit seinem dicken

Kopf aus dem Wasser heraus und sprach: „Königstochter, was jammerst du so erbärmlich?“ „Ach, sagte sie, du garstiger Frosch, was kannst du mir helfen! meine goldne Kugel ist mir da in den Brunnen gefallen.“ Der Frosch sprach weiter: „deine Kleider, deine Edelsteine, deine Perlen, ja deine goldne Krone, die mag ich nicht; aber wenn du mich willst zu deinem Freund und Gesellen annehmen, wenn ich soll an deinem Tischlein sitzen zu deiner rechten Seite, von deinem goldenen Tellerlein mit dir essen, aus deinem Becherlein trinken und in deinem Bettlein schlafen, so will ich dir deine Kugel wieder herauf holen.“ Die Königstochter dachte in ihrem Herzen: was der einfältige Frosch wohl schwätzt! ein Frosch ist keines Menschen Gesell und muß im Wasser bei seines Gleichen bleiben, vielleicht aber kann er mir die Kugel herauf holen; und sprach zu ihm: „ja meinetwegen, schaff mir nur erst meine goldene Kugel, es soll dir alles versprochen seyn.“

Als sie das gesagt hatte, tauchte der Frosch seinen Kopf unter das Wasser, sank hinab und über ein Weilchen kam er wieder in die Höhe gerudert, hatte die Kugel im Maul und warf sie heraus ins Gras. Da freute sich das Königskind, wie es wieder sein Spielwerk in den Händen hielt. Der Frosch rief: „nun warte, Königstochter, und nimm mich mit,“ aber das war in den Wind gesprochen, sie hörte nicht darauf, lief mit ihrer Goldkugel nach Haus, und dachte gar nicht wieder an den Frosch.

Am andern Tag, als sie mit dem König und allen Hofleuten an der Tafel saß, und von ihrem goldnen Tellerlein aß, kam, plitsch, platsch! plitsch, platsch! etwas die Marmor-Treppe herauf gekrochen und als es oben war, klopfte es an der Thür und rief: „Königstochter, jüngste, mach mir auf!“ Sie lief und wollte sehen wer draußen wär, als sie aber die Thür aufmachte, so saß der Frosch davor. Da warf sie die Thüre hastig zu und setzte sich ganz erschrocken wieder an den Tisch. Der König sah, daß ihr das Herz gewaltig klopfte und sprach: „ei, was fürchtest du dich, steht etwa ein Riese vor der Thür und will dich holen?“ „Ach nein, sprach das Kind, es ist kein Riese sondern ein garstiger Frosch, der hat mir gestern im Wald meine goldene Kugel aus dem Wasser geholt, dafür versprach ich ihm, er sollte mein Geselle werden, ich dachte aber nimmermehr, daß er aus seinem Wasser heraus könnte, nun ist er draußen und will zu mir herein.“ Indem klopfte es zum zweitenmal und rief draußen:

„Königstochter, jüngste,
mach mir auf!
weißt du nicht, was gestern
du zu mir gesagt

bei dem kühlen Brunnen-Wasser?
Königstochter, jüngste,
mach mir auf!"

Da sagte der König: „hast du's versprochen, mußt du's auch halten, geh und mach ihm auf." Sie ging und öffnete die Thüre, da hüpfte der Frosch herein, ihr immer auf dem Fuße nach, bis zu ihrem Stuhl. Da saß er und rief: „heb mich herauf zu dir!" Sie wollte nicht, bis es der König befahl. Als der Frosch nun oben auf einem Stuhl neben ihr saß, sprach er: „nun schiebe mir dein goldenes Tellerlein näher, damit wir zusammen essen." Das that sie auch, aber man sah wohl, daß sie's nicht gerne that. Der Frosch ließ sichs nun schmecken, während ihr fast jedes Bißlein im Hals blieb. Dann sprach er: „nun hab ich mich satt gegessen, und bin müde, trag mich hinauf in dein Kämmerlein, und mach dein seiden Bettlein zurecht, da wollen wir uns schlafen legen." Da fieng die Königstochter an zu weinen, und fürchtete sich vor dem kalten Frosch, den getraute sie sich nicht anzurühren, und der sollte nun in ihrem schönen, reinen Bettlein schlafen. Der König aber blickte sie zornig an und sprach: „was du versprochen hast, sollst du auch halten, und der Frosch ist dein Geselle." Da half nichts mehr, sie mochte wollen oder nicht, sie mußte den Frosch mitnehmen. Sie war aber in ihrem Herzen bitterböse, packte ihn mit zwei Fingern und trug ihn hinauf, und als sie im Bett lag, statt ihn hinein zu heben, warf sie ihn aus allen Kräften an die Wand: „nun wirst du Ruhe haben, du garstiger Frosch!"

Was aber herunter fiel, war nicht ein todter Frosch, sondern ein lebendiger, junger Königssohn mit schönen und freundlichen Augen. Der war nun von Recht und mit ihres Vaters Wille ihr lieber Geselle und Gemahl. Da schliefen sie nun vergnügt zusammen ein, und am andern Morgen, als die Sonne sie aufweckte, kam ein Wagen herangefahren mit acht weißen Pferden bespannt, die waren mit Federn geschmückt und gingen in goldenen Ketten, und hinten stand der Diener des jungen Königs, das war der treue Heinrich. Der treue Heinrich hatte sich so betrübt, als sein Herr war in einen Frosch verwandelt worden, daß er drei eiserne Bande hatte müssen um sein Herz legen lassen, damit es ihm nicht vor Weh und Traurigkeit zerspränge. Der Wagen sollte den jungen König in sein Reich abholen, der treue Heinrich hob beide hinein und stellte sich wieder hinten auf, voller Freude über die Erlösung. Und als sie ein Stück Wegs gefahren waren, hörte der Königssohn hinter sich, daß es krachte, als wär etwas zerbrochen. Da drehte er sich um und rief:

„Heinrich, der Wagen bricht!“ –
„Nein, Herr, der Wagen nicht,
es ist ein Band von meinem Herzen,
das da lag in großen Schmerzen,
als ihr in dem Brunnen saßt,
als ihr eine Fretsche (Frosch) was't (wart).“

Noch einmal und noch einmal krachte es auf dem Weg, und der Königsohn meinte immer, der Wagen bräche und es waren doch nur die Bande, die vom Herzen des treuen Heinrich absprangen, weil sein Herr wieder erlöst und glücklich war.

2.

Marienkind.

Vor einem großen Walde lebte ein Holzhacker mit seiner Frau und seinem einzigen Kind, das war ein Mädchen und drei Jahre alt. Sie waren aber so arm, daß sie nicht mehr das tägliche Brot hatten und nicht wußten, was sie ihm sollten zu essen geben. Eines Morgens gieng der Holzhacker voller Sorgen hinaus in den Wald an seine Arbeit, und wie er da Holz hackte, stand auf einmal eine schöne, große Frau vor ihm, die hatte eine Krone von leuchtenden Sternen auf dem Haupt und sprach zu ihm: „ich bin die Jungfrau Maria, die Mutter des Christkindleins, du bist arm und dürftig, bring mir dein Kind, ich will es mit mir nehmen, seine Mutter seyn und für es sorgen." Der Holzhacker holte sein Kind, und übergab es der Jungfrau Maria, die nahm es mit sich hinauf in den Himmel. Da gieng es ihm wohl, es aß Zuckerbrot und trank süße Milch, und seine Kleider waren von Gold und die Englein spielten mit ihm. Als es nun vierzehn Jahr alt geworden war, rief es einmal die Jungfrau Maria zu sich und sprach: „liebes Kind, ich habe eine große Reise vor, da nimm die Schlüssel zu den dreizehn Thüren des Himmelreichs in Verwahrung; zwölf darfst du davon aufschließen, und die Herrlichkeiten betrachten, aber die dreizehnte, die dieser kleine Schlüssel öffnet, die ist dir verboten, und hüte dich, daß du sie nicht aufschließest, sonst wirst du unglücklich." Das Mädchen versprach ihr gehorsam zu seyn und als nun die Jungfrau Maria weg war, fieng es an und besah die Wohnungen des Himmelreichs, jeden Tag schloß es eine auf, bis die zwölfe herum waren. In jeder aber saß ein Apostel, und war so viel Glanz umher, daß es sein Lebtag solche Pracht und Herrlichkeit nicht gesehen hatte, und es freute sich darüber und die Englein, die es immer begleiteten, freuten sich mit ihm. Nun war nur noch die verbotene Thüre übrig, da empfand es eine große Lust, zu wissen was dahinter verborgen wäre und sprach zu den Englein: „ganz aufmachen will ich sie nicht, aber ein bischen aufschließen, damit wir durch den Ritz sehen." „Ach nein, sagten die Englein, das wär Sünde, die Jungfrau Maria hats verboten und es könnte leicht dein Unglück werden." Da schwieg es still, aber die Lust und Neugier in seinem Herzen schwieg nicht still, sondern pickte ordentlich daran und ließ ihm keine Ruhe. Und als die Englein einmal weggegangen waren, dachte es, nun bin ich ganz allein, wer siehts dann! und holte den Schlüssel. Und als es ihn geholt hatte, steckte es ihn auch in das Schlüsselloch und als es ihn hineingesteckt hatte, drehte es auch um. Da sprang die Thüre auf und es sah im Feuer und Glanz die Dreieinigkeit sitzen, und rührte ein klein wenig mit dem Finger an den Glanz, da ward er ganz golden. Da ward ihm Angst und es schlug die Thüre heftig zu und lief fort. Die Angst wollt auch nicht wieder weichen, es mochte anfangen was es wollte und das Herz klopfte in einem fort und wollte nicht ruhig werden, auch das Gold blieb an dem Finger und gieng nicht ab, es mochte waschen so viel es wollte.

Nach wenigen Tagen kam die Jungfrau Maria von ihrer Reise zurück, rief das Mädchen und sprach: „gieb mir die Himmelsschlüssel wieder." Indem es den Bund hinreichte, sah es die Jungfrau an und sprach: „hast du auch nicht die dreizehnte Thüre geöffnet?" – „Nein," antwortete es. Da legte sie ihre Hand auf sein Herz, fühlte wie es klopfte und klopfte, und sah, daß es ihr Gebot übertreten und die Thüre aufgeschlossen hatte: Da sprach sie noch einmal: „hast du es gewiß nicht gethan?" „Nein," sagte das Mädchen zum zweiten Mal. Da erblickte sie den goldnen Finger, womit es das himmlische Feuer angerührt hatte, und wußte nun gewiß, daß es schuldig war, und sprach zum drittenmal: „hast du es nicht gethan?" „Nein" sagte das Mädchen zum drittenmal. Da sprach die Jungfrau Maria: „du hast mir nicht gehorcht und hast gelogen, du bist nicht mehr würdig im Himmel zu seyn."

Da versank das Mädchen in einen tiefen, tiefen Schlaf und als es erwachte, lag es unten auf der Erde bei einem hohen Baum, der rings mit dichten Gebüschen umzäunt war, durch welche es nicht dringen konnte. Der Mund war ihm auch verschlossen und es konnte kein Wort reden. In den Baum war eine Höhle, darin schlief es in der Nacht und darin saß es bei Regen und Gewitter; Wurzeln und Waldbeeren waren seine Nahrung, die suchte es sich, so weit es kommen konnte. Im Herbst sammelte es die Blätter des Baumes und trug sie in die Höhle, und wenn es dann schneite und fror, barg es sich darin. Auch verdarben seine Kleider und fielen ihm ab, da mußte es sich in die Blätter einhüllen. Sobald dann die Sonne wieder warm schien, gieng es heraus und setzte sich vor den Baum, und seine langen Haare bedeckten es von allen Seiten wie ein Mantel. So saß es lange Zeit und fühlte den Jammer und das Elend der Welt.

Einmal zur Frühlingszeit jagte der König des Landes in dem Wald und verfolgte ein Wild, und weil es in das Gebüsch geflohen war, das den hohlen Baum umschloß, stieg er ab, und riß es von einander und hieb sich mit seinem Schwert einen Weg. Als er nun hindurchgedrungen war, sah er unter dem Baum ein so wunderschönes Mädchen sitzen, das von seinem goldenen Haar bis zu den Fußzehen bedeckt war. Da verwunderte er sich und sprach: „wie bist du in die Einöde gekommen?“ Es schwieg aber still, denn es konnte seinen Mund nicht aufthun. Der König sprach weiter: „willst du mit mir auf mein Schloß gehen?“ Da nickte es bloß ein wenig mit dem Kopf. Der König nahm es auf seinen Arm und trug es auf sein Pferd und führte es heim, wo er ihm Kleider anziehen ließ und ihm alles im Ueberfluß gab. Und ob es gleich nicht sprechen konnte, so war es doch so schön und lieblich, daß er

L. E. Grimm del. F. Hegi sc.

Marienkind.

es von Herzen lieb gewann, und sich mit ihm vermählte.

Als etwa ein Jahr verflossen war, brachte die Königin einen Sohn zur Welt. Darauf in der Nacht, wo sie allein war, erschien ihr die Jungfrau Maria und sprach: „willst du nun die Wahrheit sagen und gestehen, daß du die verbotene Thür aufgeschlossen hast, so will ich dir deinen Mund öffnen und dir die Sprache wieder geben, bleibst du aber in der Sünde und leugnest hartnäckig, so nehm ich dein neugebornes Kind mit mir." Da war der Königin verliehen zu antworten, aber sie sprach: „nein, ich habe die verbotene Thür nicht geöffnet" und die Jungfrau Maria nahm das neugeborne Kind ihr aus dem Arme und verschwand damit. Am andern Morgen, als das Kind fort war, gieng ein Gemurmel unter den Leuten, die Königin wäre eine Menschenfresserin und hätte ihr eigenes Kind umgebracht. Sie hörte alles, und konnte nichts dagegen sagen, der König aber hatte sie zu lieb, als daß ers glauben wollte.

Nach einem Jahr gebar die Königin wieder einen Sohn, da trat in der Nacht auch wieder die Jungfrau Maria vor sie und sprach: „willst du nun gestehen, daß du die verbotene Thüre geöffnet hast, so will ich dir dein Kind wiedergeben und deinen Mund lösen, bleibst du aber in der Sünde und leugnest, so nehm ich auch dieses neugeborne mit mir." Da sprach die Königin wiederum: „nein, ich habe die verbotene Thüre nicht geöffnet;“ und die Jungfrau nahm ihr das Kind aus den Armen weg und mit in den Himmel. Am Morgen, als die Leute hörten, daß auch dieses verschwunden sey, sagten sie laut, die Königin hätte es gegessen und des Königs Räthe verlangten, daß sie sollte gerichtet werden. Der König aber hatte sie so lieb, daß er es nicht glauben wollte und den Räthen befahl, bei Leibes- und Lebensstrafe nichts mehr darüber zu sprechen.

Wieder nach einem Jahr gebar die Königin ein schönes Töchterlein, da erschien ihr auch wieder Nachts die Jungfrau Maria und sprach: „folge mir.“ Und sie nahm sie bei der Hand und führte sie in den Himmel und zeigte ihr da ihre beiden ältesten Kinder, die lachten sie an und spielten mit der Weltkugel. Und als sich die Königin darüber freuete, sprach die Jungfrau Maria: „willst du nun eingestehen, daß du die verbotene Thür geöffnet hast, so will ich dir deine beiden Söhnlein zurück geben.“ Die Königin antwortete zum drittenmal: „nein, ich habe die verbotene Thüre nicht geöffnet.“ Da ließ sie die Jungfrau wieder zur Erde sinken und nahm ihr auch das dritte Kind.

Am andern Morgen, als es ruchbar ward, schrieen alle Leute laut: „die Königin ist eine Menschenfresserin und muß verurtheilt werden!“ und der König konnte seine Räthe nicht mehr zurückweisen. Es wurde ein Gericht über sie gehalten und weil sie nicht antworten und sich nicht vertheidigen konnte, ward sie verurtheilt auf dem Scheiterhaufen zu sterben. Das Holz wurde zusammengetragen und als sie nun an den Pfahl festgebunden war und das Feuer rings umher zu brennen anfieng, da ward ihr Herz von Reue bewegt und sie dachte, könnt ich vor meinem Tode gestehen, daß ich die Thüre geöffnet habe und rief: „o Maria, ich hab es gethan!" Und wie der Gedanke in ihr Herz kam, da fieng der Himmel an zu regnen und löschte die Feuerflammen und über ihr brach ein Licht hervor und die Jungfrau Maria kam herab und hatte die beiden Söhnlein zu ihren Seiten, das neu geborne Töchterlein auf dem Arm. Sie sprach freundlich zu ihr: „wer seine Sünde gesteht und bereut, dem ist sie vergeben," und reichte ihr die Kinder, löste ihr den Mund, und gab ihr Glück für ihr ganzes Leben.

3.

Märchen von einem, der auszog, das Fürchten zu lernen.

Ein Vater hatte zwei Söhne, davon war der älteste klug und gescheidt und wußte sich in alles wohl zu schicken, der jüngste aber war dumm, konnte nichts begreifen und lernen und wenn ihn die Leute sahen, sprachen sie: „mit dem wird der Vater noch seine Last haben!“ Wenn nun etwas zu thun war, so mußte es der älteste allzeit ausrichten; hieß ihn aber der Vater noch spät oder gar in der Nacht etwas holen und der Weg gieng dabei über den Kirchhof oder sonst einen schaurigen Ort, so antwortete er wohl: „ach, Vater es gruselt mir!“ denn er fürchtete sich. Oder wenn Abends beim Feuer Geschichten erzählt wurden, wobei einem die Haut schaudert, so sprachen die Zuhörer manchmal: „ach, es gruselt mir!“ Der jüngste saß in einer Ecke und hörte das mit an, und konnte nicht begreifen, was es heißen sollte. „Immer sagen sie: es gruselt mir! es gruselt mir! Mir gruselts nicht; das wird wohl eine Kunst seyn, von der ich auch nichts verstehe.“

Nun geschah es, daß der Vater einmal zu ihm sprach: „hör du in der Ecke dort, du wirst groß und stark und mußt auch etwas lernen, womit du dein

Brod verdienst. Siehst du, wie sich dein Bruder Mühe giebt, aber an dir ist Hopfen und Malz verloren." „Ei Vater, antwortete er, ich will gern was lernen; ja, wenns angieng, so möchte ich lernen, daß mirs gruselte, davon verstehe ich noch gar nichts." Der Aelteste lachte, als er das hörte und dachte bei sich: „du lieber Gott, was ist mein Bruder ein Dummbart, aus dem wird mein Lebtag nichts; was ein Häkchen werden will muß sich bei Zeiten krümmen." Der Vater seufzte und antwortete ihm: „das Gruseln, das sollst du schon noch lernen, aber dein Brod wirst du damit nicht verdienen."

Bald darnach kam der Küster zum Besuch ins Haus, da klagte ihm der Vater seine Noth und erzählte, wie sein jüngster Sohn in allen Dingen so schlecht beschlagen wäre, er wisse nichts und lerne nichts. „Denkt euch, als ich ihn gefragt, womit er sein Brot verdienen wolle, hat er gar verlangt, das Gruseln zu lernen!" „Ei, antwortete der Küster, das kann er bei mir lernen, thut ihn nur zu mir, ich will ihn schon abhobeln." Der Vater war es zufrieden, weil er dachte, der Junge wird doch ein wenig abgehobelt, und der Küster nahm ihn ins Haus, und er mußte ihm die Glocke läuten. Nach ein paar Tagen weckte er ihn um Mitternacht, hieß ihn aufstehen, in den Kirchthurm steigen und läuten. „Da wirst du schon lernen, was Gruseln ist" dachte er, doch um ihm noch einen rechten Schrecken einzujagen, gieng er heimlich voraus und stellte sich ins Schallloch, da sollte der Junge meinen, es wär ein Gespenst. Der Junge stieg ruhig den Thurm hinauf, als er oben hinkam, sah er eine Gestalt im Schallloch. „Wer steht dort?“ rief er, aber es regte und bewegte sich nicht. Da sprach er: „was willst du hier in der Nacht? mach, daß du fortkommst, oder ich werf dich hinunter.“ Der Küster dachte, es wird so arg nicht gemeint seyn, schwieg und blieb unbeweglich stehn; da rief ihn der Junge zum drittenmal an, und als er immer keine Antwort erhielt, nahm er einen Anlauf und stieß das Gespenst hinab, daß es Hals und Bein brach. Darauf läutete er die Glocke und wie das geschehn war, stieg er wieder hinab, legte sich ohne ein Wort zu sprechen ins Bett und schlief fort. Die Küsterfrau wartete auf ihren Mann lange Zeit, aber der kam immer nicht wieder, da ward ihr endlich Angst, daß sie den Jungen weckte und fragte: „weißt du nicht, wo mein Mann geblieben ist? er ist mit auf den Thurm gestiegen.“ „Nein, antwortete der Bube, aber da hat einer im Schallloch gestanden, und weil er nicht weggehn und keine Antwort geben wollte, so habe ich ihn herunter geschmissen; geht einmal hin, so werdet ihr sehen, ob ers ist.“ Die Frau eilte voll Angst auf den Kirchhof, und fand ihren Mann todt auf der Erde liegen.

Da lief sie schreiend zu dem Vater des Jungen, und weckte ihn und sprach: „ach was hat euer Taugenichts für ein Unglück angerichtet, meinen Mann hat er zum Schallloch hinunter gestürzt, daß er todt auf dem Kirchhof liegt!“ Der Vater erschrak, kam herbei gelaufen und schalt den Jungen: „was sind das für gottlose Streiche! die muß dir der Böse eingegeben haben!“ „Ei Vater, antwortete er, ich bin ganz unschuldig; er stand da in der Nacht, wie einer der Böses vor hat, ich wußte nicht wers war, ich habs ihm ja dreimal voraus gesagt, warum ist er nicht weggegangen!“ „Ach, sprach der Vater, mit dir erleb ich nur Unglück, geh mir vor den Augen weg, ich will dich nicht mehr ansehn.“ „Ja, Vater, recht gern, wartet nur bis Tag ist, da will ich ausgehn und das Gruseln lernen, so versteh ich doch auch eine Kunst, die mich ernähren kann.“ „Lerne was du willst, sprach der Vater, mir ist alles einerlei, da hast du funfzig Thaler, damit geh mir aus den Augen und sag keinem Menschen, wo du her bist und wer dein Vater ist, denn ich muß mich deiner schämen.“ „Ja, Vater, wie ihrs haben wollt, wenn ihr nicht mehr verlangt, das kann ich leicht in Acht behalten.“

Als nun der Tag anbrach, steckte der Junge seine funfzig Thaler in die Tasche, ging hinaus auf die große Landstraße und sprach immer vor sich hin: „wenn mirs nur gruselte! wenn mirs nur gruselte!“

Da gieng ein Mann neben ihm, der hörte das Gespräch mit an und als sie ein Stück weiter waren, daß man den Galgen sehen konnte, sagte er zu dem Jungen: „siehst du, dort ist der Baum, wo siebene mit des Seilers Tochter Hochzeit gehalten haben, setz dich darunter und wart bis die Nacht kommt, so wirst du schon das Gruseln lernen." „Wenn weiter nichts dazu gehört, antwortete der Junge, das will ich gern thun, lern ich aber so geschwind das Gruseln, so sollst du meine funfzig Thaler haben, komm nur Morgen früh wieder zu mir." Da gieng der Junge zu dem Galgen und setzte sich darunter und wartete bis der Abend kam. Und weil ihn fror, machte er sich ein Feuer an, aber um Mitternacht gieng der Wind so kalt, daß er trotz des Feuers nicht warm werden wollte. Und als der Wind die Gehenkten gegen einander stieß, daß sie sich hin und her bewegten, da dachte er: du frierst unten bei dem Feuer, was mögen die da oben erst frieren und zappeln. Und weil er mitleidig war, legte er die Leiter an, stieg hinauf, knüpfte einen nach dem andern los und holte sie alle siebene herab. Darauf schürte er das Feuer und blies es an und setzte sie herum, daß sie sich wärmen sollten. Aber sie saßen da und regten sich nicht und das Feuer ergriff ihre Kleider. Da sprach er: „nehmt euch in Acht, sonst häng ich euch wieder hinauf." Die Todten aber hörten nicht, schwiegen und ließen ihre Lumpen fort brennen. Da ward er bös und sprach: „wenn ihr nicht Acht geben wollt, so kann ich euch nicht helfen, ich will nicht mit euch verbrennen," und hieng sie nach der Reihe wieder hinauf. Nun setzte er sich zu seinem Feuer und schlief ein und am andern Morgen, da kam der Mann zu ihm, wollte die funfzig Thaler haben, und sprach: „nun, weißt du was gruseln ist?" „Nein," antwortete er, „woher sollt ichs wissen? die da droben haben das Maul nicht aufgethan und waren so dumm, daß sie die paar alten Lappen, die sie am Leib haben, brennen ließen." Da sah der Mann daß er die funfzig Thaler heute nicht davon tragen würde und gieng fort und sprach: „so einer ist mir noch nicht vorgekommen."

Der Junge gieng auch seines Weges und fieng wieder an vor sich hin zu reden: „ach, wenn mirs nur gruselte! ach, wenn mirs nur gruselte!" Das hörte ein Fuhrmann, der hinter ihm her schritt und fragte: „wer bist du?" „Ich weiß nicht" antwortete der Junge. Der Fuhrmann fragte weiter: „wo bist du her?" „Ich weiß nicht." „Wer ist dein Vater?" „Das darf ich nicht sagen." „Was brummst du so in den Bart hinein?" „Ei, antwortete der Junge, ich wollte, daß mirs gruselte; aber niemand kann mirs lehren." „Laß das dumme Geschwätz, sprach der Fuhrmann, komm, geh mit mir, ich will sehn, daß ich dich unterbringe.“ Nun gieng der Junge mit dem Fuhrmann; Abends gelangten sie zu einem Wirthshaus, wo sie übernachten wollten, da sprach er beim Eintritt in die Stube wieder ganz laut: „wenn mirs nur gruselte! wenn mirs nur gruselte!“ Der Wirth, der das hörte, lachte und sprach: „wenn dich darnach lüstet, dazu sollte hier wohl Gelegenheit seyn.“ „Ach schweig stille, sprach die Wirthsfrau, so mancher Vorwitzige hat schon sein Leben eingebüßt, es wäre Jammer und Schade um die schönen Augen, wenn die das Tageslicht nicht wieder sehen sollten.“ Der Junge aber sagte: „wenns noch so schwer wäre, ich wills einmal lernen, dazu bin ich ja ausgezogen.“ Er ließ dem Wirth auch keine Ruhe, bis dieser erzählte, nicht weit davon stände ein verwünschtes Schloß, worin einer wohl lernen könnte was gruseln wäre, wenn er drei Nächte darin wachen wollte. Der König hätte dem, ders wagen wollte, seine Tochter zur Frau versprochen und die wäre die schönste Jungfrau, welche die Sonne beschien; in dem Schloß steckten große Schätze von Geistern bewacht, die würden dann frei. Schon viele wären wohl hinein, aber noch keiner wieder heraus gekommen. Da gieng der Junge am andern Morgen vor den König und sprach: „wenns erlaubt wäre, so wollte ich wohl drei Nächte in dem verwünschten Schloß wachen?“

Der König sah ihn an und weil er ihm gefiel, sprach er: „du darfst dir noch dreierlei ausbitten, aber von leblosen Dingen, das du mit ins Schloß nimmst." Da antwortete er: „so bitt ich um ein Feuer, eine Drehbank und eine Schnitzbank mit dem Messer."

Der König ließ ihm das alles bei Tag in das Schloß tragen; als es Nacht werden wollte, gieng der Junge hinauf, machte sich in einer Kammer ein helles Feuer an, stellte die Schnitzbank mit dem Messer daneben, und setzte sich auf die Drehbank. „Ach wenn mirs nur gruselte, sprach er, aber hier werd ichs auch nicht lernen." Gegen Mitternacht wollt er sich sein Feuer einmal aufschüren, wie er so hinein blies, da schries plötzlich aus einer Ecke: „au, miau! was uns friert!" „Ihr Narren, rief er, was schreit ihr? wenn euch friert, kommt, setzt euch ans Feuer und wärmt euch." Und wie er das gesagt hatte, kamen zwei große schwarze Katzen in einem gewaltigen Sprunge herbei und setzten sich ihm zu beiden Seiten und sahen ihn mit ihren feurigen Augen ganz wild an. Ueber ein Weilchen, als sie sich gewärmt hatten, sprachen sie: „Kammerad, wollen wir eins in der Karte spielen?" „Ja, antwortete er, aber zeigt einmal eure Pfoten her;" da streckten sie die Krallen aus. „Ei, sagt er, was habt ihr lange Nägel! wartet, die muß ich euch erst abschneiden." Damit packte er sie beim Kragen, hob sie auf die Schnitzbank und schraubte ihnen die Pfoten fest. „Euch hab ich auf die Finger gesehen, sprach er, da vergeht mir die Lust zum Kartenspiel,“ und schlug sie todt und warf sie hinaus ins Wasser. Als er aber die zwei zur Ruhe gebracht und sich wieder zu seinem Feuer setzen wollte, da kamen aus allen Ecken und Enden schwarze Katzen und schwarze Hunde an glühenden Ketten, immer mehr und mehr, daß er sich nicht mehr bergen konnte: die schrien gräulich, traten ihm auf sein Feuer, zerrten es auseinander und wollten es ausmachen. Das sah er ein Weilchen ruhig mit an, als es ihm aber zu arg ward, faßte er sein Schnitzmesser: „ei, du Gesindel! fort mit dir!“ und hieb hinein. Ein großer Theil sprang fort, die andern schmiß er todt und trug sie hinaus in den Teich. Als er wieder gekommen war, blies er aus den Funken sich sein Feuer frisch an und wärmte sich. Und als er so saß, wollten ihm die Augen nicht länger offen bleiben und er bekam Lust zu schlafen. Da blickte er um sich und sah in der Ecke ein großes Bett, gieng und legte sich hinein. Als er aber die Augen eben zu thun wollte, so fieng das Bett von selbst an zu fahren und fuhr im ganzen Schloß herum. „Recht so, sprach er, nur besser zu.” Da fieng das Bett an zu fahren, als wären sechs Pferde vorgespannt, fort über Schwellen und Treppen auf und ab; hopp! hopp! warf es um, das unterste zu oberst, und er lag mitten drunter. Aber er schleuderte Dekken und Kissen in die Höhe, stieg heraus und sagte: „nun mag fahren, wer Lust hat!" legte sich an sein Feuer und schlief bis es Tag war. Am Morgen kam der König und als er ihn da auf der Erde liegen sah, meinte er, die Gespenster hätten ihn umgebracht und er wäre todt. Da sprach er: „es ist doch Schade um den schönen Menschen!" Das hörte der Junge, richtete sich auf und sprach: „so weit ists noch nicht!" Da verwunderte sich der König, freute sich aber und fragte, wie es ihm gegangen wäre. „Recht gut, antwortete er, eine Nacht wäre herum, die zwei andern werden auch herum gehen." Als er nun zum Wirth kam, machte der große Augen, und sprach: „ich dachte nicht, daß ich dich wieder lebendig sehen würde, hast du nun gelernt, was gruseln ist?" „Nein, sagte er, ich weiß es nicht, wenn mir's nur einer sagen könnte!"

Die zweite Nacht gieng er wieder hinauf ins alte Schloß, setzte sich zum Feuer und sprach: „wenn mirs nur gruselte." Wie Mitternacht herankam, fieng ein Lärm und Gepolter an, erst sachte, dann immer stärker, dann wars ein bischen still, endlich kam mit lautem Geschrei ein halber Mensch den Schornstein herab, und fiel vor ihn hin. „Heda! rief er, noch ein halber gehört dazu, das ist zu wenig." Da gieng der Lärm von frischem an, es, tobte und heulte, und fiel die andere Hälfte auch herab: „wart, sprach er, ich will dir erst das Feuer ein wenig anblasen;“ wie er das gethan und sich wieder umsah, da waren die beiden Stücke zusammen gefahren, und saß da ein gräulicher Mann auf seinem Platz. „So ists nicht gemeint, sprach der Junge, die Bank ist mein.“ Der Mann wollte ihn wegdrängen, aber der Junge ließ sichs nicht gefallen, schob ihn mit Gewalt weg, und setzte sich wieder auf seinen Platz. Da fielen noch mehr Männer herab, die hatten neun Todtenbeine und zwei Todtenköpfe, setzten auf und spielten Kegel. Der Junge bekam auch Lust und fragte: „hört ihr, kann ich mit seyn?“ „Ja, wenn du Geld hast.“ „Geld genug, antwortete er, aber eure Kugeln sind nicht recht rund.“ „Da nahm er sie, setzte sie in die Drehbank und drehte sie rund. „Jetzt werden sie besser schüppeln, sprach er, heida! nun gehts lustig!“ Er spielte mit und verlor etwas von seinem Geld, als es aber zwölf Uhr schlug, war alles vor seinen Augen verschwunden, und er legte sich nieder und schlief ruhig ein. Am andern Morgen kam der König und wollte sich erkundigen: „wie ist dirs diesmal gegangen?“ fragte er. „Ich hab gekegelt, antwortete er, und ein paar Heller verloren.“ „Hat dir denn nicht gegruselt?“ – „Ei was, sprach er, lustig hab ich mich gemacht, wenn ich nur wüßte, was das Gruseln wäre!“

In der dritten Nacht setzte er sich wieder auf seine Bank und sprach ganz verdrießlich: „wenn es mir nur gruselte!“ Als es spät ward, kamen sechs große Männer und brachten eine Todtenlade hereingetragen. Da sprach er: „ha ha! das ist gewiß mein Vetterchen, das erst vor ein paar Tagen gestorben ist“ winkte mit dem Finger und rief: „komm, Vetterchen, komm!“ Sie stellten den Sarg auf die Erde, er aber gieng hinzu und nahm den Deckel ab, da lag ein todter Mann darinn; er fühlte ihm ans Gesicht, aber es war kalt wie Eis. „Wart, sprach er, ich will dich ein bischen wärmen“ gieng ans Feuer, wärmte seine Hand und legte sie ihm aufs Gesicht, aber der Todte blieb kalt. Nun nahm er ihn heraus, setzte sich ans Feuer und legte ihn auf seinen Schooß und rieb ihm die Arme, um ihn zu erwärmen. Als auch das nichts helfen wollte, fiel ihm ein: wenn zwei zusammen im Bett liegen, so wärmen sie sich, brachte ihn ins Bett, deckte ihn zu, und legte sich neben ihn. Ueber ein Weilchen ward auch der Todte warm, und fieng an sich zu regen. Da sprach der Junge: „siehst du, Vetterchen, hätt ich dich nicht gewärmt!“ Der Todte aber hub an und rief: „jetzt will ich dich erwürgen.“ „Was, sagte er, ist das mein Dank? nun sollst du wieder in deinen Sarg,“ hob ihn auf, warf ihn hinein, und machte den Deckel zu; da kamen die sechs Männer und trugen ihn wieder fort. „Es will mir nicht gruseln, sagte er, hier lerne ichs mein Lebtag nicht.“

Da trat ein Mann herein, der war größer als alle andere und sah fürchterlich aus, doch war er schon alt und hatte einen langen weißen Bart, und sprach: „o du Wicht, nun sollst du bald lernen was gruseln ist, denn du sollst sterben.“ „Nicht so schnell, antwortete er, soll ich sterben, so muß ich auch dabei seyn.“ Sprach der Mann: „dich will ich schon pakken!“ – „Nun sachte, mach dich nicht gar zu breit, so stark wie du bin ich auch, und wohl noch stärker.“ „Das will ich sehn, sprach der Alte, bist du stärker als ich, so will ich dich lassen, komm, wir wollens versuchen.“ Da führte er ihn durch dunkle Gänge zu einem Schmiedefeuer, und nahm eine Axt und schlug den einen Amboß mit einem Schlag in die Erde. „Das kann ich noch besser,“ sprach der Junge und gieng zu dem andern Amboß, und der Alte stellte sich neben hin und wollte zusehen und sein weißer Bart hing herab. Da faßte der Junge die Axt und zerspaltete den Ambos auf einen Hieb und klemmte den Bart mit hinein. „Nun hab ich dich, sprach der Junge, jetzt ist das Sterben an dir.“ Dann faßte er eine Eisenstange und schlug auf ihn los, bis der Alte wimmerte und bat er möchte aufhören, er wollte ihm große Reichthümer geben. Der Junge zog die Axt raus, und ließ den Alten los, der führte ihn wieder ins Schloß zurück, und zeigte ihm im Keller drei Kasten voll Gold. „Davon, sprach er, ist ein Theil den Armen, der andere dem König, der dritte dein." Indem schlug es zwölfe und der Geist verschwand, also daß der Junge im Finstern stand. „Ich werde mir doch heraushelfen können," sprach er, tappte herum, suchte den Weg in die Kammer und schlief bei seinem Feuer ein. Am andern Morgen kam der König und sagte: „nun wirst du gelernt haben was gruseln ist?" „Nein, antwortete er, was ists nur? mein todter Vetter war da, und ein bärtiger Mann ist gekommen, der hat mir da unten viel Geld gezeigt, aber das Gruseln hat mir keiner gelehrt." Der König sprach: „du hast das Schloß erlöst und sollst meine Tochter heirathen." „Das ist all recht gut, antwortete er, aber ich weiß immer noch nicht was gruseln ist."

Da ward das Gold gehoben und die Hochzeit gehalten, aber der junge König, so lieb er seine Gemahlin hatte und so vergnügt er war, sagte doch immer: „wenn mir nur gruselte, wenn mir nur gruselte!" Das verdroß sie endlich. Ihr Kammermädchen sprach: „Ich will Hülfe schaffen, das Gruseln soll er schon noch lernen." Und gieng hinaus und ließ sich einen ganzen Eimer voll Gründlinge holen. Und Nachts als der junge König schlief, mußte seine Gemahlin ihm die Decke wegziehen und den Eimer voll kalt Wasser mit den Gründlingen über ihn herschütten, daß die kleinen Fische um ihn herum zappelten. Da wachte er auf und rief: „ach was gruselt mir, was gruselt mir! liebe Frau! Ja nun weiß ich was gruseln ist.“

4.

Der Wolf und die sieben jungen Geislein.

Eine Geis hatte sieben junge Geislein, die sie recht mütterlich liebte und sorgfältig vor dem Wolf hütete. Eines Tags, als sie ausgehen mußte, Futter zu holen, rief sie alle zusammen und sagte: „liebe Kinder, ich muß ausgehen und Futter holen, wahrt euch vor dem Wolf und laßt ihn nicht herein; gebt auch Acht, denn er verstellt sich oft, aber an seiner rauhen Stimme und an seinen schwarzen Pfoten könnt ihr ihn erkennen; ist er erst einmal im Hause, so frißt er euch alle mit Haut und Haar.“ Nicht lange darauf als sie weggegangen war, kam auch schon der Wolf vor die Hausthüre und rief mit seiner rauhen Stimme: „liebe Kinder, macht mir auf, ich bin eure Mutter und hab' euch schöne Sachen mitgebracht." Die sieben Geiserchen aber sprachen: „unsere Mutter bist du nicht, die hat eine feine liebliche Stimme, deine Stimme aber ist rauh, du bist der Wolf und wir machen dir nicht auf." Der Wolf aber besann sich auf eine List, gieng fort zu einem Krämer und kaufte sich ein groß Stück Kreide, die aß er und machte seine Stimme fein damit. Darnach gieng er wieder zu der sieben Geislein Hausthüre und rief mit feiner Stimme: „liebe Kinder, laßt mich ein, ich bin eure Mutter, jedes von euch soll etwas haben." Er hatte aber seine Pfote in das Fenster gelegt, das sahen die sieben Geiserchen und sprachen: „unsere Mutter bist du nicht, die hat keinen schwarzen Fuß, wie du; du bist der Wolf und wir machen dir nicht auf." Der Wolf gieng fort zu einem Bäcker und sprach: „Bäcker, bestreich mir meine Pfote mit frischem Teig," und als das gethan war, gieng er zum Müller und sprach: „Müller, streu mir fein weißes Mehl auf meine Pfote." Der Müller wollte nicht. „Wenn du es nicht thust, sprach der Wolf, so freß ich dich." Da that es der Müller aus Furcht.

Nun gieng der Wolf wieder vor der sieben Geiserchen Hausthüre und sagte: „liebe Kinder, laßt mich ein, ich bin eure Mutter, jedes von euch soll etwas geschenkt kriegen." Die sieben Geiserchen wollten erst die Pfote sehen, und wie sie sahen, daß sie schneeweiß war und weil sie den Wolf so fein sprechen hörten, glaubten sie, es wäre ihre Mutter und machten die Thüre auf, und der Wolf kam herein. Wie sie aber sahen, wer es war, wie erschraken sie da und versteckten sich geschwind, so gut es gieng, das eine unter den Tisch, das zweite ins Bett, das dritte in den Ofen, das vierte in die Küche, das fünfte in den Schrank, das sechste unter eine große Schüssel, das siebente in die Wanduhr. Aber der Wolf fand sie alle und verschluckte sie, außer das jüngste in der Wanduhr, das blieb am Leben. Darauf, als er seine Lust gebüßt, gieng er fort.

Bald darauf kam die Mutter nach Haus. Die Hausthüre stand offen, Tisch, Stuhl und Bänke waren umgeworfen, die Schüsseln in der Küche zerbrochen, die Decke und die Kissen aus dem Bett gezogen: was für ein Jammer! Der Wolf war da gewesen und hatte ihre lieben Kinder gefressen. „Ach! meine sieben Geiserchen sind todt!“ rief sie in ihrer Traurigkeit, da sprang das jüngste aus der Wanduhr und sagte: „eins lebt noch, liebe Mutter,“ und erzählte ihr, wie das Unglück gekommen war.

Der Wolf aber, nachdem er sich also wohlgethan, satt und müd war, hatte sich auf eine grüne Wiese in den Sonnenschein gelegt und war in einen tiefen Schlaf gefallen. Die alte Geis aber war klug und listig, dachte hin und her; sind denn meine Kindlein nicht zu retten! endlich sagte sie ganz vergnügt zu dem jüngsten Geislein: „nimm Zwirn, Nadel und Scheere und folg' mir nach." Nun giengen die beiden hinaus und fanden den Wolf schnarchend auf der Wiese liegen: „da liegt der garstige Wolf," sagte die Mutter und betrachtete ihn von allen Seiten, „nachdem er zum Vieruhrenbrot meine sechs Kindlein hinuntergefressen hat, hat er nicht weiter laufen können; gieb mir einmal die Scheere her! ach! wenn sie noch lebendig in seinem Leibe wären!" Damit schnitt sie ihm den Bauch auf, und die sechs Geiserchen, die er in der Gier und Hast ganz verschluckt hatte, sprangen unversehrt heraus. Ach, was herzten sie ihre Mutter, und waren froh, daß sie aus dem dunkeln Gefängniß befreit waren. Sie aber hieß sie hingehen und große und schwer Wakkersteine herbeitragen, damit mußten sie dem Wolf den Leib füllen, und sie nähte ihn wieder zu. Dann liefen sie alle fort, und versteckten sich hinter eine Hecke.

Als der Wolf ausgeschlafen hatte, so fühlt' er es so schwer im Leib und sprach: „es rumpelt und pumpelt mir im Leib herum! was ist das? ich habe nur sechs Geiserchen gegessen." Er dachte, ein frischer Trunk wird mir schon helfen machte sich auf und suchte einen Brunnen; aber wie er sich darüber bückte, konnte er sich vor der Schwere der Steine nicht mehr halten, und stürzte ins Wasser und ertrank. Wie das die sieben Geiserchen sahen, kamen sie herzu gelaufen, und tanzten vor Freude um den Brunnen.

5.

Der treue Johannes.

Es war einmal ein alter König, der war krank und dachte, es wird wohl das Todtenbett seyn, darauf ich liege; da sprach er: „laßt mir den getreuen Johannes kommen.“ Der getreue Johannes war aber sein liebster Diener und hieß so, weil er ihm sein Leblang so treu gewesen war. Als er nun vor das Bett kam, sprach der König zu ihm: „getreuester Johannes, ich fühle, daß mein Ende sich naht, und da hab ich keine Sorge, als um meinen Sohn, er ist noch in jungen Jahren, wo er sich nicht immer zu rathen weiß, und wenn du mir nicht versprichst, ihn zu unterrichten in allem, was er wissen muß, und sein Pflegevater zu seyn, so kann ich meine Augen nicht in Ruhe zuthun.“ Da antwortete der getreue Johannes: „ich will ihn nicht verlassen und will ihm mit Treue dienen, wenns auch mein Leben kostet.“ Da sagte der alte König: „so sterb ich getrost und in Frieden.“ Und sprach dann weiter: „Nach meinem Tod sollst du ihm das ganze Schloß zeigen: alle Kammern, Säle und Gewölbe und alle Schätze, die darin liegen; aber eine Kammer sollst du ihm nicht zeigen, die, worin das Bild von der Königstochter vom goldenen Dache verborgen steht; denn wenn er sie erblickt, wird er eine heftige Liebe zu ihr empfinden und wird in Ohnmacht niederfallen und wird ihretwillen in große Gefahren gerathen, davor sollst du ihn hüten.“ Und als der treue Johannes es nochmals dem alten König versprochen hatte, ward dieser still, legte sein Haupt auf das Kissen, und starb.

Als der alte König nun zu Grabe getragen war, da erzählte der treue Johannes dem jungen König, was er seinem Vater auf dem Sterbelager versprochen und sagte: „das will ich gewißlich halten und will dir treu seyn, wie ich ihm gewesen bin, und sollte es mein Leben kosten.“ Der junge König weinte und sprach: „deine Treue will ich auch nimmermehr vergessen.“ Die Trauer gieng vorüber, da sprach der treue Johannes zu ihm: „es ist nun Zeit, daß du dein Erbe siehst, ich will dir dein väterliches Schloß zeigen.“ Da führte er ihn überall herum, auf und ab, und ließ ihn alle die Reichthümer und prächtigen Kammern sehen; nur die eine Kammer öffnete er nicht, worin das Bild stand. Das Bild war aber so gestellt, daß wenn die Thüre aufgieng, man gerade darauf sah und war so herrlich gemacht, daß man meinte es leibte und lebte und es gäb' nichts lieblicheres und schöneres auf der ganzen Welt. Der junge König aber merkte wohl, daß der getreue Johannes immer an dieser Thür vorübergieng und sprach: „warum schließest du die eine nicht auf?" „Es ist etwas darin, antwortete er, vor dem du erschrickst." Aber der König antwortete: „ich habe das ganze Schloß gesehen, so will ich auch wissen, was darin ist" und gieng und wollte die Thüre mit Gewalt öffnen. Da hielt ihn der getreue Johannes zurück und sagte: „ich habe es deinem Vater vor seinem Tode versprochen, daß du nicht sehen sollst, was in der Kammer steht, es könnte dir und mir zu großem Unglück ausschlagen." „Nein, antwortete der junge König, jetzt ists mein Unglück, wann ich nicht hineinkomme, ich hätte Tag und Nacht keine Ruhe, bis ichs gesehen; nun geh ich nicht von der Stelle, bis du aufgeschlossen hast."

Da sah der getreue Johannes, daß es nicht mehr zu ändern war, und suchte mit schwerem Herzen und vielem Seufzen aus dem großen Bund den Schlüssel heraus. Darnach öffnete er die Thür der Kammer und trat zuerst hinein und dachte, der König sollte das Bildniß vor ihm nicht sehen, aber dieser war zu neugierig, stellte sich auf die Fußspitzen und sah ihm über die Schulter. Und als er das Bildniß der Jungfrau erblickte, das so herrlich war und von Gold glänzte, da fiel er alsbald ohnmächtig auf die Erde nieder. Der getreue Johannes hob ihn auf und trug ihn in sein Bett und dachte voll Sorgen: „das Unglück ist geschehen, Herr Gott: was will daraus werden!" dann stärkte er ihn mit Wein, bis er wieder zu sich selbst kam, das erste aber, das er sprach, war: „ach! wer ist das schöne Bild?" „Das ist die Königstochter vom goldenen Dache," antwortete der treue Johannes. Da sprach der König weiter: „meine Liebe zu ihr ist so groß, wenn alle Blätter an den Bäumen Zungen wären, sie könntens nicht aussagen; mein Leben acht' ich nicht, um sie zu erlangen; du bist mein getreuster Johannes, du mußt mir beistehen."

Der treue Diener sann lange nach, wie es anzufangen wäre, denn bloß vor das Angesicht der Königstochter zu gelangen, hielt schon so schwer. Endlich hatte er ein Mittel ausgedacht und sprach zu dem König: „alles, was sie um sich hat, ist von Gold: Tische, Stühle, Schüsseln, Becher, Näpfe und alles Hausgeräth; in deinem Schatze liegen fünf Tonnen Goldes, davon laß eine von den Goldschmieden des Reichs verarbeiten zu allerhand Gefäßen und Geräthschaften, zu allerhand Vögeln, Gewild und wunderbaren Thieren, damit wollen wir hinfahren und das Glück versuchen." Der König ließ alle Goldschmiede zusammenkommen, sie arbeiteten Tag und Nacht, bis endlich die herrlichsten Dinge fertig waren. Nun ließ der getreue Johannes alles auf ein Schiff laden und zog Kaufmannskleider an, und der König mußte ein gleiches thun, so daß er unkenntlich war; nun fuhren sie über das Meer, und fuhren lange bis sie zu der Stadt kamen, worin die Königstochter vom goldnen Dache wohnte.

Der treue Johannes hieß den König auf dem Schiff zurück bleiben, und auf ihn warten. „Vielleicht, sprach er, bring ich die Königstochter mit, darum sorgt, daß alles in Ordnung ist, laßt die Goldgefäße aufstellen und das ganze Schiff ausschmücken." Darauf suchte er sich in sein Schürzchen allerlei von den Goldsachen zusammen, stieg ans Land und gieng gerade nach dem königlichen Schloß. Und als er in den Schloßhof kam, stand da beim Brunnen ein schönes Mädchen, das hatte zwei goldene Eimer in der Hand und schöpfte damit. Und als es das goldblinkende Wasser forttragen wollte und sich umdrehte, sah es den fremden Mann, und fragte ihn wer er wäre? Da antwortete er: „ich bin ein Kaufmann" und öffnete sein Schürzchen und ließ sie hineinschauen. Da rief sie: „ei! was für schönes Goldzeug!" und setzte die Eimer nieder und betrachtete eins nach dem andern. Da sprach das Mädchen: „das muß die Königstochter sehen, die hat so große Freude an den Goldsachen, daß sie euch alles abkauft.“ Es nahm ihn bei der Hand und führte ihn hinauf, denn es war die Kammerjungfer. Als die Königstochter die Waare sah, war sie ganz vergnügt und sprach: „es ist so schön gearbeitet, daß ich dir alles abkaufen will.“ Aber der getreue Johannes sprach: „ich bin nur der Diener von einem reichen Kaufmann, was ich hier habe, ist nichts gegen das, was mein Herr auf seinem Schiff stehen hat, und das ist das künstlichste und köstlichste, was je in Gold ist gebildet worden.“ Sie wollte alles herauf gebracht haben, aber er sprach: „dazu gehören viele Tage, so groß ist die Menge, und so viel Säle um es aufzustellen, als ein großes Haus nicht hat.“ Da ward ihre Neugierde und Lust immer mehr angeregt, so daß sie endlich sagte: „führe mich hin zu dem Schiff, ich will selbst hingehen und deines Herrn Schätze betrachten.“

Da führte sie der getreue Johannes freudig zu dem Schiffe hin, und der König, als er sie erblickte, meinte nicht anders, als das Herz wollte ihm zerspringen, und nur mit großer Mühe konnte er sich zurückhalten. Nun stieg sie in das Schiff und der König führte sie hinein, der getreue Johannes aber blieb zurück bei dem Steuermann, und hieß das

Schiff abstoßen: „spannt alle Segel auf, daß es fortfliegt, wie der Vogel in der Luft." Der König aber zeigte ihr drinnen das goldene Geschirr, jedes einzeln, die Schüsseln, Becher, Näpfe, die Vögel, das Gewild und die wunderbaren Thiere, so giengen viele Stunden herum, sie sah alles mit großer Freude und merkte nicht, daß das Schiff dahin fuhr. Nachdem sie das letzte betrachtet hatte, dankte sie dem Kaufmann und wollte heim, aber als sie an des Schiffes Rand kam, sah sie, daß es fern vom Land auf hohem Meere gieng, und mit vollen Segeln forteilte. „Ach, rief sie erschrocken, ich bin betrogen, ich bin entführt und in die Gewalt eines Kaufmanns gerathen; lieber wollt' ich sterben!" Der König aber faßte sie bei der Hand und sprach: „ein Kaufmann bin ich nicht, ich bin ein König und nicht geringer an Geburt, als du bist, aber daß ich dich mit List entführt, das ist aus übergroßer Liebe geschehen. Das erste Mal, als ich dein Bildniß gesehen, bin ich ohnmächtig zur Erde gefallen." Als die Königstochter vom goldenen Dache das hörte, ward sie getröstet und ihr Herz ward ihm geneigt, so daß sie gerne einwilligte seine Gemahlin zu werden.

Es trug sich aber zu, während sie nun auf dem hohen Meere fuhren, daß der getreue Johannes, als er vornen auf dem Schiffe saß und Musik machte, in der Luft drei Raben erblickte, die daher geflogen kamen; da hörte er auf zu spielen und horchte, was sie miteinander sprachen, denn er verstand das wohl. Die eine rief: „ei, da führt er die Königstochter vom goldenen Dache heim!" „Ja, antwortete die zweite, er hat sie noch nicht!" Sprach die dritte: „er hat sie doch, sie sitzt bei ihm im Schiff." Da fieng die erste wieder an und rief: „was hilft ihm das! wenn sie ans Land kommen, wird ihm ein fuchsrothes Pferd entgegen springen, da wird er sich aufschwingen wollen und thut er das, so sprengt es mit ihm fort und in die Luft hinein, daß er nimmer mehr seine Jungfrau wieder sieht." Sprach die zweite: „ist da gar keine Rettung?" „O ja wenn der, welcher auf dem Pferd sitzt, das Feuergewehr, das in den Halftern stecken muß, heraus nimmt und es damit todt schießt, so ist der junge König gerettet; aber wer weiß das! und wers weiß und sagts ihm, der wird zu Stein von den Fußzehen bis zum Knie." Da sprach die zweite: „ich weiß noch mehr! wenn das Pferd auch getödtet wird, so behält der junge König doch nicht seine Braut! wenn sie zusammen ins Schloß kommen, so liegt dort ein gemachtes Brauthemd in einer Schüssel und sieht aus, als wärs von Gold und Silber gewebt, ist jedoch nichts als Schwefel und Pech; wenn ers anthut, verbrennt es ihn bis auf Mark und Knochen." Sprach die dritte: „ist da gar keine Rettung?" „O ja, antwortete die zweite, wenn einer mit Handschuhen das Hemd packt und wirft es ins Feuer, daß es verbrennt, so ist der junge König gerettet. Aber was hilfts! wers weiß und es ihm sagt, der wird halbes Leibes Stein vom Knie bis zum Herzen." Da sprach die dritte: „ich weiß noch mehr! wird das Brauthemd auch verbrannt, so hat der junge König seine Braut doch noch nicht! wenn nach der Hochzeit der Tanz anhebt und die junge Königin tanzt, wird sie plötzlich erbleichen und wie todt hinfallen; und hebt sie nicht einer auf und zieht aus ihrer rechten Brust drei Tropfen Blut und speit sie wieder aus, so stirbt sie. Aber verräth das einer, der es weiß, so wird er ganzes Leibes zu Stein vom Wirbel bis zur Fußzehe!" Als die Raben das mit einander gesprochen, flogen sie weiter, und der getreue Johannes hatte alles wohl verstanden, aber von der Zeit an war er still und traurig, denn verschwieg er seinem Herrn, was er gehört hatte, so war dieser unglücklich, entdeckte er es ihm, so mußte er selbst sein Leben hingeben. Endlich aber sprach er bei sich: meinen Herrn will ich retten, und sollt' ich selbst darüber zu Grunde gehen.

Als sie nun ans Land kamen, da geschah es gerade, wie die Rabe vorher gesagt hatte, und es sprengte ein prächtiger fuchsrother Gaul daher. „Ei, sprach der König, der soll mich in mein Schloß tragen" und wollte sich aufsetzen, doch der treue Johannes kam ihm zuvor, schwang sich schnell darauf, zog das Gewehr aus den Halftern und schoß ihn nieder. Da riefen die anderen Diener des Königs, die dem treuen Johannes doch nicht gut waren: „wie schändlich, das schöne Thier zu tödten, das den König in sein Schloß tragen sollte!“ Aber der König sprach: „schweigt und laßt ihn gehen, es ist mein getreuester Johannes, wer weiß wozu das gut ist!“ Nun gingen sie ins Schloß und da stand im Saal eine Schüssel und das gemachte Brauthemd lag darin und sah aus nicht anders, als wär es von Gold und Silber. Der junge König gieng darauf zu und wollt es ergreifen, aber der treue Johannes schob ihn weg, packte es mit Handschuhen an, trug es dann ins Feuer und ließ es verbrennen. Die anderen Diener fiengen wieder an zu murren und sagten: „Seht, nun verbrennt er gar des Königs Brauthemd!“ aber der junge König sprach: „wer weiß wozu es gut ist, laßt ihn gehen, es ist mein getreuester Johannes.“ Nun ward die Hochzeit gefeiert; der Tanz hub an und die Braut trat auch hinein, da hatte der treue Johannes Acht und schaute ihr ins Antlitz; auf einmal erbleichte sie und fiel wie todt zur Erde. Da sprang er eilends hinzu, hob sie auf und trug sie in eine Kammer, da legte er sie nieder, kniete und sog die drei Blutstropfen aus ihrer rechten Brust und speite sie aus. Alsbald athmete sie wieder und erholte sich, aber der junge König hatte es mit angesehen und wußte nicht, warum es der getreue Johannes gethan, ward daher zornig darüber und rief: „werft ihn ins Gefängniß.“ Am andern Morgen ward der getreue Johannes verurtheilt und zum Galgen geführt, und als er oben stand und gerichtet werden sollte, sprach er: „jeder der sterben soll, darf vor seinem Ende noch einmal reden, soll ich das Recht auch haben?“ „Ja, antwortete der König, es soll dir vergönnt seyn.“ Da sprach der treue Johannes: „Ich bin mit Unrecht verurtheilt und bin dir immer treu gewesen!“ und erzählte, wie er auf dem Meer das Gespräch der Raben gehört habe und beschlossen, seinen Herrn zu retten, darum er das alles habe thun müssen. Da rief der König: „o mein getreuester Johannes, Gnade! Gnade! führt ihn herunter.“ Aber der treue Johannes war bei dem letzten Wort, das er geredet, leblos herabgefallen und war ein Stein.

Darüber trug nun der König und die Königin großes Leid, und der König sprach: „ach! was hab ich große Treue so übel belohnt!“ und ließ das steinerne Bild aufheben und in seine Schlafkammer neben sein Bett stellen. So oft er es ansah, weinte er und sprach: „ach! könnt ich dich wieder lebendig machen, mein getreuester Johannes!“ Es gieng eine Zeit herum, da gebar die Königin Zwillinge, zwei Söhnlein, die wuchsen heran und waren ihre Freude. Einmal, als die Königin in der Kirche war und die zwei Kinder bei dem Vater saßen und spielten, sah dieser wieder das steinerne Bildniß voll Trauer an, seufzte und rief: „ach könnt ich dich wieder lebendig machen, mein getreuester Johannes." Da fieng der Stein an zu reden und sprach: „ja, du kannst mich wieder lebendig machen, wenn du dein Liebstes daran wenden willst." Da rief der König: „alles, was ich auf der Welt habe, will ich für dich hingeben." Sprach der Stein weiter: „wenn du mit deiner eigenen Hand deinen beiden Kindern den Kopf abhaust und mich mit ihrem Blute bestreichst, so erhalte ich das Leben wieder." Der König erschrak, als er hörte, daß er seine liebsten Kinder selbst tödten sollte, doch dachte er an die große Treue, und daß der getreue Johannes für ihn gestorben war, zog sein Schwert und hieb mit eigener Hand den Kindern den Kopf ab, und bestrich mit ihrem Blute den Stein; und als das geschehen war, kehrte das Leben zurück und der getreue Johannes stand wieder frisch und gesund vor ihm. Er aber sprach zum König: „deine Treue will ich dir wieder lohnen," und nahm die Häupter der Kinder und setzte sie an und bestrich die Wunde mit ihrem Blut, davon wurden sie im Augenblick wieder heil, und sprangen herum und spielten fort, als wär ihnen nichts geschehen. Nun war der König voll

Freude und als er die Königin kommen sah, versteckte er den getreuen Johannes und die beiden Kinder in einen großen Schrank. Wie sie hereintrat, sprach er zu ihr: „hast du gebetet in der Kirche?“ „Ja, antwortete sie, aber ich habe beständig an den treuen Johannes gedacht, daß er so unglücklich durch uns geworden ist.“ Da sprach er: „liebe Frau, wir können ihm das Leben wiedergeben, aber es kostet uns unsere beiden Söhnlein, die müssen wir opfern.“ Die Königin ward bleich und erschrak im Herzen, doch sprach sie: „wir sinds ihm schuldig für seine große Treue.“ Da freute er sich, daß sie dachte, wie er gedacht hatte, gieng hin und schloß den Schrank auf, und holte die Kinder und den treuen Johannes heraus und sprach: „Gott sey gelobt, er ist erlöst, und unsere Söhnlein haben wir auch wieder,“ und erzählte ihr, wie sich alles zugetragen hatte. Da lebten sie zusammen in Glückseligkeit bis an ihr Ende.

6.

Der gute Handel.

Ein Bauer, der hatte seine Kuh auf den Markt getrieben, und für sieben Thaler verkauft. Auf dem Heimweg mußte er an einem Teich vorbei, und da hörte er schon von weitem, wie die Frösche riefen: ak, ak! ak, ak! „Ja, sprach er für sich, die schreien auch ins Haberfeld hinein, sieben Thaler sinds, die ich gelöst habe, keine acht." Als er an das Wasser heran kam, rief er ihnen zu: „dummes Vieh, das ihr seyd! wißt ihrs nicht besser? sieben Thaler sinds und keine acht!" Die Frösche blieben aber bei ihrem ak, ak! ak, ak! „Nun, wenn ihrs nicht glauben wollt, ich kanns euch vorzählen;" holte das Geld aus der Tasche und zählte die sieben Thaler ab, immer vierundzwanzig Groschen auf einen. Die Frösche kehrten sich aber nicht an sein Rechnen und riefen abermals: „ak, ak! ak, ak!" „Ei, rief der Bauer ganz bös, wollt ihrs besser wissen, als ich, so zählt selber!" und warf das Geld miteinander ins Wasser hinein. Er blieb stehen und wollte warten, bis sie fertig wären, und ihm das Seinige wiederbrächten, aber die Frösche beharrten auf ihrem Sinn, schrien immerfort, ak, ak! ak, ak! und warfen auch das Geld nicht wieder heraus. Er wartete noch eine gute Weile, bis der Abend einbrach und er nach Haus mußte, da schimpfte er die Frösche aus und rief: „ihr Wasserpatscher, ein groß Maul habt ihr und könnt schreien, daß einem die Ohren weh thun, aber sieben Thaler könnt ihr nicht zählen! meint ihr, ich wollte da stehen, bis ihr fertig wärt!" damit gieng er fort, aber die Frösche riefen ihm noch nach: „ak, ak! ak, ak, ak!" daß er ganz verdrießlich heim kam.

Ueber eine Zeit erhandelte er sich wieder eine Kuh, die schlachtete er und machte die Rechnung, wenn er das Fleisch gut verkaufe, könnte er so viel lösen, als die beiden Kühe werth wären, und das Fell hätte er obendrein. Als er nun mit dem Fleisch zu der Stadt kam, war vor dem Thore ein ganzes Rudel Hunde zusammengelaufen, voran ein großer Windhund; dieser sprang um das Fleisch, schnupperte und bellte: was, was! was, was! Als er gar nicht aufhören wollte, sprach der Bauer zu ihm: „ja, ich merk wohl, du sagst was, was! weil du etwas von dem Fleisch verlangst, da sollt' ich aber schön ankommen, wenn ich dir's geben wollte." Der Hund antwortete nichts als, was, was! „willst du's auch nicht wegfressen, und du für deine Cameraden da gut stehen?" „Was, was!" sprach der Hund. „Nun, wenn du dabei bleibst, so will ich dirs lassen, ich kenne dich wohl und weiß, bei wem du dienst; aber das sag' ich dir, in drei Tagen muß ich mein Geld haben, du kannst mirs hinausbringen." Darauf lud er das Fleisch ab und kehrte wieder um; die Hunde machten sich darüber her und bellten laut was, was! der Bauer, der es von weitem hörte, sprach zu sich: „horch, jetzt verlangen sie alle was, aber der große muß mir einstehen."

Als drei Tage herum waren, dachte der Bauer vergnügt: heute Abend hast du dein Geld in der Tasche. Aber es wollte niemand kommen, und auszahlen. „Es ist kein Verlaß mehr auf jemand," sprach er und endlich riß ihm die Geduld, daß er in die Stadt zu dem Fleischer gieng, und sein Geld foderte. Der Fleischer meinte, es wäre ein Spaß, als aber der Bauer sagte: „Spaß beiseite, ich will mein Geld; hat der große Hund euch nicht die ganze geschlachtete Kuh vor drei Tagen heim gebracht!" da ward der Fleischer zornig, griff nach einem Besenstiel, und jagte ihn hinaus. „Wart, sprach der Bauer, es giebt noch Gerechtigkeit auf der Welt!" und gieng in das königliche Schloß und bat sich Gehör aus. Er ward vor den König geführt, der da saß mit seiner Tochter und fragte: was ihm für ein Leid wiederfahren wäre? „Ach, sagte er, die Frösche und Hunde haben mir das Meinige genommen und der Metzger hat mich dafür mit dem Stock bezahlt" und erzählte weitläuftig, wie es zugegangen war. Darüber fieng die Königstochter laut an zu lachen, und der König sprach zu ihm: „Recht kann ich dir hier nicht geben, aber dafür sollst du meine Tochter zur Frau haben, ihr Lebtag hat sie noch nicht gelacht, als eben über dich, und ich habe sie dem versprochen, der sie zum Lachen brächte. Du kannst Gott für dein Glück danken." „O, antwortete der Bauer, ich will sie gar nicht, ich hab daheim nur eine einzige Frau und wenn ich nach Haus komme, so ist mir doch als ob in jedem Winkel eine stände." Da ward der König zornig und sprach: „bist du so ein Grobian, so mußt du einen andern Lohn haben; jetzt pack dich fort, aber in drei Tagen komm wieder, so sollen dir fünfhundert vollgezählt werden."

Wie der Bauer hinaus vor die Thüre kam, sprach die Schildwacht: „du hast die Königstochter zum Lachen gebracht, da wirst du was rechtes bekommen haben." „Ja das mein' ich! antwortete der Bauer, fünfhundert werden mir ausbezahlt." „Hör', sprach der Soldat, gieb mir etwas davon, was willst du mit all dem Geld anfangen." „Nun, sprach der Bauer, weil du's bist, so sollst du zweihundert haben, in drei Tagen meld' dich beim König und laß dirs aufzählen." Ein Jude hatte in der Nähe gestanden, und das Gespräch mit angehört, der lief dem Bauer nach, hielt ihn beim Rock und sprach: „Gotteswunder, was seyd ihr ein Glückskind! ich wills euch wechseln, ich will euch umsetzen in Scheidemünz, was wollt ihr mit den harten Thalern!" „Mauschel, sagte der Bauer, dreihundert kannst du noch haben, gieb mirs nur gleich in Münze, heut über drei Tage wirst du dafür beim König bezahlt werden." Der Jude war froh über das Profitchen und brachte die Summe in schlechten Groschen, wo drei so viel werth sind als zwei gute. Nach Verlauf der drei Tage ging der Bauer, dem Befehl gemäß, vor den König. „Zieh den Rock aus, sprach dieser, du sollst deine fünfhundert haben." „Ach! sagte der Bauer, sie gehören nicht mehr mein, zweihundert habe ich an die Schildwache verschenkt und dreihundert hat mir der Jude eingewechselt, von Rechtswegen gebührt mir nicht ein einziges." Indem kam der Soldat und der Jude herein, verlangten das Ihrige, das sie dem Bauer abgewonnen hätten, und erhielten die Schläge richtig zugemessen. Der Soldat ertrugs geduldig und wußte schon, wie's schmeckte, der Jude aber that jämmerlich: „au weih geschrien! sind das die harten Thaler!" Der König mußte über den Bauer lachen, und weil aller Zorn verschwunden war, sprach er: „hast du den Lohn schon verloren, eh du ihn empfangen, so will ich dir einen Ersatz geben, geh in meine Schatzkammer und hol dir Geld, so viel du willst." Der Bauer ließ sich das nicht zweimal gesagt seyn, und füllte in seine Taschen, was nur hinein wollte. Darnach gieng er ins Wirthshaus und überzählte sein Geld; der Jude war ihm nachgegangen und hörte wie er mit sich allein brummte: „nun hat mich der Spitzbube von König doch hinters Licht geführt! hätte er mir nicht selbst das Geld geben können, so wüßte ich, was ich hätte, wie kann ich nun wissen, ob das richtig ist, was ich so eingesteckt habe!“ – „Gott bewahre, sprach der Jude für sich, der spricht despectirlich von unserm Herrn, ich lauf gleich und gebs an, so krieg ich eine Belohnung, und er wird noch obendrein bestraft.“ Als der König die Reden des Bauern erfuhr, ward er zornig, und hieß den Juden hingehen und den Sünder herbeiholen. Der Jude lief zum Bauer: „ihr sollt gleich zum Herrn König kommen, wie ihr geht und steht.“ „Ich weiß besser, was sich schickt, antwortete der Bauer, erst laß ich mir einen neuen Rock machen: meinst du ich wollte in dem alten Lumpenrock hingehen, wenn ich so viel Geld habe?“ Der Jude sah, daß der Bauer ohne einen andern Rock nicht wegzubringen war, und weil er fürchtete, wann der König seinen Zorn verliere, so verliere er seine Belohnung und der Bauer die Strafe, so sprach er: „ich will euch so lang einen Rock leihen aus bloßer Freundschaft; mein! was thut der Mensch nicht aus Liebe!“ Der Bauer ließ sich das gefallen, zog einen Rock vom Juden an, und gieng mit ihm fort. Der König hielt ihm die bösen Reden vor, die ihm der Jude hinterbracht hatte. „Ach! sprach der Bauer, was ein Jude sagt, ist immer gelogen, denen geht kein wahres Wort aus dem Munde: der Kerl da ist im Stand und behauptet, ich hätte seinen Rock an!“ „Was soll mir das, schrie der Jude, ist der Rock nicht mein, hab ich ihn nicht aus Freundschaft geborgt, damit ihr vor den Herrn König treten konntet!“ Wie der König das hörte, sprach er: „einen hat der Jude gewiß betrogen, mich oder den Bauer!“ und ließ ihm noch etwas in harten Thalern nachzahlen; der Bauer aber in dem guten Rock ging mit dem guten Geld in der Tasche heim, und sprach: diesmal hab ichs getroffen!

7.

Die zwölf Brüder.

Es war einmal ein König und eine Königin, die lebten in Frieden mit einander und hatten zwölf Kinder, das waren aber lauter Buben. Nun sprach der König zu seiner Frau: „wenn das dreizehnte Kind, das du zur Welt bringst, ein Mädchen ist, so sollen die zwölf Buben sterben, damit sein Reichthum groß wird, und es das Königreich allein erhält." Er ließ auch zwölf Särge machen, die waren schon mit Hobelspänen gefüllt, und in jedem lag das Todtenkißchen, und ließ sie in eine verschlossene Stube bringen, davon gab er der Königin den Schlüssel, und sprach, sie sollte niemand davon etwas sagen.

Die Mutter aber saß nun den ganzen Tag und trauerte, so daß der kleinste Sohn, der immer bei ihr war und den sie nach der Bibel Benjamin nannte, zu ihr sprach: „liebe Mutter, warum bist du so betraurig?" „Liebstes Kind, antwortete sie, ich darf dirs nicht sagen." Er ließ ihr aber keine Ruhe, bis sie gieng und die Stube aufschloß, und ihm die zwölf Todtenladen, mit Hobelspänen schon gefüllt, zeigte und sprach: „mein liebster Benjamin, die hat dein Vater für dich und deine elf Brüder machen lassen, denn wenn ich ein Mädchen zur Welt bringe, so sollt ihr allesammt getödtet und in den Särgen da begraben werden." Da sagte der Sohn: „weine nicht, liebe Mutter, wir wollen uns helfen und wollen fortgehen." Sie sprach: „geh mit deinen elf Brüdern hinaus in den Wald, und einer setze sich immer auf den höchsten Baum, der zu finden ist, und halte Wacht und schaue nach dem Thurm hier im Schloß. Gebär ich ein Söhnlein, so will ich eine weiße Fahne aufstecken, und dann dürft ihr wiederkommen; gebär ich ein Töchterlein, so will ich eine rothe Fahne aufstecken, und dann flieht fort und der liebe Gott behüt euch. Alle Nacht will ich aufstehn und für euch beten: im Winter, daß ihr an einem Feuer euch wärmen könnt, im Sommer, daß ihr nicht in der Hitze schmachtet."

Nachdem sie also ihre Söhne gesegnet hatte, giengen sie hinaus in den Wald. Einer hielt um den andern Wacht, saß auf der höchsten Eiche und schauete nach dem Thurm. Als elf Tage herum waren und die Reihe an Benjamin kam, da sah er wie eine Fahne aufgesteckt wurde, es war aber nicht die weiße, sondern die rothe Blutfahne, die verkündigte, daß sie alle sterben sollten. Wie die Brüder das nun hörten, wurden sie zornig und sprachen: „sollten wir um eines Mädchens willen den Tod leiden! nun schwören wir, daß wir uns rächen wollen, und wo wir eins finden, sein rothes Blut fließen soll."

Darauf giengen sie tiefer in den großen Wald hinein und mitten drein, wo er am dunkelsten war, fanden sie ein kleines verwünschtes Häuschen, das leer stand. Da sprachen sie: „hier wollen wir wohnen, und du Benjamin, du bist der jüngste und schwächste, du sollst daheim bleiben und haushalten, wir wollen ausgehen und Essen holen." Nun zogen sie in den Wald und schossen Hasen, wilde Rehe, Vögel und Täuberchen und was zu essen stand; das brachten sie dem Benjamin, der mußts ihnen zurecht machen, damit sie ihren Hunger stillen konnten. In dem Häuschen lebten sie zehn Jahre zusammen und die Zeit ward ihnen nicht lang.

Das Töchterchen, das ihre Mutter die Königin geboren hatte, war nun herangewachsen, war gar schön und hatte einen goldenen Stern auf der Stirne. Einmal, als große Wäsche war, sah es darunter zwölf Mannshemden und fragte seine Mutter: „wem gehören diese zwölf Hemden, für den Vater sind sie doch viel zu klein?“ Da antwortete sie mit schwerem Herzen: „liebes Kind, die gehören deinen zwölf Brüdern.“ Sprach das Fräulein: „wo sind denn meine zwölf Brüder, von denen habe ich noch niemals gehört.“ Sie antwortete: „das weiß Gott, wo sie sind, sie irren in der Welt herum.“ Da nahm sie das Mädchen und schloß ihm das Zimmer auf, und zeigte ihm die zwölf Särge mit den Hobelspänen und den Todtenkißchen. „Die, sprach sie, waren für sie bestimmt, aber sie sind heimlich fortgegangen, eh du geboren warst“ und erzählte ihm, wie sich alles zugetragen hatte. Da sagte das Mädchen: „liebe Mutter, weine nicht, ich will gehen und meine Brüder suchen.“

Nun nahm es die zwölf Hemden und gieng fort, und geradezu in den großen Wald hinein. Es gieng den ganzen Tag, und am Abend kam es zu dem verwünschten Häuschen. Da trat es hinein und fand einen jungen Knaben, der fragte: „wo kommst du her und wo willst du hin?“ und erstaunte, daß sie so gar schön war, königliche Kleider trug und einen Stern auf der Stirne hatte. Da antwortete sie: „ich bin eine Königstochter, und suche meine zwölf Brüder und will gehen, so weit der Himmel blau ist, bis ich sie finde.“ Und zeigte ihm die zwölf Hemden, die ihnen gehörten. Da sah Benjamin, daß es seine Schwester war, und sprach: „ich bin Benjamin, dein jüngster Bruder!“ Und sie fieng an zu weinen vor Freude und Benjamin auch, und sie küßten und herzten einander vor großer Liebe. Hernach sprach er: „Liebe Schwester, es ist noch ein Vorbehalt da, wir hatten verabredet, daß ein jedes Mädchen, das uns begegnete, sterben sollte, weil wir um ein Mädchen unser Königreich verlassen mußten.“ Da sagte sie: „ich will gern sterben, wenn ich damit meine zwölf Brüder erlösen kann.“ „Nein antwortete er, du sollst nicht sterben, setz dich unter diese Bütte bis die elf Brüder kommen, dann will ich schon einig mit ihnen werden.“ Also that sie; und wie es Nacht ward, kamen die andern von der Jagd, und die Mahlzeit war bereit. Und als sie am Tisch saßen und aßen, fragten sie: „was giebts neues?“ Sprach Benjamin: „wißts ihr nichts?“ „Nein“ antworteten sie. Sprach er weiter: „ihr seid im Wald gewesen und ich bin daheim geblieben und weiß noch mehr als ihr.“ „So erzähl’ uns“ riefen sie. Antwortete er: „versprecht ihr mir auch, daß das erste Mädchen, das uns begegnet, nicht soll getödtet werden?“ „Ja, riefen sie alle, das soll Gnade haben, erzähl’ uns nur.“ Da sprach er: „unsere Schwester ist da“ und hub die Bütte auf, und die Königstochter kam hervor in ihren königlichen Kleidern mit dem goldenen Stern auf der Stirne, und war so schön, zart und fein. Da freuten sie sich alle, fielen ihr um den Hals und küßten sie und hatten sie von Herzen lieb.

Nun blieb sie bei Benjamin zu Haus, und half ihm in der Arbeit. Die elfe zogen in den Wald, suchten Gewild, Rehe, Hasen, Vögel und Täuberchen, damit sie zu essen hatten, und die Schwester und Benjamin sorgten, daß es zubereitet wurde. Sie suchte das Holz zum Kochen, und die Kräuter zum Gemüs und stellte zu am Feuer, also daß die Mahlzeit immer fertig war, wenn die elfe kamen. Sie hielt auch sonst Ordnung im Häuschen und deckte die Bettlein hübsch weiß und rein, und die Brüder waren immer zufrieden und lebten in großer Einigkeit mit ihr.

Auf eine Zeit hatten die beide daheim eine schöne Kost zurecht gemacht, und wie sie nun alle beisammen waren, setzten sie sich, aßen und tranken und waren voller Freude. Es war aber ein kleines Gärtchen an dem verwünschten Häuschen, darin standen zwölf Lilienblumen, die man auch Studenten heißt; nun wollte sie ihren Brüdern ein Vergnügen machen, brach die zwölf Blumen ab und dachte jedem aufs Essen eine zu schenken. Wie sie aber die Blumen abgebrochen hatte, in demselben Augenblick waren die zwölf Brüder in zwölf Raben verwandelt, und flogen über den Wald hin fort, und das Haus mit dem Garten war auch verschwunden. Da war nun das arme Mädchen allein in dem wilden Wald, und wie es sich umsah, so stand eine alte Frau neben ihm, die sprach: „ei! ei! mein Kind, was hast du angefangen? warum hast du die zwölf weißen Blumen nicht stehen lassen, das waren deine Brüder, die sind nun auf immer in Raben verwandelt.“ Das Mädchen sprach weinend: „ist denn kein Mittel, sie zu erlösen?“ „Nein, sagte die Alte, es ist keins auf der ganzen Welt, als eins, das ist aber so schwer, daß du sie damit nicht befreien wirst, denn du mußt sieben Jahre stumm seyn, darfst nicht sprechen und nicht lachen, und sprichst du ein einziges Wort und es fehlt nur eine Stunde an den sieben Jahren, so ist alles umsonst und deine Brüder werden von dem Wort getödtet.“

Da sprach das Mädchen in seinem Herzen: „ich will meine Brüder gewiß erlösen“ und gieng und suchte einen hohen Baum, setzte sich darauf und spann und sprach nicht und lachte nicht. Nun trugs sich zu, daß ein König in dem Wald jagte, der hatte einen großen Windhund, der lief zu dem Baum, wo das Fräulein drauf saß, sprang herum, schrie und bellte hinauf. Da kam der König herbei und sah die schöne Königstochter mit dem goldnen Stern auf der Stirne, und war so entzückt über ihre Schönheit, daß er hinauf rief, ob sie seine Gemahlin werden wollte. Sie gab keine Antwort, nickte aber ein wenig mit dem Kopf; da stieg er selbst auf den Baum, trug sie herab, setzte sie auf sein Pferd, und da ward die Hochzeit, obgleich die Braut stumm war und nicht lachte, mit großer Pracht und Freude gefeiert. Als sie ein paar Jahre mit einander vergnügt gelebt, fieng die Mutter des Königs, die eine böse Frau war, an, die junge Königin zu verläumden und sprach zum König: „es ist ein gemeines Bettelmädchen, daß du dir mitgebracht, wer weiß, was für Böses sie heimlich treibt. Wenn sie stumm ist und nicht sprechen kann, so könnte sie doch einmal lachen, aber wer nicht lacht, der hat ein böses Gewissen." Der König wollte zuerst nicht daran glauben, aber sie trieb es so lange, bis er sich endlich überreden ließ und sie zum Tod verurtheilte.

Nun ward im Hof ein großes Feuer angezündet, darin sie sollte verbrannt werden, und der König stand oben und sahs mit weinenden Augen an, weil er sie noch immer so lieb hatte. Und als sie schon an den Pfahl festgebunden war und das Feuer schon an ihren Kleidern mit rothen Zungen leckte, da war eben der letzte Augenblick von den sieben Jahren verflossen und in der Luft ließ sich ein Geschwirr hören. Zwölf Raben kamen hergezogen und senkten sich nieder und wie sie die Erde berührten, waren es ihre zwölf Brüder, die sie erlöst hatte. Sie rissen das Feuer auseinander, löschten die Flammen, machten ihre liebe Schwester frei und küßten und herzten sie. Nun durfte sie ihren Mund aufthun und reden, und erzählte dem König, wie es gekommen war, daß sie stumm gewesen und niemals gelacht hatte: der freute sich, daß sie unschuldig war, und sie lebten nun alle zusammen in Lust und Einigkeit bis an ihren Tod. Die böse Stiefmutter ward in ein Faß gesteckt, das mit siedendem Oel und giftigen Schlangen angefüllt war, und starb eines bösen Todes.

8.

Das Lumpengesindel.

Hähnchen sprach zum Hühnchen: „die Nüsse sind reif geworden, da wollen wir mit einander auf den Berg gehen, und uns einmal recht satt daran essen, eh sie das Eichhorn alle wegholt.“ „Ja, antwortete das Hühnchen, komm, wir wollen uns eine Lust miteinander machen." Da giengen sie zusammen fort auf den Berg, und weil es ein heller Tag war, blieben sie bis zum Abend; nun weiß ich nicht, ob sie sich so dick gegessen, oder ob sie so übermüthig geworden waren, kurz sie wollten nicht zu Fuß nach Haus gehen, und das Hähnchen mußte einen kleinen Wagen von Nußschalen bauen. Als er fertig war, setzte sich Hühnchen hinein und sagte zum Hähnchen: „du kannst dich nur immer vorspannen." – „Nein, sagte das Hähnchen, das wäre mir recht! lieber geh ich zu Fuß nach Haus, als das ich mich vorspannen lasse, so haben wir nicht gewettet; Kutscher will ich wohl seyn und auf dem Bock sitzen, aber selbst ziehen, das thu ich nicht."

Wie sie so stritten, schnatterte eine Ente daher: „ihr Diebsvolk, wer hat euch geheißen in meinen Nußberg gehen, wartet, das soll euch schlecht bekommen!" gieng damit auf das Hähnchen los. Aber Hähnchen war auch nicht faul, und stieg der Ente tüchtig zu Leib, endlich hackte es mit seinen Sporn so gewaltig, daß sie um Gnade bat, und sich gern zur Strafe vor den Wagen spannen ließ. Hähnchen setzte sich nun auf den Bock und war Kutscher, und darauf gieng es fort in einem Jagen: „Ente, lauf zu was du kannst!" Als sie ein Stück Weges gefahren waren, begegneten sie zwei Fußgängern, einer

Stecknadel und einer Nähnadel. Die riefen halt! halt! und sagten, es würde gleich stichdunkel werden, da könnten sie keinen Schritt weiter, dabei wär es so schmutzig auf der Straße, ob sie nicht ein wenig einsitzen könnten; sie wären auf der Schneiderherberge vor dem Thor gewesen, und hätten sich beim Bier verspätet. Das Hähnchen, da es magere Leute waren, die nicht viel Platz einnahmen, ließ sie beide einsteigen, doch mußten sie versprechen, ihm und seinem Hühnchen nicht auf die Füße zu treten. Spät Abends kamen sie zu einem Wirthshaus, und, weil sie die Nacht nicht weiter fahren wollten, die Ente auch nicht gut zu Fuß war, und von einer Seite auf die andere fiel, kehrten sie ein. Der Wirth machte anfangs viel Einwendungen, sein Haus sey schon voll, gedachte auch wohl, es möchte keine vornehme Herrschaft seyn, endlich aber, da sie süße Reden führten, er solle das Ei haben, welches das Hühnchen unterwegs gelegt hatte, auch die Ente behalten, die alle Tage eins lege, so gab er nach. Nun ließen sie sich wieder frisch auftragen, und lebten in Saus und Braus. Früh Morgens, als es erst dämmerte und noch alles schlief, weckte Hähnchen das Hühnchen, holte das Ei, pickte es auf und sie verzehrten es zusammen; die Schalen aber warfen sie auf den Feuerheerd. Dann giengen sie zu der Nähnadel, die noch schlief, packten sie beim Kopf und steckten sie in das Sesselkissen des Wirths, die Stecknadel aber in sein Handtuch, darauf flogen sie, mir nichts dir nichts, über die Heide davon. Die Ente, die unter freiem Himmel schlafen wollte und im Hof geblieben war, hörte sie fortschnurren, machte sich munter und fand einen Bach, auf dem sie hinunter schwamm, und das gieng geschwinder als vor dem Wagen. Ein paar Stunden darnach hob sich der Wirth aus den Federn, wusch sich und wollte sich am Handtuch abtrocknen, da zerriß er sich das Gesicht mit der Stecknadel; dann gieng er in die Küche, und wollte sich eine Pfeife anstecken, wie er aber an den Heerd kam, sprangen ihm die Eierschalen in die Augen. „Heute Morgen will mir Alles an meinen Kopf," sagte er, und ließ sich verdrießlich auf seinen Großvaterstuhl nieder, aber geschwind fuhr er wieder auf, und schrie auweh! denn die Nähnadel hatte ihn noch schlimmer und nicht in den Kopf gestochen. Nun war er vollends böse und hatte Verdacht auf die Gäste, die so spät gestern Abend gekommen waren, und wie er gieng und sich nach ihnen umsah, waren sie fort. Da that er einen Schwur, kein Lumpengesindel mehr in sein Haus zu nehmen, das viel verzehrt, nichts bezahlt und obendrein zum Dank Schabernack treibt.

9.

Brüderchen und Schwesterchen.

Brüderchen nahm sein Schwesterchen an der Hand und sprach: „Seit die Mutter todt ist, haben wir keine gute Stunde mehr; die Stiefmutter schlägt uns alle Tage und wenn wir zu ihr kommen, stößt sie uns mit den Füßen fort. Die harten Brotkrusten, die übrig bleiben, sind unsere Speise und dem Hündlein unter dem Tisch geht's besser; dem wirft sie doch manchmal was Gutes zu. Daß Gott erbarm, wenn das unsere Mutter wüßte! Komm, wir wollen miteinander in die weite Welt gehen." Sie giengen den ganzen Tag über Wiesen, Felder und Steine, und wenn es regnete, sprach das Schwesterchen: „Gott und unsere Herzen, die weinen zusammen!" Abends kamen sie in einen großen Wald, und waren so müd von Jammer, Hunger und dem langen Weg, daß sie sich in einen hohlen Baum setzten und einschliefen.

Am andern Morgen, als sie aufwachten, stand die Sonne schon hoch über den Bäumen und schien heiß in den Baum hinein. Da sprach das Brüderchen: „Schwesterchen, mich dürstet, wenn ich ein Brünnlein wüßte, gieng' ich und tränk' einmal; ich mein', ich hört' eins rauschen." Brüderchen stand auf, nahm Schwesterchen an der Hand und sie wollten das Brünnlein suchen. Die böse Stiefmutter aber war ein Hexe und hatte wohl gesehen, wie die beiden fortgegangen waren, war ihnen nachgeschlichen, heimlich, wie die Hexen schleichen, und hatte alle Brunnen im Walde verwünscht. Als sie nun ein Brünnlein fanden, das so glitzerig über die Steine sprang, wollte das Brüderchen daraus trinken; aber das Schwesterchen hörte, wie es im Rauschen sprach: „Wer aus mir trinkt, wird ein Tiger! wer aus mir trinkt, wird ein Tiger!“ Da rief das Schwesterchen: „Ach, ich bitte dich, Brüderchen, trink' nicht, sonst wirst du ein wildes Thier und zerreißest mich.“ Das Brüderchen trank nicht, ob es gleich so großen Durst hatte und sprach: „Ich will warten bis zur nächsten Quelle.“ Als sie zum zweiten Brünnlein kamen, hörte das Schwesterchen, wie auch dieses sprach: „Wer aus mir trinkt, wird ein Wolf! wer aus mir trinkt, wird ein Wolf!“ Da rief das Schwesterchen: „Ach, Brüderchen, ich bitte dich, trink' nicht, sonst wirst du ein Wolf und frissest mich.“ Das Brüderchen trank nicht und sprach: „Ich will warten, bis wir zur nächsten Quelle kommen, aber dann muß ich trinken, du magst sagen was du willst; mein Durst ist gar zu groß.“ Und als sie zum dritten Brünnlein kamen, hörte das Schwesterlein, wie es im Rauschen sprach: „Wer aus mir trinkt, wird ein Reh! wer aus mir trinkt, wird ein Reh!“ Das Schwesterchen sprach: „Ach, Brüderchen, ich bitte dich, trink’ nicht, sonst wirst du ein Reh und läufst mir fort.“ Aber das Brüderchen hatte sich gleich bei dem Brünnlein nieder geknieet, hinab gebeugt und von dem Wasser getrunken und wie die ersten Tropfen auf seine Lippen gekommen waren, lag es da als ein Rehkälbchen.

Nun weinte das Schwesterchen über das arme, verwünschte Brüderchen, und das Rehchen weinte auch und saß so traurig neben ihm. Da sprach das Mädchen endlich: „Sey still, liebes Rehchen, ich will dich ja nimmermehr verlassen.“ Dann band es sein goldenes Strumpfband ab und that es dem Rehchen um den Hals, und rupfte Binsen und flocht ein weiches Seil daraus. Daran band es das Thierchen und führte es weiter, und gieng immer tiefer in den Wald hinein. Und als sie lang, lang gegangen waren, kamen sie endlich in ein kleines Haus und das Mädchen schaute hinein, und weil es leer war, dachte es, hier können wir bleiben und wohnen. Da suchte es dem Rehchen Laub und Moos zu einem weichen Lager, und jeden Morgen gieng es aus und sammelte sich Wurzeln, Beeren und Nüsse, und für das Rehchen brachte es zartes Gras mit, das fraß es ihm aus der Hand, und war vergnügt und spielte vor ihm herum. Abends wenn Schwesterchen müd war und sein Gebet gesagt hatte, legte es seinen Kopf auf den Rücken des Rehkälbchens, das war sein Kissen, darauf es sanft schlief. Und hätte das Brüderchen nur seine menschliche Gestalt gehabt, es wäre ein herrliches Leben gewesen.

Das dauerte nun eine Zeitlang, daß sie so allein in der Wildniß waren, da trug es sich zu, daß der König des Landes eine große Jagd in dem Wald hielt. Da schallte darin das Hörnerblasen, Hundegebell und das lustige Geschrei der Jäger, und das Rehlein hörte es, und wäre gar zu gern dabei gewesen. „Ach, sprach es zum Schwesterlein, laß mich hinaus in die Jagd, ich kann's nicht länger mehr aushalten“ und bat so lange, bis es einwilligte. „Aber, sprach es zu ihm, komm mir ja Abends wieder, vor den wilden Jägern schließ ich mein Thürlein; und damit ich dich kenne, so klopf und sprich: Mein Schwesterlein, laß mich herein! und wenn du nicht so sprichst, so schließ ich mein Thürlein nicht auf.“ Nun sprang das Rehchen hinaus und war ihm so wohl, und war so lustig in freier Luft. Der König und seine Jäger sahen das schöne Thier und setzten ihm nach, aber sie konnten es nicht einholen, und wenn sie meinten, sie hätten es gewiß, da sprang es über das Gebüsch weg, und war verschwunden. Wie's dunkel ward, lief es zu dem Häuschen, klopfte und sprach: „Mein Schwesterlein, laß mich herein!“

Da ward ihm die kleine Thüre aufgethan, es sprang hinein, und ruhte sich die ganze Nacht auf seinem weichen Lager aus. Am andern Morgen gieng die Jagd von neuem an, und als das Rehlein wieder das Hüfthorn hörte und das ho! ho! der Jäger, da hatte es keine Ruh und sprach: „Schwesterchen, mach mir auf, ich muß hinaus." Das Schwesterchen öffnete ihm die Thüre und sprach: „Aber zu Abend mußt du wieder da seyn und dein Sprüchlein sagen." Als der König und seine Jäger das Rehlein mit dem goldenen Halsband wieder sahen, jagten sie ihm Alle nach, aber es war ihnen zu schnell und behend. Das währte den ganzen Tag; endlich aber hatten es die Jäger Abends umzingelt, und einer verwundete es ein wenig am Fuß, so daß es hinken mußte, und langsam fortlief. Da schlich er ihm nach bis zu dem Häuschen, und hörte, wie es rief: „Mein Schwesterlein, laß mich herein!" und sah, daß ihm die Thüre aufgethan und alsbald wieder zugeschlossen wurde. Der Jäger behielt das Alles wohl im Sinn, gieng zum König und erzählte ihm, was er gesehn und gehört hatte. Da sprach der König: „Morgen soll noch einmal gejagt werden."

Das Schwesterchen aber war recht erschrocken, als das Rehkälbchen verwundet herein kam; es wusch ihm das Blut ab, legte Kräuter auf und sprach: „Geh auf dein Lager, lieb Rehchen, daß du wieder heil wirst." Die Wunde war aber so gering, daß das Rehchen am Morgen nichts mehr davon spürte, und als es die Jagdlust wieder draußen hörte, sprach es: „Ich kanns nicht aushalten, ich muß dabei seyn; so bald soll mich auch Keiner kriegen." Das Schwesterchen weinte und sprach: „Nun werden sie dich tödten, ich laß dich nicht hinaus." „So sterb ich dir hier vor Betrübniß, wenn du mich abhältst, antwortete es: wenn ich das Hüfthorn höre, so mein' ich, ich müßt' aus den Schuhen springen!" Da konnte das Schwesterchen nicht anders und schloß ihm mit schwerem Herzen die Thüre auf, und das Rehchen sprang ganz gesund und fröhlich in den Wald. Als es der König erblickte, sprach er zu seinen Jägern: „Nun jagt ihm nach den ganzen Tag bis in die Nacht, aber daß ihm Keiner etwas zu Leide thut." Wie die Sonne untergegangen war, da sprach der König zum Jäger: „nun komm und zeig mir das Waldhäuschen." Und als er vor dem Thürlein war, klopfte er an und rief: „Lieb Schwesterlein, laß mich herein!" Da gieng die Thüre auf und der König trat herein, und da stand ein Mädchen, das war so schön, wie er noch keins gesehen hatte. Das Mädchen aber war erschrocken, daß nicht sein Rehlein, sondern ein König mit goldener Krone hereingekommen war. Aber der König sah es freundlich an, reichte ihm die Hand und sprach: „Willst du mit mir gehen auf mein

Schloß und meine liebe Frau werden?" „Ach ja, antwortete das Mädchen, aber das Rehchen muß auch mit, das verlaß ich nicht." Sprach der König: „Es soll bei dir bleiben, so lange du lebst und soll ihm an nichts fehlen." Indem kam es herein gesprungen, da band es das Schwesterchen wieder an das Binsenseil, nahm es selbst in die Hand, und gieng mit ihm zum Waldhäuschen hinaus.

Der König führte das schöne Mädchen in sein Schloß, wo die Hochzeit mit großer Pracht gefeiert wurde, und war es nun die Frau Königin und lebten sie lange Zeit vergnügt zusammen; das Rehlein ward gehegt und gepflegt und sprang in dem Schloßgarten herum. Die böse Stiefmutter aber, um derentwillen die Kinder in die Welt hinein gegangen waren, die meinte nicht anders, als Schwesterchen wäre von den wilden Thieren im Walde zerrissen worden und Brüderchen als ein Rehkalb von den Jägern todt geschossen. Als sie nun hörte, daß sie so glücklich waren, und es ihnen so wohl gieng, da wurden Neid und Mißgunst in ihrem Herzen rege und zwickten und nagten es, und sie hatte keinen andern Gedanken, als wie sie die Beiden doch noch ins Unglück bringen könnte. Ihre rechte Tochter, die häßlich war wie die Nacht und nur ein Auge hatte, die machte ihr Vorwürfe und sprach: „Eine Königin zu werden, das Glück hätte mir gebührt!" „Sey nur still, sagte die Alte und sprach sie zufrieden, wenn's Zeit ist, will ich schon bei der Hand seyn." Als nun die Zeit heran gerückt war und die Königin ein schönes Knäbchen zur Welt gebracht hatte, und der König gerade auf der Jagd war, da nahm die alte Hexe die Gestalt der Kammerfrau an, trat in die Stube, wo die Königin lag, und sprach zu der Kranken: „Kommt, das Bad ist fertig, das soll euch wohlthun und stärken, geschwind, eh' es kalt wird." Ihre Tochter war auch bei der Hand und sie trugen die schwache Königin in die Badstube, legten sie hinein, giengen schnell fort und schlossen die Thüre ab. In der Badstube aber hatten sie ein rechtes Höllenfeuer angemacht, daß die schöne junge Königin bald ersticken mußte.

Als das geschehen war, nahm die Alte ihre Tochter und setzte ihr eine Haube auf, und legte sie ins Bett an der Königin Stelle. Sie gab ihr auch die Gestalt und das Ansehen der Königin, nur das verlorene Auge konnte sie ihr nicht wieder geben; damit aber der König nichts merken sollte, mußte sie sich auf die Seite legen, wo sie kein Aug' hatte. Am Abend, als der König heim kam und hörte, daß ihm ein Söhnlein geboren war, freute er sich herzlich und wollte ans Bett zu seiner lieben Frau gehen und wollte sehen, was sie machte. Da rief die Alte geschwind: „Bei Leibe, laßt die Vorhänge zu, die Königin darf noch nicht ins Licht sehen und muß Ruhe haben." Der König gieng zurück, und wußte nicht, daß eine falsche Königin im Bette lag.

Als es aber Mitternacht war und alles schlief, da sah die Kinderfrau, die in der Kinderstube neben der Wiege saß und allein noch wachte, wie die Thüre aufgieng und die rechte Königin herein trat; sie nahm das Kind aus der Wiege, legte es in ihren Arm und gab ihm zu trinken. Dann schüttelte sie ihm sein Kißchen und legte es wieder hinein und deckte es mit dem Deckbettchen zu. Sie vergaß aber auch das Rehchen nicht, gieng in die Ecke, wo es lag, und streichelte ihm über den Rücken. Darauf gieng sie ganz stillschweigend wieder zur Thüre hinaus, und die Kinderfrau fragte am andern Morgen die Wächter, ob sie Jemand in der Nacht ins Schloß gehen gesehen; aber sie antworteten: „Nein, wir haben niemand gesehen!" So kam sie viele Nächte, und sprach niemals ein Wort dabei; die Kinderfrau sah sie immer, aber sie getraute nicht, Jemand etwas davon zu sagen.

Als nun so eine Zeit verflossen war, da hub die Königin in der Nacht an zu reden und sprach:

„Was macht mein Kind? Was macht mein Reh?
Nun komm ich noch zweimal
und dann nimmermehr!"

Die Kinderfrau antwortete ihr nicht, aber als sie wieder verschwunden war, gieng sie zum König und erzählte ihm Alles. Sprach der König: „Ach Gott! was ist das! Ich will in der nächsten Nacht bei dem Kind wachen." Abends gieng er auch in die Kinderstube, aber um Mitternacht erschien die Königin wieder und sprach:

„Was macht mein Kind? Was macht mein Reh?
Nun komm ich noch einmal
und dann nimmermehr!"

und pflegte dann des Kindes wie gewöhnlich, eh sie wieder verschwand. Der König getraute sich nicht, sie anzureden; aber die folgende Nacht wachte er wieder, da sprach sie abermals:

„Was macht mein Kind? Was macht mein Reh?
Nun komm ich noch diesmal
und dann nimmermehr!"

Da konnte sich der König nicht zurückhalten, sprang zu ihr und sprach: „du kannst niemand anders sein, als meine liebe Frau!" Da antwortete sie: „Ja, ich bin deine liebe Frau!" und hatte in dem Augenblick durch Gottes Gnade das Leben wieder erhalten, war frisch, roth und gesund. Darauf erzählte sie dem König den Frevel, den die böse Hexe und ihre Tochter an ihr begangen hatten. Der König ließ Beide vor Gericht führen und sie wurden verurtheilt; die Tochter ward in den Wald geführt, wo sie die wilden Thiere zerrissen, wie sie sie erblickten; die Hexe aber ward ins Feuer gelegt und mußte jammervoll verbrennen. Und wie sie davon verzehrt war, verwandelte sich auch das Rehkälbchen und erhielt seine menschliche Gestalt wieder, und Schwesterchen und Brüderchen lebten glücklich zusammen, bis an ihr Ende.

10.

Die drei Männlein im Walde.

Es war ein Mann, dem starb seine Frau, und eine Frau, der starb ihr Mann; und der Mann hatte eine Tochter und die Frau hatte auch eine Tochter. Die Mädchen waren mit einander bekannt und giengen zusammen spazieren, und kamen hernach zu der Frau ins Haus. Da sprach sie zu des Mannes Tochter: „hör, sag deinem Vater, ich wollt ihn heirathen, dann sollst du jeden Morgen dich in Milch waschen und Wein trinken, meine Tochter aber soll sich in Wasser waschen und Wasser trinken." Das Mädchen gieng nach Haus, und erzählte seinem Vater, was die Frau gesprochen hatte. Der Mann sprach: „was soll ich thun? das Heirathen ist eine Freude und ist auch eine Qual!" Endlich zog er seinen Stiefel aus und sagte: „nimm diesen Stiefel, der hat in der Sohle ein Loch, geh damit auf den Boden, häng ihn an den großen Nagel, und gieß dann Wasser hinein. Hält er das Wasser, so will ich wieder eine Frau nehmen, läufts aber durch, so will ich nicht." Das Mädchen that wie ihm geheißen war; aber das Wasser zog das Loch zusammen, und der Stiefel ward voll bis obenhin. Nun meldete es seinem Vater, wie's ausgefallen war; er stieg selbst hinauf, und als er sah, daß es seine Richtigkeit hatte, gieng er zu der Wittwe und freite sie, und die Hochzeit ward gehalten.

Am andern Morgen, als die beiden Mädchen sich aufmachten, da stand vor des Mannes Tochter Milch zum Waschen und Wein zum Trinken, vor der Frau Tochter aber stand Wasser zum Waschen und Wasser zum Trinken. Am zweiten Morgen stand Wasser zum Waschen und Wasser zum Trinken so gut vor des Mannes Tochter als vor der Frau Tochter. Und am dritten Morgen stand Wasser zum Waschen und Wasser zum Trinken vor des Mannes Tochter, und Milch zum Waschen und Wein zum Trinken vor der

Frau Tochter, und dabei bliebs. Die Frau ward ihrer Stieftochter spinnefeind und wußte nicht, wie sie es ihr von einem Tag zum andern schlimmer machen sollte. Auch war sie neidisch, weil ihre Stieftochter schön und lieblich, ihre rechte Tochter aber häßlich und widerlich war.

Einmal im Winter, als es steinhart gefroren hatte und Berg und Thal vollgeschneit lag, machte die Frau ein Kleid von Papier, rief dann das Mädchen und sprach: „da zieh das Kleid an, und geh in den Wald und hol mir ein Körbchen voll Erdbeeren, ich habe Lust darnach." „Ei, du lieber Gott, sagte das Mädchen, im Winter wachsen ja keine Erdbeeren, die Erde ist gefroren und der Schnee hat auch alles zugedeckt. Wie soll ich in dem Papierkleide gehen? es ist draußen so kalt, daß einem der Athem friert, da weht ja der Wind hindurch, und die Dornen reißen mirs vom Leib." „Willst du mir noch widersprechen? sagte die Stiefmutter, mach' daß du fortkommst, und laß dich nicht eher wieder sehen, als bis du das Körbchen voll Erdbeeren hast." Dann gab sie ihm noch ein Stückchen hartes Brot und sprach: „davon kannst du für den Tag essen;" und dachte, draußen wirds erfrieren und verhungern, und mir nimmermehr wieder vor die Augen kommen.

Nun war das Mädchen gehorsam, that das Papierkleid an, und gieng mit dem Körbchen hinaus.

Da war nichts als Schnee die Weite und Breite, und kein grünes Hälmchen zu merken. Als es in den Wald kam, sah es ein kleines Häuschen, daraus guckten drei kleine Haule-Männerchen, denen wünschte es die Tageszeit, und klopfte an der Thüre. Sie riefen herein, und es gieng in die Stube und setzte sich auf die Bank am Ofen, da wollte es sich wärmen und sein Frühstück essen. Die Haule-Männerchen sprachen: „gieb uns auch etwas davon." „Gern," sprach es, theilte sein Stückchen Brot entzwei, und gab ihnen die Hälfte. Sie sprachen: „was willst du zur Winterzeit in deinem Kleidchen hier im Wald?" „Ach, antwortete es, ich soll ein Körbchen voll Erdbeeren suchen, und darf nicht eher nach Haus kommen, als bis ich es mitbringe." Als es nun sein Brot gegessen, gaben sie ihm einen Besen und sprachen: „damit kehre an der Hinterthüre den Schnee weg." Wie es aber draußen war, sprachen die drei Männerchen untereinander: „was sollen wir ihm schenken, weil es so artig und gut ist, und sein Brot mit uns getheilt hat?" Da sagte der erste: „ich schenke ihm, daß es jeden Tag schöner wird." Der zweite sprach: „ich schenk ihm, daß die Goldstücke ihm aus dem Mund fallen, so oft es ein Wort spricht." Der dritte sprach: „ich schenk ihm, daß ein König kommt und es zu seiner Gemahlin macht."

Das Mädchen aber kehrte mit dem Besen der Haule-Männerchen den Schnee hinter dem kleinen Hause weg, und fand darunter alles roth von schönen, reifen Erdbeeren. Da rafte es in einer Freude sein Körbchen voll, dankte den kleinen Männern, nahm Abschied von ihnen und lief nach Haus, und wollte es der Stiefmutter bringen. Und wie es eintrat und „guten Abend“ sagte, fiel schon ein Goldstück ihm aus dem Mund. Darauf erzählte es, was ihm im Walde begegnet war, aber bei jedem Worte, das es sprach, fielen ihm die Goldstücke aus dem Mund, so daß bald das ganze Haus reich wurde. „Nun sieh’ einer den Uebermuth, sagte die Stiefschwester, das Geld so hinzuwerfen,“ aber heimlich war sie neidisch darüber, und lag der Mutter beständig an, daß sie es auch in den Wald schicken möchte, die wollte aber nicht und sprach: „nein, mein lieb Töchterchen, es ist zu kalt, du könntest mir verfrieren,“ weil es sie aber stets plagte und ihr keine Ruhe ließ, gab sie endlich ihren Willen, nähte ihm aber vorher einen prächtigen Pelzrock, den es anziehen mußte, und gab ihm Butterbrot und Kuchen mit auf den Weg.

Das Mädchen gieng in den Wald und gerade nach dem kleinen Häuschen. Die drei kleinen Haule-Männer guckten wieder, aber es grüßte sie nicht, gieng geradezu in die Stube hinein, setzte sich an den Ofen, und fieng an sein Butterbrot und seinen Kuchen zu essen. „Gieb uns doch davon," riefen die Kleinen, aber es antwortete: „das schickt mir selber nicht, wie sollt ich andern noch davon abgeben!" Wie es nun fertig war mit dem Essen, sprachen sie: „da hast du einen Besen, kehr uns vor der Hinterthür rein." „Ei, kehrt euch selber, antwortete es, ich bin eure Magd nicht." Wie es sah, daß sie ihm nichts schenken wollten, gieng es zur Thüre hinaus. Da sprachen die kleinen Männer untereinander: „was sollen wir ihm schenken, weil es so unartig ist, und ein böses neidisches Herz hat, das niemand etwas gönnt!" Der erste sprach: „ich schenk ihm, daß es jeden Tag häßlicher wird." Der zweite sprach: „ich schenk ihm, daß ihm bei jedem Wort, das es spricht, eine Kröte aus dem Mund springt." Der dritte sprach: „ich schenk ihm, daß es eines unglücklichen Todes stirbt." Das Mädchen suchte draußen nach Erdbeeren, als es aber keine fand, gieng es verdrießlich nach Haus. Und wie es den Mund aufthat und seiner Mutter erzählen wollte, was ihm im Walde begegnet war, da sprang ihm bei jedem Wort eine Kröte aus dem Mund, so daß alle einen Abscheu vor ihm bekamen.

Nun ärgerte sich die Stiefmutter noch viel mehr und dachte nur darauf, wie sie der Tochter des Mannes alles Herzeleid anthun wollte, die doch alle Tage an Schönheit zunahm. Endlich nahm sie einen Kessel, setzte ihn zum Feuer und sott Garn darin. Als es gesotten war, gab sie es dem armen Mädchen und eine Axt dazu, damit sollte es auf den gefrorenen Fluß gehen, ein Eisloch hauen, und das Garn schlittern. Nun war es gehorsam, gieng hin, und haute ein Loch, und mitten im Hauen kam ein prächtiger Wagen hergefahren, worin der König saß. Der hielt still und fragte: „mein Kind, was machst du da?" „Ich bin ein armes Mädchen und schlittere Garn." Da wurde der König mitleidig, und als er sah, wie es so gar schön war, sprach er: „willst du mit mir fahren?" „Ach ja von Herzen gern" antwortete es, denn es war froh, daß es der Mutter und Schwester aus den Augen kommen sollte.

Also stieg es in den Wagen, und fuhr mit dem König fort, und als sie auf sein Schloß gekommen waren, ward die Hochzeit mit großer Pracht gefeiert, wie es die kleinen Männlein dem Mädchen geschenkt hatten. Ueber ein Jahr gebar die junge Königin einen Sohn, und als die Stiefmutter, die gehört hatte, was für ein Glück ihm zu Theil geworden, das vernahm, so kam sie mit ihrer Tochter gegangen, und that, als wollten sie einen Besuch machen. Als aber der König einmal hinaus gegangen, und sonst niemand zugegen war, packte das böse Weib sie am Kopf und ihre Tochter an den Füßen, hoben sie aus dem Bett und warfen sie zum Fenster hinaus, in den vorbei fließenden Strom. Dann nahm sie ihre häßliche Tochter, legte sie ins Bett, und deckte sie zu bis über den Kopf. Als der König wieder zurück kam, und mit seiner Frau sprechen wollte, rief die Alte: „still, still! jetzt geht das nicht, sie liegt in großem Schweiß, ihr müßt sie heute ruhen lassen." Der König dachte nichts böses dabei und kam erst den andern Morgen wieder, und wie er mit seiner Frau sprach und sie ihm antworten mußte, sprang bei jedem Wort eine Kröte hervor, während sonst ein Goldstück herausgefallen war. Da fragte er, was das wäre, aber die Alte sprach, das hätte sie von dem großen Schweiß gekriegt, und würde sich schon wieder verlieren.

In der Nacht aber sah der Küchenjunge, wie eine Ente durch die Gosse geschwommen kam und sprach:

„König, was machst du?
schläfst du, oder wachst du?"

Und als er keine Antwort gab, sprach sie:

„was machen meine Gäste?"

Da antwortete der Küchenjunge:

„sie schlafen feste.“

Fragte sie weiter:

„was macht mein Kindelein?“

Antwortete er:

„es schläft in der Wiege fein.“

Da gieng sie in der Königin Gestalt hinauf, gab ihm zum trinken, schüttelte ihm sein Bettchen, deckte es zu, und schwamm als Ente wieder durch die Gosse fort. So kam sie zwei Nächte, in der dritten sprach sie zu dem Küchenjungen: „geh und sage dem König, daß er das Schwert nimmt und auf der Schwelle dreimal über mir schwingt.“ Da lief der Küchenjunge und sagte es dem König, der kam mit seinem Schwert und schwang es dreimal über dem Geist, und beim drittenmal stand seine Gemahlin vor ihm, frisch, lebendig und gesund, wie sie vorher gewesen war.

Nun war der König in großer Freude und hielt die Königin in einer Kammer verborgen bis auf den Sonntag, wo das Kind getauft werden sollte. Und als es getauft war, sprach er: „was gehört einem Menschen, der den andern aus dem Bett trägt und ins Wasser wirft.“ „Ei, antwortete die Alte, daß er in ein

Faß gesteckt wird, das mit Nägeln ausgeschlagen ist, und den Berg hinab ins Wasser gerollt.“ Da ließ der König ein solches Faß holen und die Alte mit ihrer Tochter hineinstecken, dann ward der Boden zugehämmert und das Faß bergab gekullert, bis es in den Fluß rollte.

11.

Die drei Spinnerinnen.

Es war ein Mädchen faul und wollte nicht spinnen, und die Mutter mochte sagen was sie wollte, sie konnte es nicht dazu bringen: endlich übernahm die Mutter einmal Zorn und Ungeduld, daß sie ihm Schläge gab, worüber es laut zu weinen anfieng. Nun fuhr gerade die Königinn vorbei, und als sie das Weinen hörte, ließ sie anhalten, trat in das Haus und fragte die Mutter, warum sie ihre Tochter schlüge, daß man draußen auf der Straße das Weinen höre. Da schämte sich die Frau, daß sie die Faulheit ihrer Tochter sollte offenbaren und sprach: „ich kann sie nicht vom Spinnen abbringen, sie will immer und ewig spinnen, und ich bin arm und kann den Flachs nicht herbeischaffen." „Ei, antwortete die Königin, ich hör nichts lieber als spinnen, und bin nicht vergnügter, als wenn die Räder schnurren; gebt mir eure Tochter mit ins Schloß, ich habe Flachs genug, da soll sie spinnen, so viel sie Lust hat." Die Mutter wars von Herzen gern zufrieden, und die Königin nahm das Mädchen mit. Als sie ins Schloß gekommen waren, führte sie es hinauf zu drei Kammern, die lagen von unten bis oben voll vom schönsten Flachs. „Nun spinn mir diesen Flachs, sprach sie, und wenn du es fertig bringst, so sollst du meinen ältesten Sohn zum Gemahl haben; bist du gleich arm, so acht ich nicht darauf, dein unverdroßener Fleiß ist Ausstattung genug." Das Mädchen erschrack innerlich, denn es konnte den Flachs nicht spinnen, und wärs dreihundert Jahr alt geworden und hätte jeden Tag von Morgen bis Abend dabei gesessen. Als es nun allein war, fieng es an zu weinen und saß so drei Tage, ohne die Hand zu rühren. Am dritten Tage kam die Königin, und als sie sah, daß noch nichts gesponnen war, verwunderte sie sich, aber das Mädchen entschuldigte sich damit, daß es vor großer Betrübniß über die Entfernung aus seiner Mutter Hause noch nicht hätte anfangen können. Das ließ sich die Königin gefallen, sagte aber beim weggehen: „Morgen mußt du aber anfangen zu arbeiten."

Als nun das Mädchen wieder allein war, wußte es sich nicht mehr zu rathen und zu helfen, und trat in seiner Betrübniß vor das Fenster. Da sah es drei Weiber herkommen, davon hatte die erste einen breiten Platschfuß, die zweite hatte eine so große Unterlippe, daß sie über das Kinn herunterhing, und die dritte hatte einen breiten Daumen. Als sie vor dem Fenster waren, blieben sie stehen, schauten hinauf, und trugen dem Mädchen ihre Hülfe an und sprachen: „willst du uns zur Hochzeit einladen, dich unser nicht schämen, und uns deine Basen heißen, auch an deinen Tisch setzen, so wollen wir dir den Flachs wegspinnen, und das in kurzer Zeit." „Ei, von Herzen gern, antwortete es, kommt nur herein und fangt gleich die Arbeit an." Da ließ es die drei seltsamen Weiber herein, und machte in der ersten Kammer eine Lücke, wo sie sich hinein setzten, und ihr Spinnen anhuben. Die eine zog den Faden und trat das Rad; die andere netzte den Faden, die dritte drehte ihn und schlug mit dem Finger auf den Tisch, und so oft sie schlug, fiel eine Zahl Garn zur Erde, und das war aufs feinste gesponnen. Vor der Königin verbarg sie die drei Spinnerinnen und zeigte ihr, so oft sie kam, die Menge des gesponnenen Garns, das diese nicht genug loben konnte. Als die erste Kammer leer war, giengs an die zweite, endlich an die dritte, und die war auch bald zu Ende. Nun nahmen die dreie Abschied, und sagten zum Mädchen: „vergiß nicht, was du uns versprochen hast; es wird dein Glück seyn!“

Als das Mädchen der Königin die leeren Kammern und den Haufen Garn zeigte, richtete sie die Hochzeit aus, und der Bräutigam freute sich, daß er eine so geschickte und fleißige Frau bekäme, und lobte sie gar sehr. „Ich habe drei Basen, sprach das Mädchen, da sie mir viel Gutes gethan, so wollte ich sie nicht gern in meinem Glück vergessen, erlaubt doch, daß ich sie zu der Hochzeit einlade, und daß sie mit an dem Tisch sitzen.“ Die Königin und der Bräutigam gaben gern ihre Einwilligung. Als nun das Fest anhub, traten die drei Jungfern in wunderlicher Tracht herein, und die Braut sprach: „seyd willkommen, liebe Basen.“ „Ach, sagte der Bräutigam, wie kommst du zu der garstigen Freundschaft?“ Darauf gieng er zu der einen mit dem breiten Platschfuß und fragte: „warum habt ihr einen solchen breiten Fuß?“ „Vom Treten, antwortete sie, vom Treten.“ Da gieng der Bräutigam zur zweiten, und sprach: „wovon habt ihr nur die herunterhängende Lippe?“ „Vom Lecken, antwortete sie, vom Lecken!“ Da fragte er die dritte: „wovon habt ihr den breiten Daumen?“ „Vom Faden drehen, antwortete sie, vom Faden drehen!“ Da erschrak der Königssohn und sprach: „so soll mir nun und nimmer mehr meine schöne Braut ein Spinnrad anrühren!“ Damit war sie das böse Flachsspinnen los.

12.

Hänsel und Grethel.

Vor einem großen Walde wohnte ein armer Holzhacker, der hatte nichts zu beißen und zu brechen, und kaum das tägliche Brot für seine Frau und seine zwei Kinder, Hänsel und Grethel. Endlich kam die Zeit, da konnte er auch das nicht schaffen, und wußte keine Hülfe mehr für seine Noth. Wie er sich nun Abends vor Sorge im Bett herumwälzte, sprach seine Frau zu ihm: „höre, Mann, morgen früh nimm die beiden Kinder, gieb jedem noch ein Stückchen Brot, dann führ sie hinaus in den Wald, mitten inne, wo er am dicksten ist, da mach ihnen ein Feuer an, und dann geh weg, und laß sie dort allein, wir können sie nicht länger ernähren." „Nein Frau, sagte der Mann, wie soll ich übers Herz bringen, meine eigenen lieben Kinder den wilden Thieren im Wald zu bringen, die würden sie bald zerrissen haben!" „Wenn du das nicht thust, sprach die Frau, so müssen wir alle miteinander Hungers sterben;" und ließ ihm keine Ruhe, bis er einwilligte.

Die zwei Kinder waren auch noch vor Hunger wach gewesen, und hatten mit angehört, was die Mutter zum Vater gesagt hatte. Grethel dachte, nun ist es um mich geschehen, und fieng erbärmlich an zu weinen, Hänsel aber sprach: „sey still, Grethel, und gräme dich nicht, ich will uns schon helfen." Damit stieg er auf, zog sein Röcklein an, machte die Unterthüre auf und schlich hinaus. Da schien der Mond hell und die weißen Kieselsteine glänzten wie lauter Batzen. Hänsel bückte sich und steckte so viel in sein Rocktäschlein als nur hinein wollten, dann gieng er zurück ins Haus. „Tröste dich, Grethel, und schlaf nur ruhig," sprach er, legte sich wieder ins Bett und schlief ein.

Morgens früh, ehe die Sonne noch aufgegangen war, kam die Mutter und weckte die beiden Kinder: „steht auf, wir wollen in den Wald gehen; da hat jedes von euch ein Stücklein Brot, aber haltets zu Rathe, und hebts euch für den Mittag auf." Grethel nahm das Brot unter die Schürze, weil Hänsel die Steine in der Tasche hatte, dann machten sie sich auf den Weg zum Wald hinein. Wie sie ein Weilchen gegangen waren, stand Hänsel still, und guckte nach dem Haus zurück, bald darauf wieder und immer wieder. Der Vater sprach: „Hänsel, was guckst du zurück, und hältst dich auf, hab Acht und heb deine Beine auf." – „Ach, Vater, ich seh nach meinem weißen Kätzchen, das sitzt oben auf dem Dach und will mir Ade sagen." Die Mutter sprach: „ei Narr, das ist dein Kätzchen nicht, das ist die Morgensonne, die auf den Schornstein scheint." Hänsel aber hatte nicht nach dem Kätzchen gesehen, sondern immer einen von den blanken Kieselsteinen aus seiner Tasche auf den Weg geworfen.

Wie sie mitten in den Wald gekommen waren, sprach der Vater, „nun sammelt Holz, ihr Kinder, ich will ein Feuer anmachen, daß wir nicht frieren." Hänsel und Grethel trugen Reisig zusammen, einen kleinen Berg hoch. Da steckten sie es an, und wie die Flamme recht groß brannte, sagte die Mutter: „nun legt euch ans Feuer und schlaft, wir wollen in dem Wald das Holz fällen; wartet, bis wir wieder kommen, und euch abholen."

Hänsel und Grethel saßen an dem Feuer, bis Mittag, da aß jedes sein Stücklein Brot; sie glaubten, der Vater wäre noch im Wald, weil sie die Schläge seiner Axt hörten, aber das war ein Ast, den er an einen Baum gebunden hatte, und den der Wind hin und her schlug. Nun warteten sie bis zum Abend, aber Vater und Mutter blieben aus, und niemand wollte kommen und sie abholen. Wie es nun finstere Nacht wurde, fieng Grethel an zu weinen, Hänsel aber sprach: „wart nur ein Weilchen, bis der Mond aufgegangen ist." Und als der Mond aufgegangen war, faßte er die Grethel bei der Hand, da lagen die Kieselsteine, und schimmerten wie neugeschlagene Batzen, und zeigten ihnen den Weg. Da giengen sie die ganze Nacht durch, und wie es Morgen war, kamen sie wieder bei ihres Vaters Haus an. Der Vater freute sich, als er seine Kinder wieder sah, denn es war ihm zu Herzen gegangen, wie er sie so allein gelassen hatte; die Mutter stellte sich auch, als wenn sie sich freute, heimlich aber war sie bös.

Nicht lange darnach, war wieder kein Brot im Hause, und Hänsel und Grethel hörten, wie Abends die Mutter zum Vater sagte: „einmal haben die Kinder den Weg zurückgefunden, und da habe ichs gut seyn lassen; aber jetzt ist wieder nichts, als nur noch ein halber Laib Brot im Haus, du mußt sie morgen tiefer in den Wald führen, daß sie den Weg nicht zurück finden, es ist sonst keine Hülfe für uns mehr." Dem Manne fiels schwer aufs Herz, und er dachte, es wäre doch besser, wenn du den letzten Bissen mit deinen Kindern theiltest; weil er es aber einmal gethan hatte, so dürfte er nicht nein sagen. Als die Kinder das Gespräch gehört hatten, stand Hänsel auf und wollte wieder Kieselsteine auflesen, wie er aber an die Thüre kam, da hatte sie die Mutter zugeschlossen. Doch tröstete er die Grethel und sprach: „schlaf nur, Grethel, der liebe Gott wird uns schon helfen."

Morgens früh erhielten sie ihr Stücklein Brot, noch kleiner als das vorigemal. Auf dem Wege brökkelte es Hänsel in der Tasche, stand oft still, und warf ein Bröcklein an die Erde. „Was bleibst du immer stehen, Hänsel, und guckst dich um, sagte der Vater, geh deiner Wege." – „Ach! ich seh nach meinem Täubchen, das sitzt auf dem Dach, und will mir Ade sagen." – „Du Narr, sagte die Mutter, das ist dein Täubchen nicht, das ist die Morgensonne, die auf den Schornstein oben scheint." Hänsel aber zerbröckelte all sein Brot, und warf die Bröcklein auf den Weg.

Die Mutter führte sie noch tiefer in den Wald hinein, wo sie ihr Lebtag nicht gewesen waren, da sollten sie wieder bei einem großen Feuer sitzen und schlafen, und Abends wollten die Eltern kommen und sie abholen. Zu Mittag theilte Grethel ihr Brot mit Hänsel, weil der seins all auf den Weg gestreut hatte, aber der Mittag vergieng und der Abend vergieng, und niemand kam zu den armen Kindern. Hänsel tröstete die Grethel und sagte: „wart, wenn der Mond aufgeht, dann seh ich die Bröcklein Brot, die ich ausgestreut habe, die zeigen uns den Weg nach Haus." Der Mond gieng auf, wie aber Hänsel nach den Bröcklein sah, da waren sie weg, die viel tausend Vöglein in dem Wald, die hatten sie gefunden und aufgepickt. Hänsel meinte doch den Weg nach Haus zu finden und zog die Grethel mit sich, aber sie verirrten sich bald in der großen Wildniß, und giengen die Nacht und den ganzen Tag, da schliefen sie vor Müdigkeit ein. Dann giengen sie noch einen Tag, aber kamen nicht aus dem Wald heraus, und waren so hungrig, denn sie hatten nichts zu essen, als ein paar kleine Beeren, die auf der Erde standen.

Als sie am dritten Tage wieder bis zu Mittag gegangen waren, da kamen sie an ein Häuslein, das war ganz aus Brot gebaut und war mit Kuchen gedeckt, und die Fenster waren von hellem Zucker. „Da wollen wir uns niedersetzen und uns satt essen, sagte Hänsel; ich will vom Dach essen, iß du vom Fenster, Grethel, das ist fein süß für dich." Wie nun Grethel an dem Zucker knuperte, rief drinnen eine feine Stimme:

„knuper, knuper, Kneischen!
„wer knupert an meinem Häuschen!"

Die Kinder antworteten:

„der Wind! der Wind!
„das himmlische Kind!"

Und aßen weiter. Grethel brach sich eine ganze runde Fensterscheibe heraus und Hänsel riß sich ein großes Stück Kuchen vom Dach ab. Da gieng die Thüre auf und eine steinalte Frau kam herausgeschlichen. Hänsel und Grethel erschraken so gewaltig, daß sie fallen ließen, was sie in Händen hatten. Die Alte aber wackelte mit dem Kopf, und sagte: „ei, ihr lieben Kinder, wo seyd ihr denn hergelaufen, kommt herein mit mir, ihr sollts gut haben," faßte beide an der Hand, und führte sie in ihr Häuschen. Da ward gutes Essen aufgetragen, Milch und Pfannkuchen mit Zucker, Aepfel und Nüsse, und dann wurden zwei schöne Bettlein bereitet, da legten sich Hänsel und Grethel hinein, und meinten, sie wären wie im Himmel.

Die Alte aber war eine böse Hexe, die lauerte den Kindern auf, und hatte bloß um sie zu locken ihr Brodhäuslein gebaut, und wenn eins in ihre Gewalt kam, da machte sie es todt, kochte es und aß es, und das war ihr ein Festtag. Da war sie nun recht froh, wie Hänsel und Grethel ihr zugelaufen kamen. Früh, ehe sie noch erwacht waren, stand sie schon auf, gieng an ihre Bettlein, und wie sie die zwei so lieblich ruhen sah, freute sie sich und murmelte: „das wird ein guter Bissen für mich seyn!" Darauf packte sie den Hänsel, und steckte ihn in einen kleinen Stall, wie er nun aufwachte, war er von einem Gitter umschlossen, wie man junge Hühnlein einsperrt, und konnte nur ein paar Schritte gehen. Das Grethel aber schüttelte sie, und rief: „steh auf, du Faullenzerin, hol Wasser und geh in die Küche, und koch was gutes zu essen, dort steckt dein Bruder in einem Stall, den will ich erst fett machen, und wenn er fett ist, dann will ich ihn essen; jetzt sollst du ihn füttern.“ Grethel erschrak und weinte, mußte aber thun, was die Hexe verlangte. Da ward nun alle Tage dem Hänsel das beste Essen gekocht, daß er fett werden sollte, Grethel aber bekam nichts, als die Krebsschalen, und alle Tage kam die Alte und sagte: „Hänsel, streck deine Finger heraus, daß ich fühle, ob du bald fett genug bist.“ Hänsel streckte ihr aber immer ein Knöchlein heraus, da verwunderte sie sich, daß er gar nicht zunehmen wollte.

Nach vier Wochen sagte sie eines Abends zu Grethel: „sey flink, geh und trag Wasser herbei, dein Brüderchen mag nun fett seyn oder nicht, morgen will ich es schlachten und sieden, ich will derweile den Teig anmachen, daß wir auch dazu backen können.“ Da gieng Grethel mit traurigem Herzen und trug das Wasser, worin Hänsel sollte gesotten werden. Früh Morgens mußte Grethel aufstehen, Feuer anmachen, und den Kessel mit Wasser aufhängen. „Gieb nun Acht, sagte die Hexe, ich will Feuer in den Backofen machen, und das Brot hineinschieben.“ Grethel stand in der Küche und weinte blutige Thränen, und dachte, hätten uns lieber die wilden Thiere im Walde gefressen, so wären wir zusammen gestorben, und müßten nun nicht das Herzeleid tragen, und ich müßte nicht selber das Wasser sieden,

L. E. Grimm del.

Hänsel und Grethel.

zu dem Tode meines lieben Bruders: „du lieber Gott, hilf uns armen Kindern aus der Noth!"

Da rief die Alte: „Grethel, komm gleich hierher zu dem Backofen," wie Grethel kam, sagte sie: „guck hinein, ob das Brot schon hübsch braun und gar ist, meine Augen sind schwach, ich kann nicht so weit sehen, und wenn du auch nicht kannst, so setz dich auf das Brett, so will ich dich hineinschieben, da kannst du darin herumgehen und nachsehen." Wenn aber Grethel darin war, da wollte sie zumachen, und Grethel sollte in dem heißen Ofen backen, und sie wollte es auch aufessen: das dachte die böse Hexe, und darum hatte sie Grethel gerufen. Gott gab es aber dem Mädchen ein, daß es sprach: „ich weiß nicht wie ich das anfangen soll, zeige mirs erst, und setz dich auf, ich will dich hineinschieben." Da setzte sich die Alte auf das Brett, und weil sie leicht war, schob Grethel sie hinein, so weit es konnte, und dann machte es geschwind die Thüre zu, und steckte den eisernen Riegel vor. Nun fieng die Alte an, in dem heißen Backofen zu schreien und zu jammern, Grethel aber lief fort, und sie mußte elendiglich verbrennen.

Da lief Grethel zum Hänsel, machte ihm sein Thürchen auf, und rief: „spring heraus, Hänsel, wir sind erlöst!" Da sprang Hänsel heraus, wie ein eingesperrtes Vöglein aus dem Käfig springt, wenn ihm das Thürchen geöffnet wird. Und sie weinten vor Freude, und küßten einander herzlich. Das ganze Häuschen aber war voll von Edelsteinen und Perlen, damit füllten sie ihre Taschen, giengen fort, und suchten den Weg nach Haus. Sie kamen aber vor ein großes Wasser, und konnten nicht hinüber. Da sah das Schwesterchen ein weißes Entchen hin und her schwimmen, dem rief es zu: „ach, liebes Entchen, nimm uns auf deinen Rücken," als das Entchen das hörte, kam es geschwommen, und trug das Grethel hinüber, und hernach holte es auch das Hänsel. Darnach fanden sie bald ihre Heimath. Der Vater freute sich herzlich, als er sie wieder sah, denn er hatte keinen vergnügten Tag gehabt, seit seine Kinder fort waren. Die Mutter aber war gestorben. Nun brachten die Kinder Reichthümer genug mit, und sie brauchten für Essen und Trinken nicht mehr zu sorgen.

13.

Von dem Fischer un syne Fru.

Daar was mal eens een Fischer un syne Fru, de waanten tosamen in'n Pispott, dicht an de See – un de Fischer ging alle Dage hen un angelt, un ging he hen lange Tid.

Daar satt he eens an de See bi de Angel, un sach in dat blanke Water, un he sach ümmer na de Angel – daar ging de Angel to Grun'n, deep unner, un as he se heruttreckt, so haalt he eenen groten Butt herut – de Butt sed' to em: „ick bidd di, datt du mi lewen lettst, ick bin keen rechte Butt, ick bin een verwünscht Prins, sett mi wedder in dat Water un laat mi swemmen." – „Nu, sed' de Mann, du bruukst nich so veele Woord' to maken, eenen Butt, de spreken kan, hadd ick doch woll swemmen laten." Daar sett't he en wedder in dat Water, un de Butt ging fuurts weg to Grunn'n un leet eenen langen Stripen Bloot hinner sich.

De Mann averst ging to syne Fru in'n Pispott, un vertellt eer, dat he eenen Butt fangen hadd, de hadd to em segt, he weer een verwünscht' Prins, daar hadd he em wedder swemmen laten. „Hest du di den nix wünscht?" sed' de Fru. – „Nee! sed de Mann, watt sull ick mi wünschen?" – „Ach! sed' de Fru, dat is doch övel, ümmer in'n Pispott to wanen, dat is so stinkig un dreckig hier, ga du noch hen un wünsch uns ne lütte Hütt!“ Den Mann was dat nich so recht, doch ging he hen na de See, un as he hen kamm, so was de See gans geel un grön, da ging he an dat Water staan, un sed:

„Mandje! Mandje! Timpe Te!
Buttje! Buttje in de See!
Mine Fru, de Ilsebill,
Will nich so, as ick wol will.“

Daar kam de Butt answemmen und sed': „na, wat will se denn?“ – „Ach! sed' de Mann, ick hev di doch fangen hätt, nu sed' mine Fru, ick hadd mi doch wat wünschen sullt, se mag nich meer in Pispott wanen, se wull geern ne Hütt hebben.“ – „Ga man hen, sed de Butt, se is all daar in.“ –

Daar ging de Mann hen, und syne Fru stund in eene Hütt in de Döör, un sed to em: „kumm man herin; sü, nu is dat doch veel beter!“ Und daar was eene Stuwe un Kamer un eene Kök daar in, un da achter was een lütte Gaaren mit allerhand Grönigkeiten un een Hoff, da weeren Höner und Aanten. „Ach, sed de Mann, nu willn wi vergnögt lewen“ – „Ja, sed de Fru, wi willnt versöken.“

So ging dat nu wohl een acht oder veertein Daag, dar sed de Fru: „Mann! de Hütt wart mi to eng, de

Hoff un Gaarn is to lütt, ick will in een grot steenern Slott wanen; ga hen tum Butt, he sall uns een Slott schaffen." – „Ach Fru, sed de Mann, de Butt hett uns eerst de Hütt gewen, ick mag nu nich all wedder kamen, den Butt mügt et verdreeten." – I watt, sed de Fru, he kann dat recht good, un deet dat geern, ga du man hen!" Daar ging der Mann hen und syn Hart was em so swar; as he awerst bi de See kam, was dat Water gans vigelett und grag und dunkelblag, doch was't noch still, dar ging he staan un sed:

„Mandje! Mandje! Timpe Te!
Buttje, Buttje in de See!
Mine Fru, de Ilsebill,
Will nich so, as ick wol will."

„Na, wat will se denn?" sed de Butt. – „Ach, sed de Mann, ganz bedrövd, mine Fru will in een steenern Slott wanen." – „Ga man hen, se steit vör de Döör" sed de Butt.

Daar ging de Mann hen, un syne Fru stund vör eenen groten Pallast. „Sü Mann, sed se, wat is dat nu schön!" Mit des gingen se tosamen herin, daar weeren so veel Bedeenters, un de Wände weeren all blank, un goldne Stööl un Dische weeren in de Stuw, un achter dat Slott was een Gaaren un Holt, woll eene halve Miil lang, daar in weren Hirsche,

Reeh un Hasen, un up den Hoff Köh- und Peerdställ. „Ach! sed de Mann, nu willn wi ook in dat schöne Slott bliwen, un tofreden sin!“ – „Dat willn wi uns bedenken, sed de Fru, un willn’t beschlapen.“ Mit des gingen se to Bed.

Den annern Morgen waakt de Fru up, da was’t all Dag: da stödd’ se den Mann mit den Ellbagen in de Siid un sed: „Mann, stah up, wi möten König warden över all dat Land.“ – „Ach! Fru, sed de Mann, wat wulln wi König warden, ick mag nich König sin;“ – „Na, denn will ick König sin.“ – „Ach! Fru, sed de Mann, wo kannst du König sin, de Butt mügt dat nich doon.“ – „Mann, sed de Fru, ga stracks hen, ick möt König sin.“ Daar ging de Mann und was gans bedrövd, dat syn Fru König warden wull. Un as he an de See kamm, was se all gans swartgrag un dat Water geert so von unnen up. Daar ging he staan und sed:

„Mandje! Mandje! Timpe Te!
Buttje, Buttje in de See!
Mine Fru, de Ilsebill,
Will nich so, as ick wol will.“

„Na, wat will se denn?“ sed de Butt. – „Ach! sed de Mann, mine Fru will König warden.“ – „Ga man hen, se is’t all,“ sed de Butt.

Daar ging de Mann hen, un as he na den Pallast kamm, da weren daar so veele Soldaten un Pauken un Trumpeten, un syne Fru satt up eenen hogen Troon van Gold un Demant un had eene goldne Kron up, un up beiden Siiden bi eer daar stunden sös Jumfern, ümmer eene eenen Kops lüttjer as de annre. „Ach, sed de Mann, bist du nu König?" – „Ja, sed se, ick bin König." Un as he eer so ne Wile ansehn had, so sed he: „ach Fru! wat lett dat schön, wenn du König bist, nu willn wi ook nich mehr wünschen." – „Nee Mann, sed se, mi duurt dat all to lang, ick kan dat nich meer uthollen, König bin ick, nu möt ick ook Kaiser warden!" – „Ach! Fru, sed de Mann, wat wullst du Kaiser warden?" – „Mann, sed se, ga tom Butt, ick wull Kaiser sin." – „Ach! Fru, sed de Mann, Kaiser kann he nich maken, ick mag den Butt dat nich seggen." – „Ick bin König, sed de Fru, un du bist min Mann, ga gliik hen!" Daar ging de Mann weg, un as he so ging, dacht he: „dit geit un geit nich good, Kaiser is to utverschamt, de Butt ward am Ende möde." Mit des kamm he an de See, dat Water was gans swart un dick, un et ging so een Keekwind äver hen, dat dat sik so köret; daar ging he staan un sed:

„Mandje! Mandje! Timpe Te!
Buttje, Buttje in de See!

Mine Fru, de Ilsebill,
Will nich so, as ick wol will."

„Na, wat will se denn? sed de Butt. – „Ach, sed he, min Fru will Kaiser warden." – „Ga man hen, sed de Butt, se is't all."

Daar ging de Mann hen, un as he daar kamm, so satt syne Fru up eenen seer hogen Troon, de was van een Stück Gold, un had eene grote Kron up, de was wol twee Ellen hoch, bi eer up de Siiden dar stunnen de Trabanten, ümmer een lüttjer as de anner, von den allergrötsten Risen, bet to den lüttsten Dwark, de was man so lang, as miin lüttje Finger. Vor eer dar stunden so veele Fürsten un Graven, da ging de Mann unner staan, un sed: „Fru! bist du nu Kaiser?" – Ja, sed se, ick bin Kaiser." – „Ach! sed de Mann, un sach se so recht an, Fru, wat lett dat schön, wenn du Kaiser bist." – „Mann, sed se, wat steist du daar, ick bin nu Kaiser, nu will ick äwerst ook Pabst warden." – „Ach! Fru, sed de Mann, wat wist du Pabst warden, Pabst is man eenmal in de Christenheit." – „Mann, sed se, ick möt hüüt noch Pabst warden." – „Ne Fru, sed he, to Pabst kan de Butt nich maken, dat geit nich good." – „Mann, wat Snack, kan he Kaiser maken, kan he ook Pabst maken, ga fuurts hen!" Daar ging de Mann hen, un em was gans flau, dee Knee un de Waden slakkerten em, un buten ging de Wind, un dat Water was, as kaakt dat, de Scheep schoten in de Noot un dansten un sprungen up de Bülgen, doch was de Himmel in de Midde noch so'n beeten blag, awerst an de Siiden, daar toog dat so recht rood up, as een swaar Gewitter. Da ging he recht vörzufft staan un sed:

„Mandje! Mandje! Timpe Te!
Buttje, Buttje in de See!
Mine Fru, de Ilsebill,
Will nich so, as ick wol will."

„Na, wat will se denn?" sed de Butt. – „Ach! sed de Mann, miin Fru will Pabst warden." – „Ga man hen, sed de Butt, se is't all."

Daar ging he hen, un as he daar kamm, satt syne Fru up eenen Tron, de was twee Mil' hoch, un had dree groote Kroonen up, un um eer da was so veel van geistlike Staat, un up de Siiden bi eer daar stunden twee Reegen Lichter, dat grötste so dick un grot, as de aller grötste Torm, bet to dat alle lüttste Köken-Licht. „Fru, sed de Mann, un sach se so recht an, bist du nu Pabst?" – „Ja, sed se, ick bin Pabst!" – „Ach, Fru, sed de Mann, wat lett dat schön, wenn du Pabst bist; Fru, nu wes tofreden, nu du Pabst bist, kannst du nix meer warden." – „Dat will ick mi bedenken," sed de Fru, daar gingen see beede to

Bed, awerst se was nich tofreden un de Girigkeit leet eer nich slapen, se dacht ümmer wat se noch wol warden wull. Mit des ging de Sünn up; ha, dacht se, as se se ut den Finster so herup kamen sach, kann ick nich ook de Sünn upgaan laten? daar wurde se recht so grimmig, un stödd eeren Mann an: „Mann, ga hen tum Butt, ick will warden, as de lewe Gott!" de Mann was noch meist im Slap, averst he verschrack sich so, dat he ut den Bed feel. „Ach! Fru, sed he, ga in di un bliw Pabst." – „Ne, sed de Fru, un reet sich dat Liivken up, ick bin nich ruhig, un kan dat nich uthollen, wenn ich de Sünn un de Maan upgaan see, un kan se nich ook upgaan laten, ick möt warden, as de lewe Gott!" – „Ach Fru, sed de Mann, dat kan de Butt nich, Kaiser un Pabst kan he maken, awerst dat kan he nich." – „Mann, sed se, un sach so recht gräsig ut, ick will warden as de lewe Gott, ga gliik hen to'm Butt."

Dat fuur den Mann so dörch de Gleder, dat he bewt vör Angst, buten awer ging de Storm, dat alle Böm un Felsen umweigten, un de Himmel was gans swart, un dat dunnert un blitzt; daar sach man in de See so swarte hoge Bülgen as Barg' un hadden baben all eene witte Kroon van Schuum up, da sed he:

„Mandje! Mandje! Timpe Te!
Buttje, Buttje in de See!

Mine Fru de Ilsebill,
Will nich so, as ick woll will."

„Na, wat will se denn?" sed de Butt. – „Ach! sed he, se will warden as de lewe Gott." – „Ga man hen, se sitt all wedder in'n Pispott." Daar sitten se noch hüt up dissen Dag.

14.

Aschenputtel.

Einem reichen Mann wurde seine Frau krank, und als sie fühlte, daß ihr Ende heran kam, rief sie ihr einziges Töchterlein zu sich ans Bett und sprach: „bleib fromm und gut, so wird dir der liebe Gott immer beistehen, und ich will vom Himmel herab auf dich blicken und um dich seyn." Darauf that sie die Augen zu, und verschied. Das Mädchen gieng jeden Tag hinaus auf ihr Grab, und weinte und blieb fromm und gut. Der Schnee aber deckte ein weißes Tüchlein auf das Grab, und als die Sonne es wieder herabgezogen hatte, nahm sich der Mann eine andere Frau.

Die Frau hatte zwei Töchter, die sie mit ins Haus brachte, und die schön und weiß von Angesicht waren, aber garstig und schwarz von Herzen. Da gieng eine schlimme Zeit für das arme Stiefkind an. „Was will der Unnütz in den Stuben, sprachen sie, wer Brot essen will, muß es erst verdienen, fort mit der Küchenmagd." Da nahmen ihm die Schwestern seine schönen Kleider, gaben ihm einen grauen, alten Kittel anzuziehen, und dann lachten sie es aus, und führten es in die Küche. Nun mußte es so schwere Arbeit thun, früh vor Tag aufstehen, Wasser tragen, Feuer anmachen, kochen und waschen. Dabei thaten ihm die Schwestern alles Herzeleid an, spotteten es, und schütteten ihm die Erbsen und Linsen in die Asche, so daß es sitzen und sie wieder auslesen mußte. Abends, wenn es müde war, kam es in kein Bett, sondern mußte sich neben dem Heerd in die Asche legen. Und weil es darum immer staubig und schmutzig aussah, nannten sie es *Aschenputtel*.

Es trug sich zu, daß der Vater einmal in die Messe ziehen wollte, da fragte er die beiden Stieftöchter, was er ihnen mitbringen sollte? Schöne Kleider, sagte die eine, und Perlen und Edelsteine die zweite. „Nun, Aschenputtel, sprach er, was willst du haben?" „Vater, das erste Reis, das euch auf eurem Heimweg an den Hut stößt" antwortete Aschenputtel. Er kaufte nun für die beiden Stiefschwestern die Kleider, Perlen und Edelsteine, und auf dem Rückweg, als er durch einen grünen Busch ritt, streifte ihn ein Haselreis, und stieß ihm den Hut ab. Da brach er das Reis und als er nach Haus kam, gab er den Stieftöchtern, was sie sich gewünscht hatten, und dem Aschenputtel gab er das Reis von dem Haselbusch. Aschenputtel nahm es, gieng damit zu seiner Mutter Grab und pflanzte es darauf, und weinte so sehr, daß das Reis von seinen Thränen begossen ward. Es wuchs aber und ward ein schöner Baum. Aschenputtel gieng alle Tage dreimal darunter, weinte und betete, und allemal kam ein Vöglein auf den Baum und das Vöglein gab ihm, was es sich wünschte.

Es begab sich aber, daß der König ein Fest anstellte, das drei Tage dauern sollte, damit sich sein Sohn eine Braut aussuchen könnte. Die zwei Stiefschwestern waren auch dazu eingeladen, riefen Aschenputtel und sprachen: „nun kämme uns die Haare, bürste uns die Schuhe und schnalle uns die Schnallen, wir tanzen auf des Königs-Fest." Das that Aschenputtel und weinte, weil es auch gern zum Tanz mitgegangen wär, und bat die Stiefmutter gar sehr, sie mögt es ihm erlauben. „Du Aschenputtel, sprach sie, hast nichts am Leib und hast keine Kleider und kannst nicht tanzen, und willst zur

Hochzeit!“ Als es noch weiter bat, sprach sie endlich: „ich will dir eine Schüssel Linsen in die Asche schütten, und wenn du die in zwei Stunden wieder ausgelesen hast, so sollst du mitgehen.“ Nun schüttete sie ihm die Linsen in die Asche, aber das Mädchen gieng vor die Hinterthüre nach dem Garten zu und rief: „ihr zahmen Täubchen, ihr Turteltäubchen, all ihr Vöglein unter dem Himmel, kommt und helft mir lesen:

die guten ins Töpfchen,
die schlechten ins Kröpfchen!“

Da kamen zum Küchenfenster zwei weiße Täubchen herein, und darnach die Turteltäubchen, und endlich schwirrten und schwärmten alle Vögelein unter dem Himmel herein und ließen sich um die Asche nieder. Und die Täubchen nickten mit dem Köpfchen und fiengen an: pik, pik! pik, pik! und da fiengen die übrigen auch an: pik, pik! pik, pik! und lasen alle guten Körnlein in die Schüssel. Wie eine Stunde herum war, waren sie schon fertig und flogen alle wieder hinaus, da brachte es die Schüssel der Stiefmutter und freute sich, und glaubte, nun dürfte es mit auf die Hochzeit gehen. Aber sie sprach: „nein, du Aschenputtel, du hast keine Kleider und kannst nicht tanzen, du sollst nicht mitgehen.“ Als es nun weinte, sprach sie: „wenn du mir zwei Schüsseln voll Linsen in einer Stunde aus der Asche rein lesen kannst, so sollst du mitgehen“ und dachte dabei, das kann es nimmermehr. Nun schüttete sie zwei Schüsseln Linsen in die Asche; aber das Mädchen gieng vor die Hinterthüre nach dem Garten zu, und rief: „ihr zahmen Täubchen, ihr Turteltäubchen, all ihr Vöglein unter dem Himmel, kommt und helft mir lesen:

die guten ins Töpfchen,
die schlechten ins Kröpfchen!“

Da kamen zum Küchenfenster zwei weiße Täubchen herein und darnach die Turteltäubchen, und endlich schwirrten und schwärmten alle Vöglein unter dem Himmel herein, und ließen sich um die Asche nieder. Und die Täubchen nickten mit ihren Köpfchen, und fiengen an pik, pik! pik, pik! und da fiengen die übrigen auch an pik, pik! pik, pik! und lasen alle guten Körner in die Schüsseln. Und eh eine halbe Stunde herum war, waren sie schon fertig, und flogen alle wieder hinaus; da brachte es der Stiefmutter die Schüsseln, und freute sich und glaubte, nun dürfte es mit auf die Hochzeit gehen. Aber sie sprach: „es hilft alles nichts, du kommst nicht mit, du hast keine Kleider, und kannst nicht

tanzen, und wir müßten uns nur schämen." Darauf gieng sie mit ihren zwei Töchtern fort.

Als nun niemand mehr daheim war, gieng Aschenputtel zu seiner Mutter Grab unter den Haselbaum und rief:

„Bäumchen rüttel dich und schüttel dich!
wirf Gold und Silber über mich!"

da warf ihm der Vogel ein golden und silbern Kleid herunter, und mit Seide und Silber ausgestickte Pantoffeln. Das zog es an und gieng zur Hochzeit. Ihre Schwestern aber und die Stiefmutter kannten es nicht, und meinten, es müßt ein fremdes Königsfräulein seyn, so schön sah es in den reichen Kleidern aus. An Aschenputtel dachten sie gar nicht, und glaubten, es läge daheim im Schmutz. Der Königssohn kam ihm entgegen und nahm es bei der Hand, und tanzte mit ihm. Er wollte auch mit sonst niemand tanzen, also daß er ihm die Hand nicht los ließ, und wenn ein anderer kam, es aufzufordern, sprach er: „das ist meine Tänzerin."

Es tanzte bis es Abend war, da wollte es nun nach Haus gehen. Der Königssohn aber sprach: „ich gehe mit und begleite dich," denn er wollte sehen, wem das schöne Mädchen angehörte. Sie entwischte ihm aber, und sprang in das Taubenhaus. Nun wartete der Königssohn, bis der Vater kam, und sagte zu ihm, das fremde Mädchen wär in das Taubenhaus gesprungen. Da dachte er: sollte es Aschenputtel sein, und sie mußten ihm Axt und Hacken bringen, damit er das Taubenhaus entzwei schlagen konnte; aber es war niemand darin. Und als sie ins Haus kamen, lag Aschenputtel in seinen schmutzigen Kleidern in der Asche und ein trübes Oehllämpchen brannte im Schornstein. Denn es war geschwind durch das Taubenhaus gesprungen und zu dem Haselbäumchen gegangen, da hatte es die schönen Kleider ausgethan und aufs Grab gelegt, und der Vogel hatte sie wieder weggenommen, es aber hatte sich in seinem grauen Kittelchen in die Küche zur Asche gesetzt.

Am andern Tag, als das Fest von neuem anhub, und die Eltern und Stiefschwestern wieder fort waren, gieng Aschenputtel zu dem Haselbaum und sprach:

„Bäumchen, rüttel dich und schüttel dich!
wirf Gold und Silber über mich!“

da warf der Vogel ein noch viel stolzeres Kleid herab, als am vorigen Tag. Als es damit auf die Hochzeit kam, erstaunte jedermann über seine Schönheit, der Königssohn aber hatte schon auf es gewartet, nahm es bei der Hand und tanzte nur allein mit ihm. Wenn die andern kamen und es aufforderten, sprach er: „das ist meine Tänzerin.“ Als es nun Abend war, wollte es fort, und der Königssohn gieng mit und wollte sehen, in welches Haus es gienge, aber es sprang ihm fort und in den Garten hinter dem Haus. Darin stand ein schöner, großer Birnbaum voll herrlichem Obst, auf den stieg es gar behend, und der Königssohn wußte nicht, wo es hingekommen war. Er wartete aber, bis der Vater kam, und sprach zu ihm: „das fremde Mädchen ist mir entwischt, und ich glaube, daß es auf den Birnbaum gesprungen ist.“ Der Vater dachte, sollte es Aschenputtel seyn! und ließ sich die Axt holen und hieb den Baum um, aber es war niemand darauf. Und als sie in die Küche kamen, lag Aschenputtel da in der Asche, wie gewöhnlich, denn es war auf der andern Seite vom Baum herabgesprungen, hatte dem Vogel auf dem Haselbäumchen die schönen Kleider wieder gebracht, und sein graues Kittelchen angezogen.

Am dritten Tag, als die Eltern und Schwestern fort waren, gieng Aschenputtel wieder zu seiner Mutter Grab, und sprach zu dem Bäumchen:

„Bäumchen, rüttel dich und schüttel dich!
wirf Gold und Silber über mich!“

Nun warf ihm der Vogel ein Kleid herab, das war so prächtig, wie es noch keins gehabt, und die Pantoffel waren ganz golden. Als es zu der Hochzeit kam, wußten sie alle nicht, was sie vor Verwunderung sagen sollten, der Königssohn tanzte ganz allein mit ihm, und wenn es einer aufforderte, sprach er: „das ist meine Tänzerin."

Als es nun Abend war, wollte Aschenputtel fort, und der Königssohn wollte es begleiten, aber es entsprang ihm. Doch verlor es seinen linken, ganz goldenen Pantoffel, denn der Königssohn hatte Pech auf die Treppe streichen lassen, und daran blieb er hängen. Nun nahm er den Schuh, und gieng am andern Tag damit zu dem Mann und sagte: „die, welcher dieser goldene Schuh paße, die solle seine Gemahlin werden." Da freuten sich die beiden Schwestern, weil sie schöne Füße hatten. Die Aelteste gieng mit dem Schuh in die Kammer, und wollte ihn anprobiren, und die Mutter stand dabei. Aber sie konnte mit der großen Zehe nicht hineinkommen, und der Schuh war ihr zu klein, da reichte ihr die Mutter ein Messer und sprach: „hau die Zehe ab, wann du Königin bist, so brauchst du nicht mehr zu Fuß zu gehen." Das Mädchen hieb die Zehe ab, zwängte nun den Schuh hinein, und gieng zum Königssohn. Der nahm sie als seine Braut auf sein Pferd, und ritt mit ihr fort. Sie mußten aber an dem

Haselbäumchen, das auf dem Grabe stand, vorbei, da saßen die zwei Täubchen drauf und riefen:

„Rucke di guck! rucke di guck!
Blut ist im Schuck (Schuh),
der Schuck ist zu klein,
die rechte Braut sitzt noch daheim!“

da blickte er auf ihren Fuß, und sah, wie das Blut herausquoll. Nun wendete er sein Pferd um, brachte die falsche Braut wieder nach Haus und sagte: „das ist nicht die rechte, die andere Schwester soll den Schuh anziehen.“ Sie gieng in die Kammer, und kam mit den Zehen in den Schuh, aber hinten die Ferse war zu groß. Da reichte ihr die Mutter ein Messer und sprach: „hau ein Stück von der Ferse ab, wann du Königin bist, brauchst du nicht mehr zu Fuß zu gehen.“ Das Mädchen hieb ein Stück von der Ferse ab, zwängte den Fuß in den Schuh und gieng heraus zum Königssohn. Der nahm sie, als seine Braut auf sein Pferd, und ritt mit ihr fort. Als sie an dem Haselbäumchen vorbeikamen, saßen die zwei Täubchen darauf und riefen:

„Rucke di guck! Rucke di guck!
Blut ist im Schuck,
der Schuck ist zu klein,
die rechte Braut sitzt noch daheim!“

Er blickte nieder auf ihren Fuß, und sah, wie das Blut aus dem Schuh quoll, und an den weißen Strümpfen ganz roth heraufgestiegen war. Da wendete er sein Pferd, und brachte die falsche Braut wieder zurück. „Das ist nicht die rechte, sprach er, habt ihr keine andere Tochter?" „Nein, sagte der Mann, nur von meiner verstorbenen Frau ist noch ein kleines, garstiges Aschenputtel da, das kann aber nicht die Braut seyn." Der Königssohn sprach, er sollt' es heraufschicken, die Mutter aber antwortete: „ach nein, das ist viel zu schmutzig, das darf sich nicht sehen lassen." Er aber wollte es durchaus haben, und Aschenputtel mußte gerufen werden. Da wusch es sich erst Hände und Angesicht rein, gieng dann hin und neigte sich vor dem Königssohn, der ihm seinen goldenen Schuh reichte. Nun streifte es den schweren Schuh vom linken Fuß ab, setzte diesen auf den goldenen Pantoffel, und drückte ein wenig, so stand es darin, als wär er ihm angegossen. Und als es sich aufbückte, erkannte er es im Angesicht und sprach: „das ist die rechte Braut!" Die Stiefmutter und die beiden Schwestern erschraken, und wurden bleich vor Aerger, aber er nahm Aschenputtel aufs Pferd, und ritt mit ihm fort. Als sie an dem Haselbäumchen vorbei kamen, riefen die zwei weißen Täubchen:

„Rucke di guck! rucke di guck!
kein Blut im Schuck,
der Schuck ist nicht zu klein,
die rechte Braut, die führt er heim!"

Und als sie das gerufen, kamen sie beide hergeflogen, und setzten sich dem Aschenputtel auf die Schultern, eine rechts, die andere links, und blieben da sitzen.

Als die Hochzeit mit dem Königssohn sollte gehalten werden, kamen die falschen Schwestern, wollten sich einschmeicheln, und Theil an seinem Glück nehmen. Als es nun zur Kirche gieng, war die älteste zur rechten, die jüngste zur linken Seite, da pickten die Tauben einer jeden das eine Auge aus, hernach als sie heraus gieng, war die älteste zur linken, und die jüngste zur rechten, da pickten die Tauben einer jeden das andere Auge aus, und waren sie also für ihre Bosheit und Falschheit mit Blindheit auf ihr Lebtag gestraft.

15.

Frau Holle.

Eine Wittwe hatte zwei Töchter, davon war die eine schön und fleißig, die andere häßlich und faul. Sie hatte aber die häßliche und faule, weil sie ihre rechte Tochter war, viel lieber, und die andere mußte alle Arbeit thun, und der Aschenputtel im Hause seyn. Es mußte sich täglich hinaus auf die große Straße bei einen Brunnen setzen, und so viel spinnen, daß ihm das Blut aus den Fingern sprang. Nun trug es sich zu, daß die Spuhle einmal ganz blutig war, da bückte es sich damit in den Brunnen, und wollte sie abwaschen, sie sprang ihm aber aus der Hand, und fiel hinab. Es weinte, lief zur Stiefmutter, und erzählte ihr das Unglück, sie schalt es aber heftig, und war so unbarmherzig, daß sie sprach: „hast du die Spuhle hinunterfallen lassen, so hol sie auch wieder herauf!" Da gieng das Mädchen zu dem Brunnen zurück, und wußte nicht, was es anfangen sollte, und sprang in seiner Angst in den Brunnen hinein. Als es erwachte, und wieder zu sich selber kam, war es auf einer schönen Wiese, da schien die Sonne, und waren viel tausend Blumen. Auf der Wiese gieng es fort, und kam zu einem Backofen, der war voller Brot; das Brot aber rief: „ach! zieh mich 'raus, zieh mich 'raus, sonst verbrenn' ich, ich bin schon längst ausgebacken!" da trat es fleißig herzu, und holte alles heraus. Darnach gieng es weiter, und kam zu einem Baum, der hieng voll Aepfel und rief ihm zu: „ach! schüttel mich! schüttel mich! wir Aepfel sind alle mit einander reif!" Da schüttelt' es den Baum, daß die Aepfel fielen, als regneten sie, so lang bis keiner mehr oben war, darnach gieng es wieder fort. Endlich kam es zu einem kleinen Haus, daraus guckte eine alte Frau, weil sie aber so große Zähne hatte, ward ihm Angst, und es wollte fortlaufen. Die alte Frau aber rief ihm nach: „fürchte dich nicht, liebes Kind, bleib bei mir, wenn du alle Arbeit im Haus ordentlich thun willst, so soll dirs gut gehn, nur mußt du Acht geben, daß du mein Bett gut machst, und es fleißig aufschüttelst, daß die Federn fliegen, dann schneit es in der Welt;* ich bin die Frau Holle." Weil die Alte ihm so gut zusprach, willigte das Mädchen ein, und begab sich in ihren Dienst. Es besorgte auch alles nach ihrer Zufriedenheit, und schüttelte ihr das Bett immer gewaltig auf, dafür hatte es auch ein gut Leben bei ihr, kein böses Wort, und alle Tage Gesottenes und Gebratenes. Nun war es eine Zeitlang bei der Frau Holle, da

* Darum sagt man in Hessen, wenn es schneit: die Frau Holle macht ihr Bett.

ward es traurig in seinem Herzen, und ob es hier gleich viel tausendmal besser war, als zu Haus, so hatte es doch ein Verlangen dahin; endlich sagte es zu ihr: „ich habe den Jammer nach Haus kriegt, und wenn es mir auch noch so gut hier geht, so kann ich doch nicht länger bleiben." Die Frau Holle sagte: „du hast Recht, und weil du mir so treu gedient hast, so will ich dich selbst wieder hinaufbringen." Sie nahm es darauf bei der Hand, und führte es vor ein großes Thor. Das ward aufgethan, und wie das Mädchen darunter stand, fiel ein gewaltiger Goldregen, und alles Gold blieb an ihm hängen, so daß es über und über davon bedeckt war. „Das sollst du haben, weil du so fleißig gewesen bist," sprach die Frau Holle, und gab ihm auch noch die Spuhle wieder, die ihm in den Brunnen gefallen war. Darauf ward das Thor verschlossen, und das Mädchen befand sich oben auf der Welt, nicht weit von seiner Mutter Haus, und als es in den Hof kam, saß der Hahn auf dem Brunnen und rief:

„Kikeriki!
unsere goldene Jungfrau ist wieder hie!"

Da gieng es hinein zu seiner Mutter, und weil es so mit Gold bedeckt ankam, ward es gut aufgenommen.

Als die Mutter hörte, wie es zu dem Reichthum gekommen, wollte sie der andern häßlichen und faulen Tochter gern dasselbe Glück verschaffen, und sie mußte sich auch an den Brunnen setzen und spinnen; damit ihr die Spuhle blutig ward, stach sie sich in die Finger, und zerstieß sich die Hand an der Dornenhecke. Darnach warf sie sie in den Brunnen und sprang selber hinein. Sie kam, wie die andere, auf die schöne Wiese, und gieng auf demselben Pfad weiter. Als sie zu dem Backofen gelangte, schrie das Brod wieder: „ach! zieh mich 'raus, zieh mich 'raus, sonst verbrenn' ich, ich bin schon längst ausgebakken!" Die Faule aber antwortete: „da hätt' ich Lust, mich schmutzig zu machen!" und gieng fort. Bald kam sie zu dem Apfelbaum, der rief: „ach! schüttel mich! schüttel mich! wir Aepfel sind alle mit einander reif." Sie antwortete aber: „du kommst mir recht, es könnt' mir einer auf den Kopf fallen!" gieng damit weiter. Als sie vor der Frau Holle Haus kam, fürchtete sie sich nicht, weil sie von ihren großen Zähnen schon gehört hatte, und verdingte sich gleich zu ihr. Am ersten Tag that sie sich Gewalt an, und war fleißig und folgte der Frau Holle, wenn sie ihr etwas sagte, denn sie gedachte an das viele Gold, daß sie ihr schenken würde; am zweiten Tag aber fieng sie schon an zu faullenzen, am dritten noch mehr, da wollte sie Morgens gar nicht aufstehen, sie machte auch der Frau Holle das Bett schlecht und schüttelte es nicht recht, daß die Federn aufflogen. Das ward die Frau Holle bald müd', und sagte der Faulen den Dienst auf. Die war es wohl zufrieden, und meinte, nun werde der Goldregen kommen, die Frau Holle führte sie auch zu dem Thor, als sie aber darunter stand, ward statt des Golds ein großer Kessel voll Pech ausgeschüttet. „Das ist zur Belohnung deiner Dienste," sagte die Frau Holle, und schloß das Thor zu. Da kam die Faule heim, ganz mit Pech bedeckt, und das hat ihr Lebtag nicht wieder abgehen wollen. Der Hahn aber auf dem Brunnen, als er sie sah, rief:

„Kikeriki!
unsere schmutzige Jungfrau ist wieder hie!"

16.

Die sieben Raben.

Ein Mann hatte sieben Söhne, und immer noch kein Töchterchen, so sehr ers auch wünschte, endlich gab ihm seine Frau wieder gute Hoffnung zu einem Kinde, und wie's zur Welt kam, wars ein Mädchen. Ob es gleich schön war, so wars doch auch schmächtig und klein, und sollte wegen seiner Schwachheit die Nothtaufe haben. Da schickte der Vater einen der Knaben eilends zur Quelle, Taufwasser zu holen, aber die andern sechs liefen mit. Jeder wollte aber der erste beim Schöpfen seyn, und darüber fiel ihnen der Krug in den Brunnen; da standen sie und wußten nicht, was sie thun sollten, und keiner getraute sich heim. Dem Vater ward unter der Weile angst, das Mädchen müßte ungetauft verscheiden, und wußte gar nicht, warum die Jungen so lange ausblieben. „Gewiß, sprach er, haben sies wieder über ein Spiel vergessen! und als sie immer nicht kamen, fluchte er im Aerger: „ich wollte, daß die Jungen alle zu Raben würden!“ Kaum war das Wort ausgeredet, so hörte er ein Geschwirr über seinem Haupt in der Luft, blickte auf, und sah sieben kohlschwarze Raben auf und davon fliegen.

Die Eltern konnten die Verwünschung nicht mehr zurücknehmen, und so traurig sie über den Verlust ihrer sieben Söhne waren, trösteten sie sich einigermaßen durch ihr liebes Töchterchen, das bald zu Kräften kam und mit jedem Tage schöner ward. Es wußte lange Zeit nicht einmal, daß es Geschwister gehabt, denn die Eltern hüteten sich ihrer vor ihm zu erwähnen, bis es eines Tags von ungefähr die Leute von sich sprechen hörte: ja, sie wäre wohl schön, aber doch eigentlich Schuld, daß ihre sieben Brüder unglücklich geworden. Da wurde sie tief betrübt, gieng zu Vater und Mutter, und fragte, ob sie denn Brüder gehabt hätte, und wo sie hingerathen wären? Nun durften die Eltern das Geheimniß nicht länger verschweigen, sagten jedoch, es sey so des Himmels Verhängniß, und ihre Geburt nur der unschuldige Anlaß gewesen; allein das Mädchen machte sich täglich ein Gewissen daraus, und glaubte sich fest verbunden, ihre Geschwister zu erlösen, und hatte nicht Ruhe und Rast, bis sie sich heimlich aufmachte und in die weite Welt gieng, ihre Brüder irgendwo aufzuspüren und zu befreien, es koste was da wolle. Sie nahm nichts mit sich als ein Ringlein von ihren Eltern zum Andenken, einen Laib Brot für den Hunger, ein Krüglein Wasser für den Durst und ein Stühlchen für die Müdigkeit.

Nun gieng es immer zu, weit, weit bis an der Welt Ende. Da kam es zur Sonne, aber die war gar zu heiß und fürchterlich und fraß die kleinen Kinder; eilig lief es weg, und hin zu dem Mond, aber der war gar zu kalt und auch grausig und bös, und als er das Kind merkte, sprach er: „ich rieche, rieche Menschenfleisch!“ Da machte es sich geschwind fort und kam zu den Sternen, die waren ihm freundlich und gut, und jeder saß auf seinem besondern Stühlchen. Der Morgenstern aber stand auf, gab ihm ein Hinkelbeinchen und sprach: „wenn du das Beinchen nicht hast, kannst du nicht den Glasberg aufschließen, und in dem Glasberg da sind deine Brüder."

Das Mädchen nahm das Beinchen, wickelte es wohl in ein Tüchlein, und gieng wieder fort, so lange bis es an den Glasberg kam, dessen Thor verschlossen war. Nun wollte es das Beinchen holen, aber wie es das Tüchelchen aufmachte, so war es leer, und es hatte das Geschenk der guten Sterne verloren. Was sollte es nun anfangen, seine Brüder wollte es erretten, und hatte keinen Schlüssel zum Glasberg? das gute Schwesterchen nahm ein Messer, schnitt sich sein kleines Fingerchen ab, steckte es in das Thor und schloß glücklich auf. Als es hinein getreten war, kam ihm ein Zwerglein entgegen und sprach: „mein Kind, was suchst du?" „Ich suche meine Brüder, die sieben Raben," antwortete es. Der Zwerg sprach: „die Herren Raben sind nicht zu Haus, aber willst du hier so lang warten, bis sie kommen, so tritt ein." Darauf brachte das Zwerglein die Speise der Raben getragen auf sieben Tellerchen und in sieben Becherchen, und von jedem Tellerchen aß das Schwesterchen ein Bröckchen und aus jedem Becherchen trank es ein Schlückchen; in das letzte Becherchen aber ließ es das Ringlein fallen, das es mitgenommen hatte.

Auf einmal hörte es in der Luft ein Geschwirr und ein Geweh, da sprach das Zwerglein: „jetzt kommen die Herren Raben heim geflogen!“ Da kamen sie, wollten essen und trinken, und suchten ihre Tellerchen und Becherchen; da sprach einer nach dem andern: „wer hat von meinem Tellerchen gegessen? wer hat aus meinem Becherchen getrunken? Das ist eines Menschen Mund gewesen!“ Und wie der siebente auf den Grund kam, fiel ihm das Ringlein entgegen, da sah er es an und erkannte, daß es ein Ring von Vater und Mutter war, und sprach: „Gott gebe, unser Schwesterlein wär da, so wären wir erlöst!“ Wie das das Mädchen hörte, das hinter der Thüre stand und lauschte, so trat es hervor, und da bekamen alle die Raben ihre menschliche Gestalt wieder. Und sie herzten und küßten einander, und zogen fröhlich heim.

17.

Rothkäppchen.

Es war einmal eine kleine süße Dirne, die hatte jedermann lieb, der sie nur ansah, am allerliebsten aber ihre Großmutter, die wußte gar nicht, was sie alles dem Kind geben sollte. Einmal schenkte sie ihm ein Käppchen von rothem Sammet, und weil ihm das so wohl stand, und es nichts anders mehr tragen wollte, hieß es nur das Rothkäppchen, da sagte einmal seine Mutter zu ihm: „komm, Rothkäppchen, da hast du ein Stück Kuchen und eine Flasche Wein, die bring der Großmutter hinaus, weil sie krank und schwach ist, wird sie sich daran laben; sey aber hübsch artig und grüß sie von mir, geh auch ordentlich, und lauf nicht vom Weg ab, sonst fällst du, und zerbrichst das Glas, dann hat die kranke Großmutter nichts."

Rothkäppchen sagte: „ja ich will alles recht gut ausrichten," und versprachs der Mutter in die Hand. Die Großmutter aber wohnte draußen im Wald, eine halbe Stunde vom Dorf. Wie nun Rothkäppchen in den Wald kam, begegnete ihm der Wolf, Rothkäppchen aber wußte nicht, was es für ein böses Thier war, und fürchtete sich nicht vor ihm. „Guten Tag, Rothkäppchen," sprach er – „Schönen Dank, Wolf." – „Wo willst du so früh hinaus, Rothkäppchen," – „zur Großmutter." – Was trägst du unter der Schürze? – „Kuchen und Wein, für die kranke und schwache Großmutter; gestern haben wir gebacken, da soll sie sich etwas zu gut thun und sich stärken." – „Rothkäppchen, wo wohnt deine Großmutter?" – „Noch eine gute Viertelstunde im Wald, unter den drei großen Eichbäumen, da steht ihr

Haus, unten sind die Nußhecken, das wirst du ja wissen," sagte Rothkäppchen. Der Wolf dachte bei sich, das junge, zarte Mädchen, das ist ein guter, fetter Bissen für dich, wie fängst du's an, daß du den kriegst. Da gieng er ein Weilchen neben Rothkäppchen her, dann sprach er: „Rothkäppchen, sieh' einmal die schönen Blumen, die im Walde stehen, warum guckst du nicht um dich; ich glaube, du hörst gar nicht darauf, wie die Vöglein so lieblich singen? du gehst ja für dich hin, als wie zur Schule, und ist so lustig haußen in dem Wald."

Rothkäppchen schlug die Augen auf, und als es sah, wie die Sonne durch die Bäume hin und her sprang, und alles voll schöner Blumen stand, dachte es: ei! wenn ich der Großmutter einen Strauß mitbringe, der wird ihr auch lieb seyn; es ist noch früh, daß ich doch zu rechter Zeit ankomme, und sprang in den Wald und suchte Blumen. Und wenn es eine gebrochen hatte, meint' es, dort stünd noch eine schönere, und lief darnach, und lief weiter in den Wald hinein. Der Wolf aber gieng geradeswegs nach dem Haus der Großmutter und klopfte an die Thüre. „Wer ist draußen?" – „ Rothkäppchen, das bringt dir Kuchen und Wein, mach mir auf." – „Drück nur auf die Klinke, rief die Großmutter, ich bin zu schwach, und kann nicht aufstehen." Der Wolf drückte an der Klinke, und er trat hinein, ohne ein

Wort zu sprechen, geradezu an das Bett der Großmutter, und verschluckte sie. Dann nahm er ihre Kleider, that sie an, setzte sich ihre Haube auf, legte sich in ihr Bett, und zog die Vorhänge vor.

Rothkäppchen aber war herum gelaufen nach Blumen, und als es so viel hatte, daß es keine mehr tragen konnte, fiel ihm die Großmutter wieder ein, und es machte sich auf den Weg zu ihr. Wie es ankam, stand die Thüre auf, darüber verwunderte es sich, und wie es in die Stube kam, sahs so seltsam darin aus, daß es dacht: ei! du mein Gott, wie ängstlich wird mirs heut zu Muth, und bin sonst so gern bei der Großmutter. Drauf gieng es zum Bett, und zog die Vorhänge zurück, da lag die Großmutter, und hatte die Haube tief ins Gesicht gesetzt und sah so wunderlich aus. „Ei Großmutter, was hast du für große Ohren!“ – „daß ich dich besser hören kann.“ – „Ei Großmutter, was hast du für große Augen!“ – „daß ich dich besser sehen kann.“ – „Ei Großmutter, was hast du für große Hände!“ – „daß ich dich besser packen kann.“ – „Aber Großmutter, was hast du für ein entsetzlich großes Maul!“ – „daß ich dich besser fressen kann.“ Und wie der Wolf das gesagt hatte, sprang er aus dem Bette, und auf das arme Rothkäppchen, und verschlang es.

Wie der Wolf den fetten Bissen im Leibe hatte, legte er sich wieder ins Bett, schlief ein, und fieng an

L. E. Grimm del. F. Hegi sc.

Rothkäppchen.

überlaut zu schnarchen. Der Jäger gieng eben vorbei, und dachte bei sich: wie kann die alte Frau so schnarchen, du mußt einmal nachsehen, ob ihr etwas fehlt. Da trat er in die Stube, und wie er vors Bett kam, so lag der Wolf darin, den er lange gesucht hatte. Nun wollte er seine Büchse anlegen, da fiel ihm ein, vielleicht hat er die Großmutter gefressen, und ich kann sie noch erretten, und schoß nicht, sondern nahm eine Scheere, und schnitt dem schlafenden Wolf den Bauch auf. Wie er ein paar Schnitte gethan, da sah er das rothe Käppchen leuchten, und wie er noch ein wenig geschnitten, da sprang das Mädchen heraus und rief: „ach wie war ich erschrocken, was wars so dunkel in dem Wolf seinem Leib!" und dann kam die Großmutter auch lebendig heraus. Rothkäppchen aber holte große schwere Steine, damit füllten sie dem Wolf den Leib, und wie er aufwachte, wollte er fortspringen, aber die Steine waren so schwer, daß er gleich niedersank, und sich todt fiel.

Da waren alle drei vergnügt, der Jäger nahm den Pelz vom Wolf, die Großmutter aß den Kuchen und trank den Wein, den Rothkäppchen gebracht hatte, und Rothkäppchen dachte bei sich: du willst dein Lebtag nicht wieder allein vom Wege ab in den Wald laufen, wenn dirs die Mutter verboten hat.

Es wird auch erzählt, daß einmal, als Rothkäppchen der alten Großmutter wieder Gebackenes brachte, ein anderer Wolf ihm zugesprochen, und es vom Weg ableiten wollen. Rothkäppchen aber hütete sich, und gieng gerad fort seines Wegs, und sagte der Großmutter, daß es den Wolf gesehen, daß er ihm guten Tag gewünscht habe, aber so bös aus den Augen geguckt; „wenns nicht auf offner Straße gewesen, er hätte mich gefressen." – „Komm, sagte die Großmutter, wir wollen die Thüre verschließen, daß er nicht herein kann." Bald darnach klopfte der Wolf an und rief: „mach auf, Großmutter, ich bin das Rothkäppchen, ich bring dir Gebackenes." Sie schwiegen aber still, und machten die Thüre nicht auf, da gieng der Böse etlichemal um das Haus und sprang endlich aufs Dach, und wollte warten bis Rothkäppchen Abends nach Haus gieng, dann wollt' er ihm nachschleichen, und wollts in der Dunkelheit fressen. Aber die Großmutter merkte, was er im Sinn hatte. Nun stand vor dem Haus ein großer Steintrog, da sprach sie zu dem Kind: „hol' den Eimer, Rothkäppchen, gestern hab ich Würste gekocht, da trag das Wasser, worin sie gekocht sind, in den Trog." Rothkäppchen trug so lange bis der große, große Trog ganz voll war. Da stieg der Geruch von den Würsten dem Wolf in die Nase, er schnupperte und guckte hinab, endlich machte er den Hals so lang, daß er sich nicht mehr halten konnte, und anfieng zu rutschen; so rutschte er vom Dach herab, und gerade in den großen Trog hinein und ertrank. Rothkäppchen aber gieng fröhlich nach Haus, und that ihm niemand etwas zu Leid.

18.

Die Bremer Stadtmusikanten.

Es hatte ein Mann einen Esel, der ihm schon lange Jahre treu gedient, dessen Kräfte aber nun zu Ende giengen, so daß er zur Arbeit immer untauglicher ward. Da wollt ihn der Herr aus dem Futter schaffen, aber der Esel merkte, daß kein guter Wind wehte, lief fort, und machte sich auf den Weg nach Bremen; dort, dachte er, kannst du ja Stadtmusikant werden. Als er ein Weilchen fortgegangen war, fand er einen Jagdhund auf dem Wege liegen, der jappte wie einer, der sich müd gelaufen. „Nun, was jappst du so?“ sprach der Esel. „Ach, sagte der Hund, weil ich alt bin, und jeden Tag schwächer werde, und auf der Jagd nicht mehr fort kann, hat mich mein Herr wollen todtschlagen, da habe ich Reißaus genommen; aber womit soll ich nun mein Brot verdienen?" „Weißt du was, sprach der Esel, ich gehe nach Bremen, dort Stadtmusikant zu werden, geh mit und laß dich auch bei der Musik annehmen." Der Hund wars zufrieden, und sie giengen weiter. Es dauerte nicht lange, so saß da eine Katze auf dem Weg, und machte ein Gesicht wie drei Tage Regenwetter. „Nun, was ist dir denn in die Queere gekommen?" sprach der Esel. „Ei, antwortete die Katze, wer kann da lustig seyn, wenns einem an den Kragen geht; weil ich nun zu Jahren komme, meine Zähne stumpf werden, und ich lieber hinter dem Ofen sitze und spinne, als nach den Mäusen herum jage, hat mich meine Frau ersäufen wollen; ich hab mich zwar noch fortgemacht, aber nun ist guter Rath theuer; wo soll ich hin?" „Geh mit uns nach Bremen, du verstehst dich doch auf die Nachtmusik, da kannst du ein Stadtmusikant werden." Die Katze wars zufrieden, und gieng mit. Darauf kamen die drei Landesflüchtigen an einem Hof vorbei, da saß auf dem Thor der Haushahn, und schrie aus Leibeskräften. „Du schreist einem durch Mark und Bein, sprach der Esel, was hast du vor." „Da hab ich gut Wetter prophezeit, sprach der Hahn, weil unserer lieben Frauen Tag ist, wo sie dem Christkindlein die Tücher gewaschen hat, und sie trocknen will, aber weil morgen zum Sonntag Gäste kommen, so hat die Hausfrau doch kein Erbarmen und der Köchin gesagt, sie wollte mich Morgen in der Suppe essen, und da soll ich mir heut Abend den Kopf abschneiden lassen. Nun schrei ich aus vollem Hals, so lang ich noch kann." „Ei was, du Rothkopf, sagte der Esel, zieh lieber mit uns fort nach Bremen, etwas besseres, als den Tod findest du überall; du hast eine gute Stimme und wenn wir zusammen musicieren, so muß es eine Art haben." Der Hahn ließ sich den Vorschlag gefallen, und sie giengen alle vier zusammen fort.

Sie konnten aber die Stadt Bremen in einem Tag nicht erreichen, und kamen Abends in einen Wald, wo sie übernachten wollten. Der Esel und der Hund legten sich unter einem großen Baum, die Katze und der Hahn machten sich aber hinauf, der Hahn flog bis in die Spitze, wo's am sichersten für ihn war. Ehe er einschlief, sah er sich noch einmal nach allen vier Winden um, da däuchte ihn, er sähe in der Ferne ein Fünkchen brennen, und rief seinen Gesellen zu, es müßte nicht gar weit ein Haus seyn, denn es scheine ein Licht. Sprach der Esel: „so müssen wir uns aufmachen und noch hingehen, denn hier ist die Herberge schlecht;" und der Hund sagte: „ja ein paar Knochen und etwas Fleisch daran thäten mir auch gut!" Nun machten sie sich auf den Weg nach der Gegend, wo das Licht war, und sahen es bald heller schimmern, und es ward immer größer, bis sie vor ein hell erleuchtetes Räuberhaus kamen. Der Esel, als der größte, machte sich ans Fenster und schaute hinein. „Was siehst du? Grauschimmel," fragte der Hahn. „Was ich sehe? antwortete der Esel, einen gedeckten Tisch mit schönem Essen und Trinken, und Räuber sitzen daran und lassens sich wohl sein." „Das wär was für uns" sprach der Hahn. „Ya, Ya, ach wären wir da!" sagte der Esel. Da rathschlagten die Thiere, wies anzufangen wäre, um die Räuber fortzubringen; endlich fanden sie ein Mittel. Der Esel mußte sich mit den Vorderfüßen auf das Fenster stellen, der Hund auf des Esels Rücken, die Katze auf den Hund klettern, und endlich flog der Hahn hinauf, und setzte sich der Katze auf den Kopf. Wie das geschehen war, fiengen sie insgesammt auf ein Zeichen an, ihre Musik zu machen; der Esel schrie, der Hund bellte, die Katze miaute und der Hahn krähte, indem stürzten sie durch das Fenster in die Stube hinein, daß die Scheiben klirrend niederfielen. Die Räuber fuhren bei dem ent setzlichen Geschrei in die Höhe, meinten nicht anders, als ein Gespenst käme herein, und flohen in größter Furcht in den Wald hinaus. Nun setzten sich die vier Gesellen an den Tisch, nahmen mit dem vorlieb, was übrig geblieben war, und aßen, als wenn sie vier Wochen hungern sollten.

Wie die vier Spielleute fertig waren, löschten sie das Licht aus, und suchten sich eine Schlafstätte, jeder nach seiner Natur und Bequemlichkeit. Der Esel legte sich auf den Mist, der Hund hinter die Thüre, die Katze auf den Heerd bei die warme Asche, und der Hahn setzte sich auf den Hahnenbalken, und weil sie müd waren von ihrem Weg, schliefen sie auch bald ein. Als Mitternacht vorbei war, und die Räuber von weitem sahen, daß kein Licht mehr im Haus war, auch alles ruhig schien, sprach der Hauptmann: „wir hätten uns doch nicht sollen ins Bockshorn jagen lassen“ und hieß einen hingehen und das Haus untersuchen. Der Abgeschickte fand alles still, gieng in die Küche, wollte ein Licht anzünden, und nahm ein Schwefelhölzchen, und weil er die glühenden, feurigen Augen der Katze für lebendige Kohlen ansah, hielt er es daran, daß es Feuer fangen sollte. Aber die Katze verstand keinen Spaß, sprang ihm ins Gesicht, spie und kratzte. Da erschrak er gewaltig, lief und wollte zur Hinterthüre hinaus, aber der Hund, der da lag, sprang auf und biß ihm ins Bein, und als er über den Hof an der Miste vorbei rennte, gab ihm der Esel noch einen tüchtigen Schlag mit dem Hinterfuß; der Hahn aber, der vom Lärmen aus dem Schlaf geweckt und munter geworden war, rief vom Balken herab: „kikeriki!“ Da lief der Räuber, was er konnte, zu seinem Hauptmann zurück, und sprach: „ach, in dem Haus sitzt eine gräuliche Hexe, die hat mich angehaucht und mit ihren langen Fingern mir das Gesicht zerkratzt, und vor der Thüre steht ein Mann mit einem Messer, der hat mich ins Bein gestochen, und auf dem Hofe liegt ein schwarzes Ungethüm, das hat mit einer Holzkeule auf mich losgeschlagen, und oben auf dem Dache, da sitzt der Richter, der rief: „bringt mir den Schelm her! Da machte ich, daß ich fortkam." Von nun an getrauten sich die Räuber nicht weiter in das Haus, den vier Bremer Musikanten gefiels aber so wohl darin, daß sie nicht wieder heraus wollten, und der das zuletzt erzählt hat, dem ist der Mund noch warm.

19.

Die kluge Else.

Es war ein Mann, der hatte eine Tochter, die hieß die *kluge Else*. Als sie nun erwachsen war, sprach der Vater: „wir wollen sie heirathen lassen." „Ja, sagte die Mutter, wenn nur einer käme, der sie haben wollte." Endlich kam von weither einer, der hieß

Hans, und hielt um sie an, unter der Bedingung, daß die kluge Else auch recht gescheidt wäre. „O, sprach der Vater, die hat Zwirn im Kopf“ und die Mutter sagte: „ach, die sieht den Wind auf der Gasse laufen, und hört die Fliegen husten.“ „Ja, sprach der Hans, wenn sie nicht recht gescheidt ist, so nehm ich sie nicht.“ Als sie nun zu Tisch saßen und gegessen hatten, sprach die Mutter: „Else geh in den Keller und hol Bier.“ Da nahm die Else den Krug von der Wand, gieng in den Keller, und klappte unterwegs brav mit dem Deckel, damit ihr die Zeit ja nicht lang würde. Als sie unten war, holte sie ein Stühlchen und stellte es vors Faß, damit sie sich nicht zu bükken brauchte, und ihrem Rücken etwa nicht weh thäte und unverhofften Schaden nähme. Dann that sie die Kanne vor sich, und drehte den Hahn auf, und während der Zeit, daß das Bier hinein lief, wollte sie doch ihre Augen nicht müßig lassen, und sah oben an die Wand hinauf, und erblickte nach vielem Hin- und Herschauen eine Kreuzhacke gerade über sich, welche die Maurer da aus Versehen hatten stecken lassen. Da fieng die kluge Else an zu weinen, und sprach: „wenn ich den Hans kriege und wir kriegen ein Kind, und das ist groß, und wir schicken das Kind in den Keller, daß es hier soll Bier zapfen, so fällt ihm die Kreuzhacke auf den Kopf und schlägts todt!“

Da blieb sie sitzen, und weinte aus Jammer über das bevorstehende Unglück. Die oben saßen, warteten auf den Trunk, aber die kluge Else kam immer nicht. Da sprach die Frau zur Magd: „geh doch hinunter in den Keller, und sieh, wo die Else bleibt.“ Die Magd gieng und fand sie vor dem Faß sitzend, und laut schreiend. „Else was weinst du?“ fragte die Magd. „Ach, antwortete sie, soll ich nicht weinen! wenn ich den Hans kriege und wir kriegen ein Kind, und das ist groß und soll hier Trinken zapfen, so fällt ihm vielleicht die Kreuzhacke auf den Kopf und schlägts todt.“ Da sprach die Magd: „was haben wir für eine kluge Else!“ setzte sich zu ihr und fieng auch an, über das Unglück zu weinen. Ueber eine Weile, als die Magd nicht wiederkam, und die droben durstig nach dem Trank waren, sprach der Mann zum Knecht: „geh doch hinunter in den Keller, und sieh, wo die Else und die Magd bleibt.“ Der Knecht gieng hinab, da saß die kluge Else und die Magd, und weinten beide zusammen, da fragte er: „was weint ihr denn?“ „Ach, sprach die Else: soll ich nicht weinen! wenn ich den Hans kriege und wir kriegen ein Kind, und das ist groß und soll hier Trinken zapfen, so fällt ihm die Kreuzhacke auf den Kopf und schlägts todt.“ Da sprach der Knecht: „was haben wir für eine kluge Else!“ setzte sich zu ihr und fieng auch an, laut zu heulen. Oben warteten sie auf den Knecht, als er aber immer nicht kam, sprach der Mann zur Frau: „geh doch hinunter in den Keller, und sieh, wo die Else bleibt." Die Frau gieng hinab, und fand alle drei in Wehklagen, und fragte nach der Ursache, da erzählte ihr die Else auch, daß ihr zukünftiges Kind wohl würde von der Kreuzhacke todtgeschlagen werden, wenn es erst groß wäre und Bier zapfen sollte, und die Kreuzhakke fiele herab. Da sprach die Mutter gleichfalls: „ach, was haben wir für eine kluge Else!" setzte sich hin, und weinte mit. Der Mann oben wartete auch ein Weilchen, als aber seine Frau nicht wieder kam, und sein Durst immer stärker ward, sprach er: „ich muß nur selber in den Keller gehn und sehen, wo die Else bleibt." Als er aber in den Keller kam, und alle da bei einander saßen und weinten, und er die Ursache hörte, daß das Kind der Else schuld wäre, das sie vielleicht einmal zur Welt brächte, und von der Kreuzhacke könnte todtgeschlagen werden, wenn es gerade zur Zeit, wo sie herab fiele, darunter säße, Bier zu zapfen, da rief er: „was für eine kluge Else!" setzte sich, und weinte auch mit. Der Bräutigam blieb lange oben allein, da niemand wiederkommen wollte, dachte er, sie werden unten auf dich warten, du mußt auch hingehen, und sehen was sie vorhaben. Als er hinab kam, saßen da fünfe und schrien und jammerten ganz erbärmlich, einer immer besser als der andere. „Ei, was für ein Unglück ist denn geschehen?“ fragte er. „Ach, lieber Hans, sprach die Else, wann wir einander heirathen, und haben ein Kind, und es ist groß, und wir schikkens vielleicht hierher Trinken zu zapfen, da kann ihm ja die Kreuzhacke, die da oben ist stecken geblieben, wenn sie herabfallen sollte, den Kopf zerschlagen, daß es liegen bleibt: sollen wir da nicht weinen?“ „Nun, sprach Hans, mehr Verstand ist nicht nöthig, weil du so eine kluge Else bist, so will ich dich haben,“ packte sie bei der Hand, und nahm sie mit hinauf, und hielt Hochzeit mit ihr.

Als sie der Hans eine Weile hatte, sprach er: „Frau, ich will ausgehen arbeiten, und uns Geld verdienen, geh du ins Feld, und schneid das Korn, daß wir Brot haben.“ „Ja, mein lieber Hans, das will ich thun.“ Nachdem der Hans fort war, kochte sie sich einen guten Brei, und nahm ihn mit ins Feld. Als sie vor den Acker kam, sprach sie zu sich selbst: „was thu ich? schneid ich ehr oder eß ich ehr? hei! ich will erst essen!“ Nun aß sie ihren Topf mit Brei aus, und als sie dick satt war, sprach sie wieder: „was thu ich? schneid ich ehr, oder schlaf ich ehr? hei! ich will erst schlafen!“ Da legte sie sich ins Korn und schlief ein. Der Hans war längst zu Haus, aber die Else wollte nicht kommen, da sprach er: „was hab ich für eine kluge Else, die ist so fleißig, daß sie nicht einmal nach Haus kommt und ißt." Als sie aber noch immer ausblieb und es Abend ward, gieng der Hans hinaus und wollte sehen, was sie geschnitten hätte, aber es war nichts geschnitten, sondern sie lag im Korn und schlief. Da eilte Hans geschwind heim, und holte ein Vogelgarn mit kleinen Schellen, und hängte es um sie herum, und sie schlief noch immer fort. Dann lief er heim, setzte sich auf einen Stuhl, und schloß die Hausthüre zu. Endlich erwachte die kluge Else, wie es schon ganz dunkel war, und als sie aufstand, rappelte es um sie herum, bei jedem Schritt, den sie that. Da erschrak sie, und ward irre, ob sie auch wirklich die kluge Else wäre, und sprach: „bin ichs, oder bin ichs nicht?" Sie wußte aber nicht, was sie darauf antworten sollte, und stand eine Zeitlang zweifelhaft; endlich dachte sie: „ich will nach Haus gehen und fragen, ob ichs bin, oder nicht, die werdens ja wissen." Da lief sie vor ihre Hausthüre, die war verschlossen, also klopfte sie an das Fenster und rief: „Hans, ist die Else drinnen?" „Ja, antwortete der Hans, sie ist drinnen." Da war sie erschrocken und sprach: „Ach Gott! dann bin ichs nicht!" und gieng vor eine andere Thür, aber als die Leute das Klingeln der Schellen hörten, wollten sie nicht aufmachen, und so giengs ihr überall; da lief sie fort zum Dorf hinaus.

20.

Daumesdick.

Es war ein armer Bauersmann, der saß Abends beim Heerd und schürte das Feuer, und die Frau saß und spann. Da sprach er: „wie ists so traurig, daß wir keine Kinder haben, es ist so still bei uns, und in den andern Häusern ists so laut und lustig!" „Ja, antwortete die Frau, und seufzte, und sprach; wenn's nur ein einziges wäre, und wenns auch ganz klein wäre, nur Daumens groß, so wollt ich schon zufrieden seyn, wir hättens doch von Herzen lieb." Nun geschah es, daß die Frau kränklich ward, und nach sieben Monaten ein Kind gebar, das zwar an allen Gliedern vollkommen, aber nicht länger, als ein Daumen war. Da sprachen sie: „es ist doch, wie wir es gewünscht haben, und es soll unser liebes Kind seyn," und nannten es nach seiner Gestalt *Daumesdick*. Sie ließens nicht an Nahrung fehlen, aber das Kind ward nicht größer, sondern blieb wie es in der ersten Stunde gewesen war, doch schaute es verständig aus den Augen, und zeigte sich bald als ein kluges und behendes Ding, dem alles glückte, was es anfieng.

Der Bauer machte sich einmal fertig, in den Wald zu gehen und Holz zu fällen, da sprach er so vor sich hin: „nun wollt ich, daß einer da wäre, der mir den Wagen nachbrächte.“ „O Vater, rief Daumesdick, das will ich schon ausrichten, der Wagen soll zur bestimmten Zeit im Walde sein.“ Da lachte der Mann und sprach: „wie sollte das zugehen, du bist viel zu klein, um das Pferd mit dem Zügel zu leiten.“ „Das thut nichts, Vater, wenn nur die Mutter anspannen will, ich setze mich dem Pferd ins Ohr, und sage ihm, wie es gehen soll.“ „Nun, antwortete der Vater, einmal wollen wirs versuchen.“ Als die Stunde kam, spannte die Mutter an, und setzte den Daumesdick dem Pferd ins Ohr, darauf rief der Kleine, wie das Pferd gehen sollte, jüh und hoh, hott und har! Nun es gieng ganz ordentlich, als wie bei einem Meister, und der Wagen fuhr den rechten Weg nach dem Walde. Es trug sich zu, daß, als er eben um die Ecke bog, und der Kleine har! har! rief, zwei fremde Männer daher kamen. „Mein, sprach der eine, was ist das? da fährt ein Wagen, und ein Fuhrmann ruft dem Pferde zu, und ist doch nicht zu sehen!“ „Das geht nicht mit rechten Dingen zu, sagte der andere, wir wollen dem Karren folgen und sehen, wo er anhält.“ Der Wagen aber fuhr vollends in den Wald hinein, und zu dem Platz, wo das Holz gehauen wurde. Als Daumesdick seinen Vater erblickte, rief er ihm zu: „siehst du, Vater, da bin ich mit dem Wagen, nun hol mich herunter.“ Der Vater faßte das Pferd mit der linken, und holte mit der rechten sein Söhnlein aus dem Ohr, das sich ganz lustig auf einen Strohhalm niedersetzte. Als die beiden fremden Männer den Daumesdick erblickten, wußten sie nicht, was sie vor Verwunderung sagen sollten. Da nahm der eine den andern bei Seit und sprach: hör, der kleine Kerl könnt unser Glück machen, wenn wir ihn in einer großen Stadt vor Geld sehen ließen, wir wollen ihn kaufen.“ Sie giengen zu dem Bauer und sprachen: „verkauft uns den kleinen Mann, er solls gut bei uns haben.“ „Nein, antwortete der Vater, mein Herzblatt ist mir für alles Gold in der Welt nicht feil.“ Daumesdick aber, als er von dem Handel gehört, war an den Rockfalten seines Vaters hinaufgekrochen, stellte sich ihm auf die Schulter, und sagte ihm ins Ohr: „Vater, gieb mich nur hin, ich will schon wieder zu dir kommen.“ Da gab ihn der Vater für ein schönes Stück Geld den beiden Männern hin. „Wo willst du sitzen?“ sprachen sie zu ihm. „Ach, setzt mich nur auf den Rand von eurem Hut, da kann ich auf und ab spazieren, wie auf einer Gallerie, und die Gegend betrachten.“ Sie thaten ihm den Willen, und als Daumesdick Abschied von seinem Vater genommen, machten sie sich mit ihm fort. So giengen sie bis es Abend und dämmerig ward, da sprach der Kleine: „hebt mich einmal herunter, es ist nöthig.“ „Bleib nur droben, sprach der Mann, auf dessen Kopf er saß, ich will mir nichts draus machen, die Vögel lassen mir auch manchmal was darauf fallen." „Nein, sprach Daumesdick, ich weiß auch, was sich schickt; hebt mich nur geschwind herab." Der Mann nahm den Hut ab, und setzte den Kleinen auf einen Acker am Weg, da sprang und kroch er ein wenig zwischen den Schollen hin und her, und schlüpfte dann auf einmal in ein Mausloch, das er sich gesucht hatte. „Guten Abend, ihr Herrn, ihr habt mich gehabt," rief er heraus. Sie liefen herbei, stachen mit Stöcken in die Höhlung, aber das war vergebliche Mühe, Daumesdick kroch immer weiter zurück, bald auch war es stichdunkel, so daß sie voll Aerger und mit leerem Beutel wieder heim wandern mußten.

Als Daumesdick merkte, daß sie fort waren, kroch er aus dem unterirdischen Gang wieder hervor. „Es ist hier auf dem Acker in der Dunkelheit so gefährlich gehen, sprach er, wie leicht bricht einer Hals und Bein!" zum Glück stieß er an ein leeres Schneckenhaus: „gottlob! da kann ich die Nacht sicher zubringen!" und setzte sich hinein. Nicht lang, als er eben einschlafen wollte, so hörte er zwei Männer vorüber gehen, davon sprach der eine: „wie wir's nur anfangen, um dem reichen Pfarrer sein Geld und sein Silber zu holen?" „Das könnt ich dir sagen," sprach Daumesdick dazwischen. „Was war das! rief der eine Dieb erschrocken, ich hörte jemand sprechen.“ Sie blieben stehen und horchten, da sprach Daumesdick wieder: „nehmt mich mit, so will ich euch helfen.“ „Wo bist du denn?“ „Sucht nur hier auf der Erde und merkt, wo die Stimme herkommt,“ antwortete er. Da fanden ihn endlich die Diebe und hoben ihn in die Höhe. „Du kleiner Wicht, was willst du uns helfen!“ sprachen sie. „Seht, antwortete er, ich krieche zwischen den Eisenstäben in die Kammer des Pfarrers hinein und reiche euch heraus, was ihr haben wollt.“ „Nun, sagten sie, wir wollen sehen, was du kannst.“ Als sie bei dem Pfarrhaus kamen, kroch Daumesdick in die Kammer, schrie aber gleich aus Leibeskräften: „wollt ihr alles haben, was hier ist?“ Die Diebe erschraken und sagten: „so sprich doch leise, damit niemand aufwacht.“ Aber Daumesdick that, als hätte er sie nicht verstanden, und schrie von neuem: „was wollt ihr? wollt ihr alles haben, was hier ist?“ Das hörte die Köchin, die in der Stube daran schlief, richtete sich im Bette auf und horchte. Die Diebe aber waren vor Schrecken ein Stück Wegs zurück gelaufen, endlich faßten sie wieder Muth, dachten, der kleine Kerl will uns necken, kamen zurück und flüsterten ihm hinein: „nun mach Ernst, und reich uns etwas heraus.“ Da schrie Daumesdick noch einmal so laut er konnte: „ich will euch ja alles geben, reicht nur die Hände herein." Das hörte nun die horchende Magd ganz deutlich, sprang aus dem Bett, und stolperte zur Thüre herein. Die Diebe giengen los und rannten, als wär Feuer hinter ihnen, die Magd aber, als sie nichts bemerken konnte, gieng, ein Licht anzuzünden. Wie sie damit kam, machte sich Daumesdick, ohne daß er gesehen wurde, hinaus in die Scheune; die Magd aber, nachdem sie alle Winkel durchgesucht und nichts gefunden hatte, legte sich endlich wieder zu Bett, und glaubte, sie hätte mit offnen Augen und Ohren doch nur geträumt.

Daumesdick war in den Heuhälmchen herumgeklettert, und hatte einen schönen Platz zum Schlafen darin gefunden, da wollte er sich ausruhen bis es Tag wäre, und dann zu seinen Eltern wieder heim gehen. Aber was mußt' er nicht für andere Dinge erfahren! ja, es giebt viel Trübsal und Noth auf der Welt! die Magd stieg, wie gewöhnlich, als der Tag graute, schon aus dem Bett, um das Vieh zu füttern. Ihr erster Gang war in die Scheune, wo sie einen Arm voll Heu packte, und gerade dasjenige, worin der arme Daumesdick lag und schlief. Er schlief aber so fest, daß er nichts gewahr wurde, und nicht eher aufwachte, als bis er in dem Maul der Kuh war, die ihn mit dem Heu aufgerafft hatte. „Ach Gott, rief er, wie bin ich in die Walkmühle gerathen!" aber er merkte bald, wo er war. Da hieß es aufpassen, daß er nicht zwischen die Zähne kam und zerdrückt wurde, und darnach mußte er doch mit in den Magen hinabrutschen. „In dem Stübchen sind die Fenster vergessen, sprach er, und bricht keine Sonne hindurch; ein Licht wird auch nicht wohl zu haben seyn!" Ueberhaupt gefiel ihm das Quartier schlecht, und was das schlimmste war, es kam immer mehr neues Heu zur Thür hinein, und der Platz ward immer enger. Da rief er endlich in der Angst, so laut er konnte: „bringt mir kein neu Futter mehr! bringt mir kein neu Futter mehr!" Die Magd melkte gerade die Kuh, und als sie sprechen hörte ohne jemand zu sehen, und es dieselbe Stimme war, die sie auch in der Nacht gehört hatte, erschrak sie so, daß sie von ihrem Stühlchen herabglitschte, und die Milch verschüttete. Sie lief in der größten Hast zu ihrem Herrn und rief: „ach Gott, Herr Pfarrer, die Kuh hat geredet." Der Pfarrer antwortete der Magd: „du bist verrückt!" gieng aber doch selbst in den Stall, nachzusehen, was vor wäre. Aber kaum hatte er den Fuß hineingesetzt, so rief Daumesdick eben aufs neue: „bringt mir kein neu Futter mehr! bringt mir kein neu Futter mehr!" Da erschrak der Pfarrer selbst, meinte es wär ein böser Geist und hieß die Kuh tödten. Nun ward sie geschlachtet, der Magen aber, worin Daumesdick steckte, hinaus auf den Mist geworfen. Daumesdick suchte sich heraus zu arbeiten, aber das war nicht leicht, endlich brachte er es so weit, daß er Platz bekam, aber, als er eben sein Häuptlein herausstrecken wollte, kam das Unglück von neuem: ein Wolf sprang vorbei, und schlang den ganzen Magen mit einem hungrigen Schluck. Daumesdick verlor den Muth nicht; vielleicht, dachte er, läßt der Wolf mit sich reden, und rief ihm aus dem Wanste zu: „lieber Wolf, ich weiß dir einen herrlichen Fraß." „Wo ist der zu holen?" sprach der Wolf. „In dem und dem Haus, da mußt du durch die Gosse hinein kriechen, und wirst Kuchen, Speck und Wurst finden, so viel du essen willst," und beschrieb ihm genau seines Vaters Haus. Der Wolf ließ sich das nicht zweimal sagen, drängte sich in der Nacht zur Gosse hinein, und fraß in der Vorrathskammer nach Herzenslust. Als er satt war, wollte er wieder fort, aber er war so dick geworden, daß er denselben Weg nicht wieder hinaus konnte. Daumesdick hatte eben darauf gerechnet, und fieng nun an, in dem Leib des Wolfs einen gewaltigen Lärmen zu machen, tobte und schrie, was er konnte. „Willst du still seyn! sprach der Wolf, du weckest die Leute auf." „Ei was, antwortete der Kleine, du hast dich satt gefressen, ich will mich auch lustig machen!" und fieng von neuem an aus allen Kräften zu schreien. Davon erwachte nun sein Vater und seine Mutter, liefen an die

Kammer und schauten durch die Spalte hinein. Wie sie sahen, daß ein Wolf darin hauste, erschraken sie, und der Mann holte die Axt und die Frau die Sense. „Bleib dahinten, sprach der Mann, als sie in die Kammer traten, wann ich ihm einen Schlag gegeben, und er ist noch nicht todt, daß du auf ihn haust, und ihm den Leib zerschneidest." Da hörte Daumesdick die Stimme seines Vaters, und rief: „lieber Vater, ich bin hier, ich stecke im Leibe des Wolfs!" Sprach der Vater voll Freuden: „gottlob, unser liebstes Kind hat sich wieder gefunden," und hieß die Frau die Sense wegthun, damit es nicht beschädigt würde. Darnach holte er aus, und schlug dem Wolf einen Schlag auf den Kopf, daß er todt niederstürzte, dann suchten sie Messer und Scheere, schnitten ihm den Leib auf, und zogen ihr liebes Kind wieder hervor. „Ach, sprach der Vater, was haben wir für Sorge um dich ausgestanden!" „Ja, Vater, ich bin viel in der Welt herumgekommen, gottlob, daß ich wieder frische Luft schöpfe." „Wo bist du denn all gewesen?" „Ach, Vater, ich war in einem Mauseloch, in einer Kuh Bauch und eines Wolfes Wanst, nun bleib ich bei euch." „Und wir verkaufen dich um alle Reichthümer der Welt nicht wieder." Da herzten und küßten sie ihren lieben Daumesdick, gaben ihm zu essen und trinken, und ließen ihm neue Kleider machen, denn seine waren ihm auf der Reise verdorben.

21.

Des Schneiders Daumerling Wanderschaft.

Ein Schneider hatte einen Sohn, der war klein gerathen und nicht größer als ein Daumen, darum hieß er der Daumerling. Er hatte aber Courage im Leibe, und sagte zu seinem Vater: „Vater, ich soll und muß in die Welt hinaus.“ – „Recht, mein Sohn,“ sprach der Alte, nahm eine Stopfnadel und machte am Licht einen Knoten von Siegellack daran: „da hast du auch einen Degen mit auf den Weg.“ Nun wollt das Schneiderlein noch einmal mitessen, gieng in die Küche um zu sehen, was die Frau Mutter zu guter Letzt gekocht hätte. Es war aber eben angerichtet, und die Schüssel stand auf dem Heerd. Da sprach es: „nun, was essen wir heute?“ „Siehe selbst zu,“ sagte die Mutter. Da sprang es auf den Heerd und guckte in die Schüssel, weil es aber den Hals zu weit hineinstreckte, faßte es der Dampf von der Speise, und trieb es zum Schornstein hinaus, bis es endlich wieder herabsank. So kam das Schneiderlein in die Welt hinein, zog umher, und gieng bei einem Meister in die Arbeit, da war ihm aber das Essen nicht gut genug. „Frau Meisterin, wenn sie uns kein besser Essen giebt, sagte der Daumerling, geh ich fort, und schreib morgen früh mit Kreide an ihre Hausthüre: „Kartoffel zu viel, Fleisch zu wenig, Adies, Herr Kartoffelkönig!“ – „Was willst du wohl, du Grashüpfer,“ sagte die Meisterin, ward bös, ergriff einen Lappen und wollte los schlagen, mein Schneiderlein aber kroch behende unter den Fingerhut, guckte unten hervor, und streckte der Frau Meisterin die Zunge heraus. Sie hob schnell den Fingerhut auf und wollte ihn packen, aber der Daumerling hüpfte in die Lappen, und wie die Meisterin die Lappen auseinander warf und ihn suchte, machte er sich in den Tischritz; „he! he! Frau Meisterin,“ rief er und steckte den Kopf in die Höhe, und wenn sie zuschlagen wollte, sprang er immer in die Schublade hinunter. Endlich aber erwischte sie ihn doch, und jagte ihn zum Haus hinaus.

Das Schneiderlein wanderte und kam in einen großen Wald, da begegnete ihm ein Haufen Räuber, die hatten vor, des Königs Schatz zu bestehlen. Als sie das Schneiderlein sahen, dachten sie, so ein Instrument kann uns viel nützen. „Heda, rief einer, du gewaltiger Goliath, willst du mit zur Schatzkammer gehen, du kannst dich hineinschleichen und das Geld herauswerfen.“ Der Daumling besann sich, endlich sagte er ja, und gieng mit zu der Schatzkammer. Da besah er die Thüre oben und unten, ob kein Ritzen darin wäre, glücklicherweise fand er einen und wollte gleich einsteigen, aber die eine Schildwache sprach zur andern: „was kriegt da für eine garstige Spinne? die will ich todt treten.“ – „Ei, laß doch das arme Thier gehen, sagte die andere, es hat dir ja nichts gethan.“ Nun kam der Daumerling durch den Ritz glücklich in die Schatzkammer, machte das Fenster, unter welchem die Räuber standen, auf, und warf ihnen einen Thaler nach dem andern hinaus. Als das Schneiderlein in der besten Arbeit war, hörte es den König kommen, der seine Schatzkammer besehen wollte, und es mußte sich einstweilen verkriechen. Der König merkte, daß viel harte Thaler fehlten, konnte aber nicht begreifen, wer sie sollte gestohlen haben, da die Schlösser in gutem Stand waren, und alles wohl verwahrt schien. Da gieng er wieder fort, und sprach zu den zwei Wachen: „habt acht, es ist einer hinter dem Geld!“ Als der Daumerling nun seine Arbeit von neuem anfieng, hörten sie das Geld drinnen sich regen und klingeln: klipp, klapp! klipp, klapp! sprangen geschwind hinein, und wollten den Dieb greifen. Aber das Schneiderlein, das sie kommen hörte, war noch geschwinder, sprang in eine Ecke, und deckte einen Thaler über sich, so daß nichts von ihm zu sehen war, neckte die Wachen, und rief: „hier bin ich!“ Die Wachen liefen dahin, wie sie aber ankamen, war es schon in eine andere Ecke unter einen Thaler gehüpft, und rief: „he! hier bin ich!“ Die Wachen sprangen eilends zurück, es war aber längst in einer dritten Ecke, und rief: „he! hier bin ich!“ Und so hatte es sie zu Narren, und trieb sie so lange in der Schatzkammer herum, bis sie müd' waren, und davon giengen. Nun warf es die Thaler nach und nach alle hinaus, und den letzten schnellte es mit aller Macht, hüpfte dann selber noch behendiglich darauf, und flog damit durchs Fenster hinab. Die Räuber machten ihm große Lobsprüche: „du großer Held, sagten sie, willst du unser Hauptmann werden?“ Es bedankte sich aber und sagte, es müßte erst die Welt sehen. Sie theilten nun die Beute, das Schneiderlein aber wollte nur einen Kreuzer, weil es nicht mehr tragen konnte.

Darauf schnallte es seinen Degen wieder um den Leib, sagte den Räubern guten Tag, und nahm den Weg zwischen die Beine. Bei etlichen Meistern gieng es zwar in Arbeit, endlich aber, weils mit dem Handwerk nicht recht fort wollte, verdingte es sich als Hausknecht in einen Gasthof. Die Mägde aber konnten es nicht leiden, denn es sah alles, was sie heimlich thaten, ohne daß sie es sehen konnten, und gab es bei der Herrschaft an, was sie sich von den Tellern weggenommen, und aus dem Keller für sich mitgebracht hatten. Da sprachen sie: „wart, wir wollen dirs auch einmal eintränken," und verabredeten untereinander, ihm einen Schabernack anzuthun. Als die eine nun im Garten mähte, und den Daumerling da herumspringen, und an den Kräutern hinauf und hinabkriechen sah, mähte sie ihn mit dem Gras schnell zusammen, band alles in ein großes Tuch, und warf es heimlich den Kühen vor. Nun war eine große schwarze darunter, die verschluckte ihn mit, ohne ihm weh zu thun; da unten gefiels ihm aber schlecht, denn es war ganz finster und brannte da kein Licht. Als die Kuh gemelkt wurde, da rief er:

„Strip, strap, stroll,
ist der Eimer bald voll?"

aber über dem Melken wurde er nicht verstanden. Hernach trat der Hausherr in den Stall und sprach: „morgen soll die Kuh da geschlachtet werden." Da ward dem Daumerling Angst, daß er laut rief: „ich bin ja hier!" Der Herr hörte ihn wohl, wußte aber nicht, wo die Stimme herkam und sprach: „wo bist du?" „Ei, in der schwarzen," antwortete er, aber der Herr verstand nicht, was das heißen sollte, und gieng fort.

Am andern Morgen wurde die Kuh geschlachtet, glücklicherweise traf bei dem Zerhacken und Zerlegen den Daumling kein Hieb, aber er gerieth unter das Wurstfleisch. Wie nun der Metzger herbeitrat, und seine Arbeit anfieng, schrie er aus Leibeskräften: „hackt nicht zu tief! hackt nicht zu tief! ich stecke ja drunter!“ Vor dem Lärmen hörte das kein Mensch, da hatte der arme Daumerling nun seine Noth, aber die Noth macht Beine und da sprang er so behend zwischen den Hackmessern durch, daß ihn keins anrührte, und er mit heiler Haut davon kam. Aber entspringen konnte er auch nicht, es war keine andere Auskunft, er mußte sich mit den Speckbrocken in eine Blutwurst hinunter stopfen lassen. Da war das Quartier etwas eng, und dazu ward er noch in den Schornstein zum Räuchern aufgehängt, wo ihm Zeit und Weile gewaltig lang wurde. Endlich im Winter wurde er herunter geholt, weil die Wurst einem Gast sollte vorgesetzt werden, als sie nun die Frau Wirthin in Scheiben schnitt, nahm er sich in acht, daß er den Kopf nicht zu weit vorstreckte, damit ihm etwa der Hals nicht mit abgeschnitten würde; endlich ersah er seinen Vortheil, machte sich Luft, und sprang heraus.

In dem Hause aber, wo es ihm so übel ergangen war, wollte das Schneiderlein nicht länger bleiben, sondern es begab sich gleich wieder auf die Wanderung. Doch, als es durch ein Feld gieng, kam es einem Fuchs in den Weg, der schnappte es in Gedanken auf. „Ei, Herr Fuchs, riefs Schneiderlein, ich bin's ja, der in euerm Hals steckt, laßt mich wieder frei.“ „Du hast recht, antwortete der Fuchs, an dir hab ich doch so viel, als nichts; versprichst du mir die Hühner in deines Vaters Hof, so will ich dich loslassen.“ „Von Herzen gern, antwortete der Daumerling, die Hühner sollst du alle haben; das gelobe ich dir.“ Da ließ ihn der Fuchs wieder los, und trug ihn selber heim. Als der Vater sein Söhnlein wieder sah, gab er dem Fuchs gern die Hühner. „Dafür bring ich dir auch ein schön Stück Geld mit,“ sprach der Daumerling zu seinem Vater und reichte ihm den Kreuzer, den er auf seiner Wanderschaft erworben hatte.

„Warum hat aber der Fuchs die armen Piephühner zu fressen kriegt?“ – „Ei, du Narr, deinem Vater wird ja sein Kind lieber seyn, als die Hühner auf dem Hof.“

22.

Fitchers Vogel.

Es war einmal ein Hexenmeister, der nahm die Gestalt eines armen Mannes an, gieng vor die Häuser und bettelte, und fieng die schönen Mädchen. Kein Mensch wußte, wo er sie hinbrachte, denn sie kamen nimmermehr wieder zum Vorschein. Nun trat er auch einmal vor die Thüre eines Mannes, der drei schöne Töchter hatte, als ein armer, schwacher Bettler, und trug eine Kötze auf dem Rücken, als wollte er die milden Gaben darin sammeln. Er bat um ein bischen Essen, und als die älteste herauskam, und ihm ein Stück Brot reichen wollte, rührte er sie nur an, und alsbald mußte sie in seine Kötze springen. Dann trug er sie mit starken Schritten fort, und durch einen Wald hindurch in sein Haus, wo alles prächtig war. Da gab er ihr, was sie nur wünschte, und sprach: „es wird dir wohlgefallen bei mir, denn du hast alles, was dein Herz begehrt." Das dauerte ein paar Tage, da sagte er: „ich muß fortreisen und dich eine kurze Zeit allein lassen, da sind die Hausschlüssel, du kannst überall herumgehen, und alles sehen, nur nicht in eine Stube, die dieser kleine Schlüssel aufschließt, das verbiet ich dir bei Lebensstrafe; da hast du auch ein Ei, das verwahre mir sorgfältig, und trag es lieber beständig bei dir, denn wenn es verloren gieng, wär's ein großes Unglück.“ Sie nahm die Schlüssel und das Ei, und versprach, alles wohl auszurichten. Als er aber fort war, konnte sie der Neugierde nicht widerstehen, und nachdem sie das ganze Haus gesehen, gieng sie auch zu der verbotenen Thüre, und öffnete sie. Wie erschrak sie aber, als sie hineintrat: da stand in der Mitte ein großes, blutiges Becken, und darin lagen todte, zerhauene Menschen. Sie erschrak so sehr, daß das Ei, das sie in der Hand hielt, hineinplumpte. Zwar holte sie es geschwind wieder heraus, und wischte das Blut ab, aber es half nichts, denn es kam den Augenblick wieder zum Vorschein: sie wischte und schabte, aber sie konnte es nicht herunter kriegen. Nicht lange, so kam der Mann von der Reise zurück, und sprach: „nun gieb mir die Schlüssel und das Ei wieder.“ Sie reichte es ihm mit Zittern hin, er sah beides an und sah, daß sie in der Blutkammer gewesen war. Da sprach er: „bist du gegen meinen Willen in der Kammer gewesen, so sollst du nun gegen deinen wieder hinein. Dein Leben ist zu Ende.“ Darauf ergriff er sie, führte sie hinein, zerhackte sie, daß ihr rothes Blut auf der Erde floß, und warf sie zu den übrigen ins Becken.

„Jetzt will ich mir die zweite holen,“ sprach der Hexenmeister, gieng wieder in Gestalt eines armen

Mannes vor das Haus und bettelte. Da brachte ihm die zweite ein Stück Brot, und er fieng sie wie die erste durch ein bloßes Anrühren, trug sie hinaus, und mordete sie in der Blutkammer, weil sie hineingeschaut hatte. Da gieng er, die dritte Schwester noch zu fangen, und brachte sie auch hinaus. Die dritte aber war klug und listig; als er ihr nun die Schlüssel und das Ei gegeben hatte und fortgereist war, hob sie das Ei erst auf und verschloß es, und gieng dann in die verbotene Kammer. Ach, was sah sie! ihre beiden lieben Schwestern jämmerlich ermordet in dem Becken liegen. Aber sie hub an, und suchte ihre Glieder zusammen und legte sie zurecht, Kopf, Leib, Arm und Beine. Und als nichts mehr fehlte, da fiengen die Glieder an sich zu regen, und schlossen sich an einander, und beide Mädchen öffneten die Augen, und wurden wieder lebendig. Da freuten sie sich, küßten und herzten einander, aber die jüngste führte sie heraus und versteckte sie. Als der Mann zurückkam, forderte er die Schlüssel und das Ei, und als er an diesem keine Spur von Blut entdecken konnte, sprach er: „du hast die Probe bestanden, du sollst meine Braut seyn." „Ja, antwortete sie, aber du mußt mir versprechen, vorher einen Korb voll Gold meinem Vater und meiner Mutter auf deinem Rükken hinzutragen, derweil will ich die Hochzeit bestellen." Darauf gieng sie in ihr Kämmerlein, wo sie ihre Schwestern versteckt hatte, und sprach: „jetzt will ich euch erretten, aber sobald ihr nach Haus kommt, bestellt mir Hilfe.“ Dann setzte sie beide in einen Korb, und deckte sie mit Gold ganz zu, daß nichts von ihnen zu sehen war, und rief den Hexenmeister herein, und sprach: „nun trag den Korb fort, aber daß du unterwegs nicht stehen bleibst und ruhen willst! ich schaue hier durch mein Fensterlein und habe Acht.“

Nun hob der Hexenmeister den Korb auf seinen Rücken und gieng mit fort, er wurde ihm aber so schwer, daß ihm der Schweiß über das Angesicht lief, und er glaubte, todt gedrückt zu werden. Da wollt’ er sich ein wenig ruhen, aber gleich rief eine im Korbe: „ich schaue durch mein Fensterlein, daß du ruhst, willst du gleich weiter!“ Er meinte, die Braut rief ihm das zu, und machte sich wieder auf. Hernach wollte er sich wieder setzen, aber es rief abermals: „ich schaue durch mein Fensterlein, daß du ruhst, willst du gleich weiter!“ Und so oft er stillstand, rief es, und da mußte er fort, und brachte außer Athem den Korb mit dem Gold, und den beiden Mädchen in ihrer Eltern Haus.

Daheim aber ordnete die Braut das Hochzeitfest an. Sie nahm einen Todtenkopf mit grinsenden Zähnen, und setzte ihm einen Schmuck auf, und trug ihn oben vors Bodenloch, und ließ ihn da herausschauen. Dann lud sie die Freunde des Hexenmeisters zum Fest ein, und wie das geschehen war, steckte sie sich in ein Faß mit Honig, schnitt das Bett auf, und wälzte sich darin, daß sie aussah, wie ein wunderlicher Vogel, und kein Mensch sie erkennen konnte. Da gieng sie zum Haus hinaus, und unterwegs begegnete ihr ein Theil der Hochzeitgäste, die fragten:

„Du Fitchers-Vogel, wo kommst du her?"
„Ich komme von Fitze Fitchers Hause her."
„Was macht denn da die junge Braut?"
„Hat gekehrt von unten bis oben das Haus,
Und guckt zum Bodenloch heraus."

Darauf begegnete ihr der Bräutigam, der zurückkam, der fragte auch:

„Du Fitchers-Vogel, wo kommst du her?"
„Ich komme von Fitze Fitchers Hause her."
„Was macht denn da meine junge Braut?"
„Hat gekehrt von unten bis oben das Haus,
Und guckt zum Bodenloch heraus."

Der Bräutigam schaute hinauf, und sah den geputzten Todtenkopf, da meinte er, es wäre seine Braut, und nickte ihr zu und grüßte sie freundlich. Wie er aber sammt seinen Gästen ins Haus gegangen war, da kam die Hilfe von den Schwestern an, und sie schlossen alle Thüren des Hauses zu, daß niemand entfliehen konnte, und steckten es an, also daß der Hexenmeister mit seinem ganzen Gesindel verbrennen mußte.

23.

Van den Machandel-Boom.

Dat is nu all lang her, woll twee dusend Joor, do was daar een riik Mann, de hadde eene schöne frame Fru, un se hadden sick beede seer leev, hadden averst kene Kinner, se wünschten sick averst seer welke, un de Fru bedt' so veel dorum Dag un Nacht, man se kregen keen un kregen keen. Vör eeren Huse was een Hoff, darup stund een Machandelboom, ünner den stund de Fru eens in'n Winter, und schellt sick eenen Appel; un as se sick den Appel so schellt, so sneet se sick in'n Finger, un dat Blood feel in den Snee. – „Ach! sed de Fru, un süft so recht hoch up, un sach dat Blood för sick an, un was so recht wehmödig, hadd ick doch een Kind so rood as Blood un so witt as Snee!" – un as se dat sed, so wurd eer so recht frölich to Moode, eer was recht, as sull dat wat warden. Daar ging se to den Huse, un ging een Maand hen, de Snee vörging, un twee Maand, daar was dat grön, un dree Maand, daar kemen de Blömer ut de Eerde, un veer Maand, daar drungen sick alle Bömer in dat Holt, un de grönen Twige weeren all in een anner wussen; daar sungen de Vägelkens, dat dat ganze Holt schallt, un de Bleujten felen van de Bömer, daar was de fyfte Maand weg, un se stund ünner den Machandelboom, de rook so schön; do sprung eer dat Hart vör Freuden, un se feel up eere Knee un kunde sick nich laten, un as de söste Maand vörby was, daar wurden de Früchte dick un stark, do wurd se ganz still, un de söwende Maand, do greep se na de Machandelbeeren un att se so nidsch, do wurd se trurig un krank; daar ging de achte Maand hen, und se reep eeren Mann, un weende un sed: „wenn ick starve, so begrave my ünner den Machandelboom!" do wurde se ganz getrost un freute sick, bet de neegte Maand vörby was, daar kreeg se een Kind, so witt as Snee un so rood as Blood; un as se dat sach, so freute se sick so, dat se sturv.

Daar begroof eer Maan se ünner den Machandelboom, un he fung an to weenen so seer; eene Tyd lang, do wurd dat wat sachter, un daar he noch wat weend hadd, do heel he up, un noch eene Tyd, do nam he sick wedder eene Fru.

Mit de tweete Fru kreeg he eene Dochter, dat Kind averst van de eerste Fru was een lüttje Sön, un was so rood as Blood un so witt as Snee. Wenn de Fru eere Dochter so ansach, so had se se so leef, averst denn sach se den lüttjen Jung an, un dat ging eer so dorch't Hart, und eer dücht, as stund he eer allerwegen in'n Weg, un dacht denn man ümmer, wo se eer Dochter all dat Vörmögent towenden wull; un de Böse gav eer dat in, dat se den lüttjen Jung ganz gram wurd, un stöd em herüm van een Ek in de anner, un buft em hier un knuft em daar, so dat dat arme Kind ümmer in Angst was; wenn he denn ut de School kam, so hadd he keene ruhige Stede.

Eens was de Fru up de Kamer gaan, do kamm de lüttje Dochter ook herup un sed: „Moder, giv my eenen Appel!" „Ja myn Kind," sed de Fru, un gav eer eenen schönen Appel uut de Kist; de Kist averst had eenen groten swaaren Deckel mit een groot schaarp ysern Slott. „Moder, sed de lüttje Dochter, schall Broder nich ook eenen hebben?" Dat vördrot de Fru, doch sed se: „ja, wenn he ut de School kümmt;" un as se ut dat Finster gewaar wurde, dat he kamm, so was dat recht, as wenn de Böse över eer kamm, un se grapst to, un nam eerer Dochter den Appel wedder weg un sed: „du sast nich eer eenen hebben, as Broder.“ Daar smeet se den Appel in de Kist un maakt de Kist to. Daar kamm de lüttje Jung in de Dör, daar gav eer de Böse in, dat se früntlich to em sed: „myn Sön, wist du eenen Appel hebben?“ und sach em so hastig an. „Moder, sed de lüttje Jung, wat sühst du gresig ut! ja giv my eenen Appel.“ Daar was eer, as sull se em toreden: „kumm mit my,“ sed se, un maakt den Deckel up, „haal dy eenen Appel herut,“ und as sick de lütt Jung henin bückt, so reet eer de Böse: bratsch – sloog se den Deckel to, dat de Kop af floog un ünner de rooden Appel feel. Daar äverleep eer dat in de Angst, un dacht: „kund ick dat van my bringen.“ Daar ging se baben na eere Stuve na eeren Draagkasten, und haalt ut de bävelste Schuuflade eenen witten Dook, un sett den Kopp wedder up den Hals un bund den Halsdook so um, dat man niks seen kund, un sett em vör de Dör up eenen Stool un gav em den Appel in de Hand.

Daar kamm daarna Marleenken to eere Moder in de Köke, de stund by den Füür un had eenen Pott mit heet Water för sik, den rüürt se ümmer um; „Moder, sed Marleenken, Broder sitt vör de Döör un süüt ganz witt ut un hed eenen Appel in de Hand, ick hev em beden, he sull my den Appel geven, averst he antwoord my nich, da wurd my ganz gruulig.“ „Ga nochmal hen, sed de Moder, un wenn he dy nich antwoorden will, so giv em eens an de Ooren!“ Daar ging Marleenken hen un sed: „Broder giv my den Appel!“ averst he sweeg still, daar gav se em eens up de Ooren, daar feel de Kopp herünn, daröver vörschrak se sick, un fung an to weenen un to raaren, un leep to eere Moder un sed: „ach, Moder, ick hebb minen Broder den Kopp afslagen!“ un weend un weend un wull sick nich tofreden geven; „Marleenken, sed de Moder, wat hest du daan! – averst swig man still, dat et keen Minsch markt, dat is nu doch nich to ännern; wi willen em in Suur kaaken.“ Daar nam de Moder den lüttjen Jungen un hackt em in Stücken, ded de in den Pott un kaakt em in Suur; Marleenken averst stund daarby un weend un weend, un de Traanen feelen all in den Pott, un se bruukten gar keen Solt.

Daar kamm de Vader to Huus un sett sick to Disch un sed: „wo is denn min Sön?“ Daar drog de Moder eene groote, groote Schöttel op mit swart Suur, un Marleenken weend un kund sick nich hollen. Da sed de Vader wedder: „wo is denn min Sön?“ „Ach, sed de Moder, he is över Land gaan, na Mütten eer groot Oem, he wull daar wat bliven.“ – „Wat deit he denn daar? un hed my nich mal Adjüs segd?“ – „O, he wuld geern hen, un bed my, ob he daar woll sös Weken bliven kunn, he is jo woll daar uphaben.“ – „Ach, sed de Mann, my is so recht trurig, dat is doch nich recht, he had my doch Adjüs seggen schullt.“ Mit des fung he an to eeten un sed: „Marleenken, wat weenst du? Broder ward woll wedder kamen." – „Ach Fru, sed he do, wat smeckt my dat Eten schön, giv my meer!" un je meer he at, je meer wuld he hebben, und sed: „gevt my meer, gy sölt niks daaraf hebben, dat is as wenn dat all myn weer," un he att un att, un de Knaken smeet he all unner den Disch, bett he alles up had. Marleenken averst ging hen na eere Commode, un namm uut de unnerste Schuuf eeren besten syden Dook, un haalt all de Beenken un Knaken ünner den Disch herut, un bund se in den syden Dook, un drog se vör de Döör, un weente eere blödigen Traanen; daar legd se se unner den Machandelboom in dat gröne Gras, un as se se daar henlegd hadd, so was eer mit eenmal so recht licht, un weente nich meer. Do fung de Machandelboom an sick to bewegen, un de Twyge deden sick ümmer so recht van eenanner, un denn wedder tohop, so recht, as wenn sick eener so recht fröit un mit de Hände so deit. Mit des, so ging daar so'n Newel van den Boom, un recht in den Newel da brennt dat as Füür, un ut dat Füür daar flog so'n schönen Vagel herut, de sung so herrlich un flog hoch in de Luft, un as he weg was, do was de Machandelboom, as he vörheer west was, un de Dook mit de Knaken was weg; – Marleenken averst was so recht licht un vergnögt, recht as wenn de Broder noch leeft, daar ging se wedder ganz lustig in dat Huus by Disch un att.

De Vagel averst floog weg, un sett' sick up eenen Goldsmitt siin Huus un fung an to singen:

„Min Moder de mi slacht't,
min Vader de mi att,
min Swester de Marleeniken
söcht alle mine Beeniken
un bindt se in een syden Dook,
legts unner den Machandelboom;
kywitt, kywitt! ach watt en schön Vagel
bin ick!"

De Goldsmitt satt in sine Warkstede un maakt eene goldne Kede, daar hörd he den Vagel, de up sin Dack satt un sung, un dat dünkt em so schön; daar stund he up, un as he äver den Süll ging, so vörloor he eenen Tüffel, he ging aver so recht midden up de Strate, eenen Tüffel un een Sock an, sin Schortfell had he vör, un in de een Hand had he de golden Kede, un in de anner de Tang, un de Sünn schiint so hell up de Strate; daar ging he recht so staan un sach den Vagel an: „Vagel, seg he do, wo schön kannst du singen, sing my dat Stük nochmal." – „Nee, segd de Vagel, tweemal sing ick nich umsünst, giv my de golden Kede, so wil ick di et nochmal singen." „Da, segd de Goldsmitt, hest du de golden Kede, nu sing my dat nochmal." Daar kam de Vagel un nam de golden Ked so in de rechte Krall, un ging vör den Goldsmitt sitten un sung:

„Min Moder de mi slacht't,
min Vader de mi att,
min Swester de Marleeniken
söcht alle mine Beeniken
un bindt se in een syden Dook,
legts unner den Machandelboom;
kywitt, kywitt! ach watt een schön Vagel
    bin ick!"

Daar flog de Vagel weg na eenen Schooster, un sett sick up den siin Dack un sung:

„Min Moder de mi slacht't,
min Vader de mit att,
min Swester de Marleeniken,
söcht alle mine Beeniken
un bindt se in een syden Dook,
legts unner den Machandelboom;
kywitt, kywitt! ach watt een schön Vagel
    bin ick!"

De Schooster hörd dat, un leep vör sin Döör, in Hemdsarmel, un sach na sin Dack, un must de Hand vör de Oogen holln, dat de Sünn em nich blendt:

„Vagel segd he, wat kanst du schön singen!" Da reep he in siin Döör herin: „Fru, kumm mal herut, daar is een Vagel, sü mal den Vagel, de kann mal schön singen;" da reep he siin Dochter un Kinner un Gesellen, Jung un Magd, un keemen all up de Straat, un segen den Vagel an, wo schön he was, un he hadd so recht roode un gröne Feddern, un um den Hals was dat, as luter Gold, un de Oogen blinkten em in Kopp, as Steern. „Vagel, sed de Schooster, nu sing my dat Stük nochmal." „Nee, segd de Vagel, tweemal sing ick nich umsünst, du möst my wat schenken." „Fru, sed de Mann, ga na de Dön-böhn up den bövelsten Boord, do staan een paar rode Scho, de bring herunn;" daar ging de Fru hen un haalt de Scho. „Da Vagel, sed de Mann, nu sing my dat Stük nochmal," daar kamm de Vagel un namm de Scho in de linke Klau, un flog wedder up dat Dack un sung:

„Min Moder de mi slacht't,
min Vater de mi att,
min Swester de Marleeniken
söcht alle mine Beeniken
un bindt se in een syden Dook,
legts unner den Machandelboom;
kywitt, kywitt! ach watt een schön Vagel
bin ick!"

Un as he utsungen hadd, so floog he weg, de Kede hadd he in de rechte un de Scho in de linke Klau; un he floog wyt weg na eene Mähl, un de Mähl ging klippe klappe, – klippe klappe, – klippe klappe – un in de Mähl daar seeten twintig Mählenburschen, de haugten eenen Steen un hackten hick hack – hick hack – hick hack, un de Mähl ging klippe klappe, – klippe klappe, – klippe klappe. Daar ging de Vagel up eenen Lindenboom sitten, de vör de Mähl stund, un sung:

„Min moder de mi slacht't,"

do hörte een up,

„min Vader de mi att,"

do hörten noch twee up, un hörten dat:

„min Swester de Marleeniken"

do hörten wedder veer up,

„söcht alle mine Beeniken
un bindt se in een syden Dook,"

nu hackten noch man acht

„legts unner“

nu noch man fyfe

„den Machandelboom;“

nu noch man een

„kywitt, kywitt! ach watt een schön Vagel
bin ick!“

daar heel de lezte ook up, un hadd dat lezte noch hörd. „Vagel, segd he, wat singst du schön, laat my dat ook hören, sing my dat nochmal!“ „Nee, segd de Vagel, tweemal sing ick nich umsünst, giv my den Mählensteen, so will ick dat nochmal singen.“ – „Ja, segd he, wenn he my alleen hörd, so sust du em hebben.“ – „Ja, seden de annern, wenn he nochmal singt, so sall he em hebben;“ daar kamm de Vagel herün, un de Möllers faat'n all twintig mit Bööm an, un böörten den Steen up, hu uh up, hu uh ihp! – hu uuh uhp! daar stack de Vagel den Hals döör dat Lock, un nam em üm as eenen Kragen un floog wedder up den Boom, un sung:

„Min Moder de mi slacht't,
min Vader de mi att,

min Swester de Marleeniken
söcht alle mine Beeniken
un bindt se in een syden Dook,
legts unner den Machandelboom;
kywitt, kywitt! ach watt een schön Vagel
    bin ick!"

un as he dat utsungen hadd, da ded he de Flünk van eenanner, un had in de rechte Klau de Kede, un in de linke de Scho, un üm den Hals den Mählensteen, un floog wiit weg na sines Vaders Huus. –

In de Stuve satt de Vader, de Moder un Marleenken by Disch, un de Vader sed: „ach wat waart my licht, my is recht so good to Mode." – „Nee! sed de Moder, my is so angst, so recht, as wenn een swaar Gewitter kümmt;" Marleenken averst satt un weend un weend. Daar kamm de Vagel anflogen, un as he sick up dat Dack sett – „ach! segd de Vader, my is so recht früdig, un de Sünn schiint buten so schön, my is recht as süll ick eenen ollen Bekannten wedderseen!" – „Nee, sed de Fru, my is so angst, de Teene klappern my, un dat is my as Füür in de Adern, un se reet sick eer Liifken up un so meer; averst Marleenken satt in een Eck un weende un had eeren Platen vor de Oogen, un weende den Platen gans messnatt. Daar sett sick de Vagel up den Machandelboom un sung:

„Min Moder de mi slacht't,"

daar heel de Moder de Ooren to, un kneep de Oogen to, un wold nich seen un hören, aver dat bruuste eer in de Ooren, as de allerstarkst Storm, un de Oogen brennten eer un zackten as Bliz:

„min Vader de mi att,"

„Ach Moder, segd de Mann, daar is een schön Vagel, de singt so herlich, de Sünn schiint so warm, un dat rückt as luter Zinnemamen."

„min Swester de Marleeniken"

daar led Marleenken den Kopp up de Knee un weende in eens weg, de Mann averst sed: „ick ga herut, ick mut den Vagel dicht by sehn;" – „ach, ga nich, sed de Fru, my is, as bevt dat ganze Huus un stünn in Flammen;" aver de Mann ging herut un sach den Vagel an;

„söcht alle mine Beeniken
un bindt se in een syden Dook,
legts unner den Machandelboom;
kywitt, kywitt! ach wat een schön Vagel
bin ick!"

Mit des leet de Vagel de golden Kede fallen, un se feel den Mann jüst um den Hals, so recht hier herüm, dat se recht so schön past; daar ging he herin un sed: „sü, wat is dat vör een schön Vagel, hett my so 'ne schöne goldne Kede schenkt, un süht so schöne ut;" de Fru aver was so angst un feel langs in de Stuve hen, un de Mütz feel eer van den Kopp. – Daar sung de Vagel wedder:

„Min Moder de mi slacht't,"

„Ach, dat ick dusend Fuder unner de Eerde weer, dat ick dat nich hören sull!"

„min Vader de mi att,"

daar feel de Fru vör dood nedder,

„min Swester de Marleeniken,"

„Ach, sed Marleenken, ick wil ook herut gaan un seen, op de Vagel my wat schenkt;" daar ging se herut,

„söcht alle mine Beeniken
un bindt se in een syden Dook,"

daar smeet he eer de Scho herun;

„legts unner den Machandelboom;
kywitt, kywitt! ach wat een schön Vagel
bin ick!“

Daar was eer so licht un frölich, daar treckt se de nien rooden Scho an, un danst un sprüng herinn; „ach, sed se, ick was so trurig as ick herut ging, un nu is my so licht, dat is mal een herlichen Vagel, het my een Paar roode Scho schenkt!“ „Nee,“ sed de Fru, un sprung up, un de Haar stunnen eer to Barge as Füürsflammen, „my is, as sull de Weld unnergahn, ick wil ook herut, op mi lichter warden sull;“ un as se ut de Döör kamm – bratsch! – smeet eer de Vagel den Mählensteen up den Kopp, dat se ganz tomatscht. De Vader un Marleenken hörden dat un gingen herut, daar ging een Damp un Flam un Füür up van de Steed, un as dat vorby was, da stund de lüttje Broder, un he namm sinen Vader un Marleenken bi de Hand, un weeren all dree so recht vergnögt un gingen in dat Huus by Disch un eeten.

24.

Dornröschen.

Vor Zeiten war ein König und eine Königin, die sprachen jeden Tag: „ach wenn wir doch ein Kind hätten!“ und kriegten immer keins. Da trug sich zu, als die Königin einmal im Bade saß, daß ein Frosch aus dem Wasser ans Land kroch, und zu ihr sprach: „dein Wunsch wird erfüllt, und du wirst eine Tochter zur Welt bringen.“ Was der Frosch vorausgesagt hatte, das geschah, und die Königin gebar ein so schönes Mädchen, daß der König vor Freuden sich nicht zu lassen wußte, und ein großes Fest anstellte. Er lud nicht blos seine Verwandte, Freunde und Bekannte, sondern auch die weisen Frauen dazu ein, damit sie dem Kind hold und gewogen würden. Es waren ihrer dreizehn in seinem Reich, weil er aber nur zwölf goldene Teller hatte, von welchen sie essen sollten, konnte er eine nicht einladen. Die geladen waren, kamen, und nachdem das Fest gehalten war, beschenkten sie das Kind mit ihren Wundergaben; die eine mit Tugend, die andere mit Schönheit, die dritte mit Reichthum, und so mit allem, was Herrliches auf der Welt ist. Als zehn ihre Wünsche eben gethan hatten, kam die dreizehnte herein, die nicht eingeladen war, und sich dafür rächen wollte.

Sie rief: „die Königstochter soll sich in ihrem funfzehnten Jahr an einer Spindel stechen und todt hinfallen.“ Da trat die zwölfte hervor, die noch einen Wunsch übrig hatte; zwar konnte sie den bösen Ausspruch nicht aufheben, aber sie konnte ihn doch mildern und sprach: „es soll aber kein Tod seyn, sondern ein hundertjähriger tiefer Schlaf, in den die Königstochter fällt.“

Der König hoffte sein liebes Kind vor dem Ausspruch zu bewahren, und ließ den Befehl ausgehen, daß alle Spindeln im ganzen Königreich sollten abgeschafft werden. An dem Mädchen aber wurden die Gaben der weisen Frauen sämmtlich erfüllt, denn es war so schön, sittsam, freundlich und verständig, daß es jedermann, der es ansah, lieb haben mußte. Es geschah, daß an dem Tage, wo es gerade funfzehn Jahr alt ward, der König und die Königin nicht zu Haus waren, und das Fräulein ganz allein im Schloß zurückblieb. Da gieng es aller Orten herum, besah Stuben und Kammern, wie es Lust hatte, und kam endlich auch an einen alten Thurm. Es stieg eine enge Treppe hinauf, und gelangte zu einer kleinen Thüre. In dem Schloß steckte ein gelber Schlüssel, und als es umdrehte, sprang die Thüre auf, und saß da in einem kleinen Stübchen eine alte Frau, und spann emsig ihren Flachs. „Ei du altes Mütterchen, sprach die Königstochter, was machst

du da?“ „Ich spinne,“ sagte die Alte und nickte mit dem Kopf. „Wie das Ding herumspringt!“ sprach das Mädchen, und nahm die Spindel, und wollte auch spinnen. Kaum hatte sie die Spindel angerührt, so gieng der Zauberspruch in Erfüllung, und sie stach sich damit.

In dem Augenblick aber, wo sie sich gestochen hatte, fiel sie auch nieder in einen tiefen Schlaf. Und der König und die Königin, die eben zurückgekommen waren, fiengen an, mit dem ganzen Hofstaat einzuschlafen. Da schliefen auch die Pferde im Stall ein, die Hunde im Hof, die Tauben auf dem Dach, die Fliegen an der Wand, ja, das Feuer, das auf dem Heerde flackerte, ward still und schlief ein, und der Braten hörte auf zu brutzeln, und der Koch, der den Küchenjungen, weil er etwas versehen hatte, in den Haaren ziehen wollte, ließ ihn los und schlief, und alles was lebendigen Othem hat, ward still und schlief.

Um das Schloß aber begann eine Dornenhecke wachsen, die jedes Jahr höher ward, und endlich das ganze Schloß umzog, und drüber hinaus wuchs, daß gar nichts mehr, selbst nicht die Fahnen auf den Dächern, zu sehen war. Es gieng aber die Sage in dem Land von dem schönen, schlafenden Dornröschen, denn so wurde die Königstochter genannt, also daß von Zeit zu Zeit Königssöhne kamen, und durch die Hecke in das Schloß dringen wollten. Es war ihnen aber nicht möglich, denn die Dornen hielten sich gleichsam wie an Händen zusammen, und die Jünglinge blieben darin hängen, und starben jämmerlich. Nach langen, langen Jahren kam wieder ein Königssohn durch das Land, dem erzählte ein alter Mann von der Dornhecke, es solle ein Schloß dahinter stehen, in welchem ein wunderschönes Königsfräulein, Dornröschen genannt, schlafe mit dem ganzen Hofstaat. Er erzählte auch, daß er von seinem Großvater gehört, wie viele Königssöhne gekommen wären, um durch die Dornenhecke zu dringen, aber darin hängen geblieben, und eines traurigen Todes gestorben. Da sprach der Jüngling: „das soll mich nicht abschrecken, ich will hindurch, und das schöne Dornröschen sehen." Der Alte mochte ihm abrathen, wie er wollte, er hörte gar nicht darauf.

Nun waren aber gerade an dem Tag, wo der Königssohn kam, die hundert Jahre verflossen. Und als er sich der Dornhecke näherte, waren es lauter große, schöne Blumen, die thaten sich von selbst auseinander, daß er unbeschädigt hindurch gieng; hinter ihm thaten sie sich wieder als eine Hecke zusammen. Er kam ins Schloß, da lagen im Hof die Pferde und scheckigen Jagdhunde und schliefen, auf dem Dache saßen die Tauben und hatten das

Köpfchen unter den Flügel gesteckt. Und als er ins Haus kam, schliefen die Fliegen an der Wand, der Koch in der Küche hielt noch die Hand, als wollte er den Jungen anpacken, und die Magd saß vor dem schwarzen Huhn, das sollte gerupft werden. Da gieng er weiter, und sah den ganzen Hofstaat da liegen und schlafen, und oben drüber den König und die Königin. Da gieng er noch weiter, und alles war so still, daß einer seinen Athem hören konnte, und endlich kam er zu dem Thurm, und öffnete die Thüre zu der kleinen Stube, in welcher Dornröschen schlief. Da lag es und war so schön, daß er die Augen nicht abwenden konnte, und er bückte sich, und gab ihm einen Kuß. Wie er ihm den Kuß gegeben, schlug Dornröschen die Augen auf, erwachte, und blickte ihn freundlich an. Da giengen sie zusammen herab, und der König erwachte, und die Königin und der ganze Hofstaat und sahen einander mit großen Augen an. Und die Pferde im Hof standen auf und rüttelten sich, die Jagdhunde sprangen und wedelten; die Tauben auf dem Dach zogen das Köpfchen unterm Flügel hervor, sahen umher und flogen ins Feld; die Fliegen an den Wänden krochen weiter; das Feuer in der Küche erhob sich, flackerte und kochte das Essen, und der Braten brutzelte fort; der Koch gab dem Jungen eine Ohrfeige, daß er schrie, und die Magd rupfte das Huhn fertig. Und da wurde die Hochzeit des Königssohns mit dem Dornröschen in aller Pracht gefeiert, und sie lebten vergnügt bis an ihr Ende.

25.

Vom Fundevogel.

Es war einmal ein Förster, der gieng in den Wald auf die Jagd, und wie er in den Wald kam, hörte er schreien, als obs ein kleines Kind wäre, und gieng dem Schreien nach, da sah er endlich einen hohen Baum, und oben darauf saß ein kleines Kind. Es war aber die Mutter mit dem Kinde unter dem Baum eingeschlafen, da hatte ein Raubvogel das Kind in ihrem Schooß gesehen, flog hinzu, nahm es mit seinem Schnabel weg, und setzte es auf den hohen Baum.

Der Förster stieg hinauf, holte das Kind herunter, und dachte: „du willst das Kind mit nach Haus nehmen, und mit deinem Lehnchen zusammen aufziehen;“ brachte es heim, und die zwei Kinder wuchsen mit einander auf. Das aber, das auf dem

Baum gefunden worden war, und weil es ein Vogel weggetragen hatte, wurde *Fundevogel* geheißen. Fundevogel und Lehnchen hatten sich so lieb, nein so lieb, daß wenn eins das andere nicht sah, wurde es traurig.

Der Förster hatte aber eine alte Köchin, die nahm eines Abends zwei Eimer, und fieng an Wasser zu schleppen, und gieng nicht einmal, sondern vielemal hinaus an den Brunnen. Lehnchen sah es und sprach: „hör einmal, alte Sanne, was trägst du denn so viel Wasser zu?" – „Wenn dus keinem Menschen wieder sagen willst, so will ich dirs wohl sagen." Da sagte Lehnchen, nein, sie wollte es keinem Menschen wiedersagen, so sprach die Köchin: „morgen früh, wenn der Förster auf die Jagd ist, da koche ich das Wasser, und wenns im Kessel siedet, werf ich den Fundevogel 'nein, und will ihn darin kochen."

Und des andern Morgens in aller Frühe stieg der Förster auf, und gieng auf die Jagd, und als er weg war, lagen die Kinder noch im Bett, da sprach Lehnchen zum Fundevogel: „verläßt du mich nicht, so verlaß ich dich auch nicht!" so sprach der Fundevogel: „nun und nimmermehr." Da sprach Lehnchen: „ich will es dir nur sagen, die Sanne schleppte gestern Abend so viel Eimer Wasser ins Haus, da fragte ich sie, warum sie das thäte, so sagte sie: wenn ichs keinem Menschen sagen wollte, so wollte sie es mir wohl sagen; sprach ich: ich wollte es gewiß keinem Menschen sagen, da sagte sie, morgen früh, wenn der Vater auf die Jagd wäre, wollte sie den Kessel voll Wasser sieden, und dich hineinwerfen und kochen. Wir wollen aber geschwind aufsteigen, uns anziehen und zusammen fortgehen."

Also standen die beiden Kinder auf, zogen sich geschwind an, und giengen fort. Wie nun das Wasser im Kessel kochte, gieng die Köchin in die Schlafkammer, und wollte den Fundevogel holen, um ihn hinein zu werfen. Aber, als sie hinein kam, und zu den Betten trat, waren die Kinder alle beide fort, da wurde ihr grausam angst, und sie sprach vor sich: „was will ich nun sagen, wenn der Förster heim kommt und sieht, daß die Kinder weg sind. Geschwind hinten nach, daß wir sie wieder kriegen!"

Da schickte die Köchin drei Knechte nach, die sollten laufen, und die Kinder einlangen. Die Kinder aber saßen vor dem Wald, und als sie die drei Knechte von weitem laufen sahen, sprach Lehnchen zum Fundevogel: „verläßt du mich nicht, so verlaß ich dich auch nicht!" So sprach Fundevogel: „nun und nimmermehr!" Da sagte Lehnchen: „werde du zum Rosenstöckchen, und ich zum Röschen drauf!" Wie nun die drei Knechte vor den Wald kamen, so war nichts da, als ein Rosenstrauch und ein Röschen oben drauf, die Kinder aber nirgends. Da sprachen sie: „hier ist nichts zu machen“ und giengen heim, und sagten der Köchin, sie hätten nichts in der Welt gesehen, als nur ein Rosenstöckchen, mit einem Röschen oben drauf. Da schalt die alte Köchin: „ihr Einfaltspinsel, ihr hättet das Rosenstöckchen sollen entzwei schneiden, und das Röschen abbrechen, und mit nach Haus bringen: geschwind und thuts!“ Sie mußten also zum zweitenmal hinaus und suchen. Die Kinder sahen sie aber von weitem kommen, da sprach Lehnchen: „Fundevogel, verläßt du mich nicht, verlaß ich dich auch nicht!“ Fundevogel sagte: „nun und nimmermehr.“ Sprach Lehnchen: „so werde du eine Kirche, und ich die Krone darin!“ Wie nun die drei Knechte dahin kamen, war nichts da, als eine Kirche, und eine Krone darin. Sie sprachen also zu einander: „was sollen wir hier machen, laßt uns nach Hause gehen!“ Wie sie nach Haus kamen, fragte die Köchin, ob sie nichts gefunden, so sagten sie nein, sie hätten nichts gefunden, wie eine Kirche, da wäre eine Krone darin gewesen. „Ihr Narren, schalt die Köchin, warum habt ihr nicht die Kirche zerbrochen, und die Krone mit heimgebracht?“ Nun machte sich die alte Köchin selbst auf die Beine und gieng mit den drei Knechten den Kindern nach. Die Kinder sahen aber die drei Knechte von weitem kommen, und die Köchin wackelte hinten nach. Da sprach Lehnchen: „Fundevogel, verläßt du mich nicht, so verlaß ich dich auch nicht." Da sprach der Fundevogel: „nun und nimmermehr." Sprach Lehnchen: „werde du zum Teich, und ich die Ente drauf!" Die Köchin aber kam herzu, und als sie den Teich sahe, legte sie sich drüber hin, und wollte ihn aussaufen. Aber die Ente kam schnell geschwommen, faßte sie mit ihrem Schnabel beim Kopf, und zog sie ins Wasser hinein, da mußte die alte Hexe ertrinken. Da giengen die Kinder zusammen nach Haus, und waren herzlich froh, und wenn sie nicht gestorben sind, leben sie noch.

26.

König Droßelbart.

Ein König hatte eine Tochter, die war wunderschön, aber stolz und übermüthig, so daß ihr kein Freier gut genug war, und sie einen nach dem andern abwies, und noch dazu Spott mit ihnen trieb. Einmal ließ der König ein großes Fest anstellen, und lud dazu alle heirathslustigen Männer ein, die wurden in eine Reihe, nach ihrem Rang und Stand geordnet; erst kamen die Könige, dann die Herzoge, die Fürsten,

Grafen und Freiherrn, zuletzt die Edelleute. Nun wurde die Königstochter durch die Reihen geführt, aber an jedem hatte sie etwas auszusetzen. Der eine war ihr zu dick: „das Weinfaß!" sprach sie. Der andere zu lang: „lang und schwank hat keinen Gang!" der dritte zu kurz: „kurz und dick hat kein Geschick!" der vierte zu blaß: „der bleiche Tod!" der fünfte zu roth: „der Zinshahn!" der sechste war nicht gerad genug: „grünes Holz, hinterm Ofen getrocknet!" und so hatte sie an einem jeden etwas auszusetzen, besonders aber machte sie sich über einen guten König lustig, der ganz oben stand, und dem das Kinn ein wenig krumm gewachsen war. „Ei, rief sie und lachte, der hat ein Kinn, wie die Droßel einen Schnabel!" und seit der Zeit bekam er den Namen *Droßelbart*. Der alte König aber, als er sah, daß seine Tochter nichts that, als über die Leute spotten, und alle Freier die da versammelt waren, verschmähte, ward er zornig und schwur, sie sollte den ersten, besten Bettler zum Mann nehmen, der vor seine Thüre käme.

Ein paar Tage darauf hub ein Spielmann an unter dem Fenster zu singen, um damit ein geringes Almosen zu erwerben. Als es der König hörte, sprach er: „laßt ihn herauf kommen!" Da trat ein schmutziger Spielmann herein, sang vor dem König und seiner Tochter, und bat als er fertig war, um eine milde Gabe. Der König sprach: „dein Gesang hat mir so wohl gefallen, daß ich dir da meine Tochter zur Frau geben will." Die Königstochter erschrak, aber der König sagte: „ich habe den Eid gethan, dich dem ersten, besten Bettelmann zu geben, den will ich auch halten." Es half keine Einrede, der Pfarrer ward geholt, und sie mußte sich gleich mit dem Spielmann trauen lassen. Als das geschehen war, sprach der König: „nun schickt sichs nicht weiter, daß du in meinem Schloß bleibst, du kannst nur mit deinem Manne fortziehen."

Der Bettelmann nahm sie mit hinaus, und sie kamen in einen großen Wald; da fragte sie:

„Ach, wem gehört der schöne Wald?"
„Der gehört dem König Droßelbart:
hättst du'n genommen, so wär er dein!"
„Ich arme Jungfer zart,
ach, hätt ich genommen
den König Droßelbart!"

Darauf kamen sie über eine Wiese, da fragte sie wieder:

„Wem gehört die schöne, grüne Wiese?"
„Sie gehört dem König Droßelbart:
hättst du'n genommen, so wär sie dein!"
„Ich arme Jungfer zart,

ach, hätt ich genommen
den König Droßelbart!"

Dann kamen sie durch eine große Stadt, da fragte sie wieder:

„Wem gehört wohl die schöne große Stadt?"
„Sie gehört dem König Droßelbart,
hättst du'n genommen, so wär sie dein!"
„Ich arme Jungfer zart,
ach, hätt ich genommen
den König Droßelbart!"

„Das gefällt mir gar nicht, sprach der Spielmann, daß du dir immer einen andern zum Mann wünschest, bin ich dir nicht gut genug?" Endlich kamen sie an ein ganz kleines Häuschen, da sprach sie:

„Ach Gott! was für ein Häuselein!
wem mag das elende, winzige Häuschen seyn?"

Der Spielmann antwortete: „das ist mein und dein Haus, wo wir zusammen wohnen." „Wo sind die Diener?" sprach die Königstochter. „Was Diener! antwortete der Bettelmann, du mußt dir selber thun, was du willst gethan haben. Mach nur gleich Feuer an und stell Wasser auf, daß du mir mein Essen kochst, ich bin ganz müd." Die Königstochter verstand aber nichts vom Feueranmachen und Kochen, und der Bettelmann mußte selber mit Hand anlegen, daß es noch so leidlich gieng. Als sie die schmale Kost gegessen hatten, legten sie sich zu Bett, aber am Morgen trieb er sie schon ganz früh heraus, weil sie das Haus besorgen sollte. Ein paar Tage lebten sie auf diese Art schlecht genug, und zehrten ihren Vorrath auf. Da sprach der Mann: „Frau, so gehts nicht länger, daß wir hier zehren und nichts verdienen. Du sollst Körbe flechten." Er gieng aus, schnitt Weiden, und brachte sie heim, da fieng sie an zu flechten, aber die harten Weiden stachen ihr die zarten Hände wund. „Ich sehe das geht nicht, sprach der Mann, spinn lieber, vielleicht kannst du das besser." Sie setzte sich hin und versuchte zu spinnen, aber der harte Faden schnitt ihr bald in die weichen Finger, daß das Blut daran herunterlief. „Siehst du, sprach der Mann, du taugst zu keiner Arbeit, mit dir bin ich schlimm angekommen. Nun will ichs versuchen, und einen Handel mit Töpfen und irdenem Geschirr anfangen, du sollst dich auf den Markt setzen und die Waare feil halten." „Ach, dachte sie, wenn auf den Markt Leute aus meines Vaters Reich kommen, und sehen mich da sitzen und feil halten, wie werden sie mich verspotten!" Aber es half nichts, sie mußte hin, wenn sie nicht Hungers sterben wollten. Das erstemal giengs gut, denn die Leute kauften der Frau, weil sie so schön war, gern ihre Waare ab, und bezahlten, was sie foderte, ja viele gaben ihr das Geld, und ließen ihr die Töpfe noch dazu. Nun lebten sie von dem erworbenen so lang es dauerte, da handelte der Mann wieder eine Menge neues Geschirr ein, und sie setzte sich an eine Ecke des Markts, und stellte es um sich her und hielt feil. Da kam plötzlich ein trunkener Husar daher gejagt, und ritt gerade zu in die Töpfe hinein, daß alles in tausend Scherben zersprang. Sie fieng an zu weinen, und wußte nicht vor Angst, was sie anfangen sollte. „Ach wie wird mirs ergehen! rief sie, was wird mein Mann dazu sagen!" Sie lief heim, und erzählte ihm das Unglück. „Wer setzt sich auch an die Ecke des Markts mit irdenem Geschirr! sprach der Mann, laß nur das Weinen, ich sehe wohl, du bist zu keiner ordentlichen Arbeit zu gebrauchen; da bin ich in unseres Königs Schloß gewesen, und habe gefragt, ob sie nicht eine Küchenmagd brauchen könnten, und sie haben mir versprochen, sie wollten dich dazu nehmen, dafür bekommst du freies Essen."

Nun ward die Königstochter eine Küchenmagd, mußte dem Koch zur Hand gehen und die sauerste Arbeit thun. Sie machte sich an beiden Seiten in den Taschen ein Töpfchen fest, darin trug sie, was sie von dem übrig gebliebenen erhielt, nach Haus, und sie lebten zusammen davon. Es trug sich zu, daß die

Hochzeit des ältesten Königssohns sollte gefeiert werden, da gieng die arme Frau hinauf, stellte sich vor die Saalthüre und sah zu. Als nun die Lichter angezündet wurden, und immer einer schöner als der andere hereintrat, und alles voll Pracht und Herrlichkeit war, da dachte sie mit betrübtem Herzen an ihr Schicksal, und verwünschte ihren Hochmuth und Uebermuth, der sie in diese Armuth gestürzt hatte. Von den köstlichen Speisen, die da ein und ausgetragen wurden, erhielt sie von den Dienern manchmal etwas geschenkt, das that sie in ihre Töpfchen und wollte es heim tragen. Auf einmal trat der Königssohn in goldenen Kleidern daher, und als er die schöne Frau in der Thüre stehen sah, ergriff er sie bei der Hand und wollte mit ihr tanzen, aber sie wollte nicht und erschrak, denn sie sah, daß es der König Droßelbart war, der um sie gefreit und den sie mit Spott abgewiesen hatte. Als sie sich sträubte, zog er sie herein, da gieng das Band auf, welches die Taschen hielt, und die Töpfe fielen heraus, daß die Suppe floß, und die Brocken umher sprangen. Und wie das die Leute sahen, entstand ein allgemeines Gelächter und Spotten, und sie war so beschämt, daß sie sich lieber tausend Klafter unter die Erde gewünscht hätte. Sie sprang zur Thüre und wollte entfliehen, aber auf der Treppe holte sie ein Mann ein und brachte sie zurück, und wie sie ihn ansah, war es der König Droßelbart selbst, der sprach: „fürchte dich nicht, ich und der Spielmann, der mit dir in dem elenden Häuschen gewohnt hat, sind eins, dir zur Liebe habe ich mich so verstellt, und der Husar, der dir die Töpfe entzwei geritten hat, bin ich auch gewesen. Das alles ist geschehen, um deinen stolzen Sinn zu beugen, und dich für deinen Hochmuth, womit du mich verspottet hast, zu strafen. Nun aber ist's vorüber und jetzt soll unser Hochzeitfest seyn." Da kamen die Kammerfrauen, und thaten ihr die prächtigsten Kleider an, und ihr Vater kam und der ganze Hof, und wünschten ihr Glück zu ihrer Vermählung mit dem König Droßelbart, und die rechte Freude fieng jetzt erst an. Ich wollte, du und ich, wir wären auch dabei gewesen.

27.

Sneewittchen.

Es war einmal mitten im Winter und die Schneeflocken fielen wie Federn vom Himmel herab, da saß eine Königin an einem Fenster, das einen Rahmen von schwarzem Ebenholz hatte, und nähte. Und wie sie so nähte und nach dem Schnee aufblickte, stach sie sich mit der Nadel in den Finger, und es fielen drei Tropfen Blut in den Schnee. Und weil das Rothe im weißen Schnee so schön aussah, dachte sie bei sich: „hätt' ich ein Kind so weiß wie Schnee, so roth wie Blut und so schwarz wie der Rahmen!" Bald darauf bekam sie ein Töchterlein, das war so weiß wie Schnee, so roth wie Blut, und so schwarzhaarig wie Ebenholz, und wurde darum das Sneewittchen (Schneeweißchen) genannt. Und wie das Kind geboren war, starb die Königin.

Ueber ein Jahr nahm sich der König eine andere Gemahlin, sie war eine schöne Frau, aber stolz auf ihre Schönheit, und konnte nicht leiden, daß sie von jemand darin sollte übertroffen werden. Sie hatte einen wunderbaren Spiegel, wenn sie vor den trat und sich darin beschaute, sprach sie:

„Spieglein, Spieglein an der Wand:
wer ist die schönste im ganzen Land?"

so antwortete er:

„Ihr, Frau Königin, seyd die schönste
im Land."

Da war sie zufrieden, denn sie wußte, daß der Spiegel die Wahrheit sagte.

Sneewittchen aber wuchs heran und wurde immer schöner, und als es sieben Jahr alt war, war es so schön, wie der klare Tag und schöner als die Königin selbst. Wie diese nun ihren Spiegel wieder fragte:

„Spieglein, Spieglein an der Wand,
wer ist die schönste im ganzen Land?"

antwortete er:

„Frau Königin, ihr seyd die schönste hier,
aber Sneewittchen ist tausendmal schöner
als ihr."

Als die Königin das hörte, erschrak sie, und ward blaß vor Zorn und Neid. Von Stund an, wenn sie Sneewittchen erblickte, kehrte sich ihr das Herz im Leibe herum, so haßte sie es. Und der Neid und Hochmuth wuchsen und wurden so groß in ihr, daß sie ihr Tag und Nacht keine Ruh mehr ließen. Da rief sie einen Jäger und sprach: „führ das Kind hinaus in den wilden Wald, ich wills nicht mehr vor meinen Augen sehen. Dort sollst du's tödten, und mir Lung und Leber zum Wahrzeichen mitbringen." Der Jäger gehorchte, und führte Sneewittchen hinaus, als er nun den Hirschfänger gezogen hatte, und ihm sein unschuldiges Herz durchstoßen wollte, fieng es an zu weinen und sprach: „ach, lieber Jäger, schenk mir mein Leben; ich will in den Wald laufen und nimmermehr wieder heim kommen." Und weil es so schön war, hatte der Jäger Mitleiden, und sprach: „so lauf hin, du armes Kind." Die wilden Thiere werden dich bald gefressen haben, dachte er, und doch wars ihm, als wär ein Stein von seinem Herzen gewälzt, weil er es nicht zu tödten brauchte. Und weil gerade ein junger Frischling daher gesprungen kam, stach er ihn ab, nahm Lung und Leber heraus, und brachte sie als Wahrzeichen der Königin mit. Die ließ sie in ihrer Gier gleich in Salz kochen, aß sie auf und meinte, sie hätte Sneewittchens Lunge und Leber gegessen.

Nun war das arme Sneewittchen in dem großen Wald mutterseelig allein, und ward ihm so angst, daß es alle Blättchen an den Bäumen ansah, und dachte, wie es sich helfen und retten sollte. Da fieng es an zu laufen, und lief über die spitzen Steine und durch die Dornen, und die wilden Thiere sprangen an ihm vorbei, aber sie thaten ihm nichts. Es lief, so lang nur die Füße noch fort konnten, bis es bald Abend werden wollte, da sah es ein kleines Häuschen, und gieng hinein sich zu ruhen. In dem Häuschen war alles klein, aber so zierlich und reinlich, daß es nicht zu sagen ist. Da stand ein weiß gedecktes Tischlein mit sieben kleinen Tellern, jedes Tellerlein mit seinem Löffelein, ferner sieben Messerlein und Gäblein und sieben Becherlein. An der Wand waren sieben Bettlein neben einander aufgestellt und schneeweiße Laken darüber. Sneewittchen, weil es so hungrig und durstig war, aß von jedem Tellerlein ein wenig Gemüs und Brot, und trank aus jedem Becherlein einen Tropfen Wein; denn es wollte nicht einem allein alles wegnehmen. Hernach weil es so müde war, legte es sich in ein Bettchen, aber keins paßte für es, das eine war zu lang, das andere zu kurz, bis endlich das siebente recht war, und darin blieb es liegen, befahl sich Gott und schlief ein.

Als es nun ganz dunkel war, kamen die Herrn von dem Häuslein, das waren sieben Zwerge, die in den Bergen nach Erz hackten und gruben. Sie zündeten ihre sieben Lichtlein an und wie es nun hell im Häuslein ward, sahen sie, daß jemand darin gewesen, denn es stand nicht so alles in der Ordnung, wie sie es verlassen hatten. Der erste sprach: „wer hat auf meinem Stühlchen gesessen?" der zweite: „wer hat von meinem Tellerchen gegessen?" Der dritte: „wer hat von meinem Brötchen genommen?" Der vierte: „wer hat von meinem Gemüschen gegessen?" Der fünfte: „wer hat mit meinem Gäbelchen gestochen?" Der sechste: „wer hat mit meinem Messerchen geschnitten?" Der siebente: „wer hat aus meinem Becherlein getrunken?" Dann sah sich der erste um und sah, daß auf seinem Bett eine kleine Dälle war, da sprach er: „wer hat in mein Bettchen getreten?" Die andern kamen gelaufen, und riefen: „ei! in meinem hat auch jemand gelegen!" Der siebente aber, als der in sein Bett sah, erblickte er Sneewittchen, das lag darin und schlief. Nun rief er die andern, die kamen herbeigelaufen, und schrien vor Verwunderung, holten ihre sieben Lichtlein, und beleuchteten das Sneewittchen. „Ei du mein Gott! ei du mein Gott! riefen sie, was ist das Kind schön!" und hatten so große Freude, daß sie es nicht aufweckten, sondern im Bettlein fortschlafen ließen. Der siebente Zwerg aber schlief bei seinen Gesellen, bei jedem eine Stunde, da war die Nacht herum.

Als es Morgen war, erwachte Sneewittchen, und wie es die sieben Zwerge sah, erschrak es. Sie waren aber freundlich und fragten: „wie heißt du?" „Ich heiße Sneewittchen," antwortete es. „Wie bist du in unser Haus gekommen?" sprachen weiter die Zwerge. Da erzählte es ihnen, wie es seine Stiefmutter hätte wollen umbringen, der Jäger ihm aber das Leben geschenkt, und da wär es gelaufen den ganzen Tag, bis es endlich ihr Häuslein gefunden. Die Zwerge sprachen: „willst du unsern Haushalt versehen: kochen, betten, waschen, nähen und stricken, und willst du alles ordentlich und reinlich halten, so kannst du bei uns bleiben, und es soll dir an nichts fehlen." Das versprach Sneewittchen, und blieb bei ihnen. Es hielt ordentlich Haus, Morgens giengen sie in die Berge, und suchten Erz und Gold, Abends kamen sie wieder, und da mußte ihr Essen bereitet seyn. Den Tag über war das Mädchen allein, da warnten es die guten Zwerglein und sprachen: „hüte dich vor deiner Stiefmutter, die wird bald wissen daß du hier bist, laß ja niemand herein."

Die Königin aber, nachdem sie Sneewittchens Lunge und Leber glaubte gegessen zu haben, dachte nicht anders, als wieder die erste und allerschönste zu seyn, und trat vor ihren Spiegel und sprach:

„Spieglein, Spieglein an der Wand,
wer ist die schönste im ganzen Land?"

da antwortete der Spiegel:

„Frau Königin, ihr seyd die schönste hier;
aber Sneewittchen über den Bergen
bei den sieben Zwergen
ist noch tausendmal schöner als ihr!"

Da erschrak sie, denn sie wußte, daß der Spiegel keine Unwahrheit sprach, und merkte, daß der Jäger sie betrogen hatte, und Sneewittchen noch am Leben war. Und da sie hörte, daß es über den sieben Bergen bei den sieben Zwergen war, sann sie aufs neue, wie sie es umbringen wollte, denn so lange sie nicht die schönste war im ganzen Land, ließ ihr der Neid keine Ruhe. Und als sie sich endlich etwas ausgedacht hatte, färbte sie sich das Gesicht, und kleidete sich wie eine alte Krämerin an und war ganz unkenntlich. In dieser Gestalt gieng sie über die sieben Berge hin zu dem Zwergenhaus, klopfte an die Thüre und rief: „gute Waare feil! feil!" Sneewittchen guckte zum Fenster heraus und rief: „Guten Tag, liebe Frau, was habt ihr denn zu verkaufen?" „Gute Waare, schöne Waare, antwortete sie, Schnürriemen von allen Farben," dabei holte sie einen von bunter Seide hervor, und zeigte ihn. Die gute Frau kann ich herein lassen, dachte Sneewittchen, die meints redlich: riegelte die Thüre auf, und kaufte sich den bunten Schnürriemen. „Wart, Kind, sprach die Alte, wie siehst du aus! komm, ich will dich einmal ordentlich schnüren." Sneewittchen dachte an nichts böses, stellte sich vor sie, und ließ sich mit dem neuen Schnürriemen schnüren; aber die Alte schnürte mit schnellen Fingern, und schnürte so fest, daß dem Sneewittchen der Athem vergieng, und es für todt hinfiel. „Nun bist du die schönste gewesen," sprach das böse Weib und gieng fort.

Nicht lange darauf, zur Abendzeit, kamen die sieben Zwerge nach Haus, aber wie erschraken sie, als sie ihr liebes Sneewittchen auf der Erde liegen fanden, das sich nicht regte und nicht bewegte, als wär es todt! Sie hoben es in die Höhe, und weil sie sahen, daß es zu fest geschnürt war, schnitten sie den Schnürriemen entzwei: da fieng es an ein wenig zu athmen, und ward nach und nach wieder lebendig. Als die Zwerge hörten, was geschehen war, sprachen sie: „die alte Krämerfrau war niemand als die Königin, hüte dich und laß keinen Menschen herein, wenn wir nicht bei dir sind."

Das böse Weib aber, als es nach Haus gekommen war, gieng vor den Spiegel und fragte:

„Spieglein, Spieglein an der Wand,
Wer ist die schönste im ganzen Land?"

Da antwortete er:

„Frau Königin, ihr seyd die schönste hier;
aber Sneewittchen über den Bergen
bei den sieben Zwergen
ist noch tausendmal schöner als ihr."

Als sie das hörte, lief ihr alles Blut all zum Herzen, so erschrak sie, denn sie sah wohl, daß Sneewittchen wieder lebendig geworden war. Nun sann sie aufs neue, was sie anfangen wollte, um es zu tödten, und machte einen giftigen Kamm. Dann verkleidete sie sich, und nahm wieder die Gestalt einer armen Frau, aber einer ganz andern, an. So gieng sie hin über die sieben Berge zum Zwergenhaus, klopfte an die Thüre und rief: „gute Waare feil! feil!“ Sneewittchen schaute heraus und sprach: „ich darf niemand hereinlassen.“ Die Alte aber rief: „sieh einmal die schönen Kämme,“ zog den giftigen heraus und zeigte ihn. Der gefiel dem Kind so gut, daß es sich bethören ließ, und die Thür öffnete. Als es den Kamm gekauft hatte, sprach die Alte: „nun will ich dich auch kämmen.“ Sneewittchen dachte an nichts böses, aber die Alte steckte ihm den Kamm in die Haare, alsbald wirkte das Gift darin so heftig, daß es todt niederfiel. „Nun wirst du liegen bleiben, du Schönheit!“ sprach sie und gieng fort. Zum Glück aber war es bald Abend, wo die sieben Zwerglein nach Haus kamen; als sie das Sneewittchen wie todt auf der Erde liegen sahen, dachten sie gleich, die böse Stiefmutter hätte es wieder umbringen wollen, suchten und fanden den giftigen Kamm; und wie sie ihn herausgezogen, kam es wieder zu sich und erzählte ihnen, was vorgegangen war. Da warnten sie es noch einmal auf der Hut zu seyn, und niemand die Thüre zu öffnen.

Die Königin stellte sich daheim vor den Spiegel und sprach:

„Spieglein, Spieglein an der Wand,
Wer ist die schönste im ganzen Land?"

Da antwortete er, wie vorher:

„Frau Königin, ihr seyd die schönste hier;
aber Sneewittchen über den Bergen
bei den sieben Zwergen
ist noch tausendmal schöner als ihr."

Bei diesen Worten zitterte und bebte sie vor Zorn und sprach: „so soll das Sneewittchen noch sterben, und wenn es mein eigenes Leben kostet!" Darauf gieng sie in eine ganz verborgene, einsame Kammer, wo niemand hinkam, und machte da einen giftigen, giftigen Apfel. Aeußerlich sah er schön aus, weiß mit rothen Backen, daß jeder, der ihn erblickte, eine Lust darnach bekam, aber wer ein Stückchen davon aß, der mußte sterben. Als der Apfel fertig war, färbte sie sich das Gesicht, und verkleidete sich in eine Bauersfrau, und so gieng sie über die sieben Berge hin, zu dem Zwergenhaus und klopfte an. Sneewittchen streckte den Kopf zum Fenster heraus und sprach: „ich darf keinen Menschen einlassen, die

Zwerge haben mir's verboten." „Nun wenn du nicht willst, antwortete die Bäuerin, so ists auch gut; meine Aepfel will ich schon los werden. Da, einen will ich dir schenken." „Nein, sprach Sneewittchen, ich darf nichts annehmen." „Ei, du fürchtest dich wohl vor Gift; da, den rothen Backen beiß du ab, ich will den weißen essen," sprach die Alte. Der Apfel war aber so künstlich gemacht, daß der rothe Backen vergiftet war. Sneewittchen lusterte den schönen Apfel an, und als es sah, daß die Bäurin davon aß, so konnte es nicht länger widerstehen, streckte die Hand hinaus, und nahm die giftige Hälfte. Kaum aber hatte es einen Bissen davon im Mund, so fiel es todt zur Erde nieder. Da sprach die Königin: „diesmal wird dich niemand wieder erwecken," gieng heim und fragte den Spiegel:

„Spieglein, Spieglein an der Wand,
wer ist die schönste im ganzen Land?"

Da antwortete der Spiegel endlich:

„Ihr, Frau Königin, seyd die schönste
im Land."

und ihr neidisches Herz hatte Ruhe, so gut es Ruhe haben konnte.

Die Zwerglein, wie sie Abends nach Haus kamen, fanden sie das Sneewittchen auf der Erde liegen, und regte sich kein Athem mehr, und es war todt. Sie hoben es auf, suchten ob sie was giftiges fänden, schnürten es auf, kämmten ihm die Haare, wuschen es mit Wasser und Wein, aber es half alles nichts, das liebe Kind war todt, und blieb todt. Sie legten es darauf in eine Bahre, und setzten sich alle siebene daran, und beweinten es und weinten drei Tage lang. Da wollten sie es begraben, aber es sah noch so frisch aus, wie ein lebender Mensch, und hatte noch seine schönen rothen Backen, und sie sprachen: „das können wir nicht in die schwarze Erde versenken." Sie ließen einen durchsichtigen Sarg von Glas machen, daß man es recht sehen könnte, legten es hinein, und schrieben mit goldenen Buchstaben seinen Namen darauf, und daß es eine Königstochter wäre. Dann setzten sie den Sarg hinaus auf den Berg, und einer von ihnen blieb immer dabei, und bewachte ihn. Und die Thiere kamen auch und beweinten das Sneewittchen, erst eine Eule, dann eine Rabe, zuletzt ein Täubchen.

Nun lag Sneewittchen lange, lange Zeit in dem Sarg und verweste nicht, sondern sah noch aus, als wenn es lebte, und da schlief, denn es war noch so weiß als Schnee, so roth als Blut und so schwarzhaarig wie Ebenholz. Es geschah aber, daß ein Kö-

Lo. Grimm del.

Schneewittchen.

nigssohn in den Wald gerieth, und zu dem Zwergenhaus kam, da zu übernachten. Der sah auf dem Berg den Sarg, und das schöne Sneewittchen darin, und las, was mit goldenen Buchstaben darauf geschrieben war. Da sprach er zu den Zwergen: „laßt mir den Sarg, ich will euch geben, was ihr dafür haben wollt." Aber die Zwerge antworteten: „wir geben ihn nicht um alles Gold in der Welt." Da sprach er: „so schenkt mir ihn, denn ich kann nicht leben, ohne Sneewittchen zu sehen, ich will es ehren und hochhalten, wie mein Liebstes." Wie er so sprach, empfanden die guten Zwerglein Mitleiden mit ihm, und gaben ihm den Sarg. Der Königssohn ließ ihn nun von seinen Dienern auf den Schultern forttragen. Da geschah es, daß sie über einen Strauch stolperten, und von dem Schüttern fuhr der giftige Apfelgrütz, den das Sneewittchen abgebissen hatte, aus dem Hals und es ward wieder lebendig, und richtete sich auf. Da sprach es: „ach Gott! wo bin ich?" Aber der Königssohn sagte voll Freude: „du bist bei mir" und erzählte ihm, was sich zugetragen hatte und sprach: „ich habe dich lieber, als alles auf der Welt, komm mit mir in meines Vaters Schloß, du sollst meine Gemahlin werden." Da war ihm das Sneewittchen gut, und gieng mit ihm, und zu ihrer Hochzeit ward alles mit großer Pracht und Herrlichkeit angeordnet.

Zu dem Fest war aber auch Sneewittchens gottlose Stiefmutter eingeladen. Wie sie sich nun mit schönen Kleidern angethan hatte, trat sie vor den Spiegel und sprach:

„Spieglein, Spieglein an der Wand,
wer ist die schönste im ganzen Land?“

Da antwortete der Spiegel:

„Frau Königin, ihr seyd die schönste hier,
aber die junge Königin ist tausendmal
schöner als ihr!“

Wie das böse Weib das hörte, erschrak sie und ward ihr so angst, so angst, daß sie es nicht sagen konnte. Sie wollte gar nicht auf die Hochzeit kommen, und doch trieb sie der Neid, daß sie die junge Königin sehen wollte. Und wie sie hineintrat, sah sie, daß es niemand anders, als Sneewittchen war, und vor Schrecken konnte sie sich nicht regen. Aber es standen schon eiserne Pantoffeln über Kohlenfeuer, und wie sie glühten, wurden sie hereingebracht, und sie mußte die feuerrothen Schuhe anziehen, und darin tanzen, daß ihr die Füße jämmerlich verbrannt wurden, und ehr durfte sie nicht aufhören, als bis sie sich zu todt getanzt hatte.

28.

Rumpelstilzchen.

Es war einmal ein Müller, der war arm, aber er hatte eine schöne Tochter. Nun traf es sich, daß er mit dem König zu sprechen kam, und zu ihm sagte: „ich habe eine Tochter, die kann Stroh zu Gold spinnen." Dem König, der das Gold lieb hatte, gefiel die Kunst gar wohl, und er befahl, die Müllerstochter sollte alsbald vor ihn gebracht werden. Dann führte er sie in eine Kammer, die ganz voll Stroh war, gab ihr Rad und Haspel, und sprach: „wenn du diese Nacht durch, bis morgen früh dieses Stroh nicht zu Gold versponnen hast, so mußt du sterben." Darauf ward die Kammer verschlossen, und sie blieb allein darin.

Da saß nun die arme Müllerstochter, und wußte um ihr Leben keinen Rath, denn sie verstand gar nichts davon, wie das Stroh zu Gold zu spinnen war, und ihre Angst ward immer größer, daß sie endlich zu weinen anfieng. Da gieng auf einmal die Thüre auf, und trat ein kleines Männchen herein und sprach: „guten Abend, Jungfer Müllerin, warum weint sie so sehr?" „Ach! antwortete das Mädchen, ich soll Stroh zu Gold spinnen, und verstehe das nicht." Sprach das Männchen: „was giebst du mir, wenn ich dirs spinne?" „Mein Halsband," sagte das

Mädchen. Das Männchen nahm das Halsband, setzte sich vor das Rädchen, und schnurr! schnurr! schnurr! dreimal gezogen, war die Spule voll. Dann steckte es eine andere auf, und schnurr! schnurr! schnurr! dreimal gezogen, war auch die zweite voll, und so giengs fort bis zum Morgen, da war alles Stroh versponnen, und alle Spulen voll Gold. Als der König kam und nachsah, da erstaunte er und freute sich, aber sein Herz wurde nur noch begieriger, und er ließ die Müllerstochter in eine andere Kammer voll Stroh bringen, die noch viel größer war, und befahl ihr, das auch in einer Nacht zu spinnen, wenn ihr das Leben lieb wäre. Das Mädchen wußte sich nicht zu helfen und weinte, da gieng abermals die Thüre auf, und das kleine Männchen kam und sprach: „was giebst du mir, wenn ich dir das Stroh zu Gold spinne?“ „Meinen Ring von der Hand,“ antwortete das Mädchen. Das Männchen nahm den Ring, und fieng wieder an zu schnurren mit dem Rade, und hatte bis zum Morgen alles Stroh zu glänzendem Gold gesponnen. Der König freute sich über die Massen bei dem Anblick des Goldes, war aber noch nicht satt, sondern ließ die Müllerstochter in eine noch größere Kammer voll Stroh bringen und sprach: „die mußt du noch in dieser Nacht verspinnen, wann dir das gelingt, sollst du meine Gemahlin werden;“ denn, dachte er, eine reichere Frau kannst du auf der Welt nicht haben. Als das Mädchen allein war, kam das Männlein zum drittenmal wieder und sprach: „was giebst du mir, wenn ich dir noch diesmal das Stroh spinne?“ „Ich habe nichts mehr,“ antwortete das Mädchen. „So versprich mir, wann du Königin wirst, dein erstes Kind.“ Wer weiß, wie das noch geht, dachte die Müllerstochter, und wußte sich auch in der Noth nicht anders zu helfen, so daß sie es dem Männchen versprach, und das Männchen spann noch einmal das Stroh zu Gold. Und als am Morgen der König kam, und alles fand, wie er gewünscht hatte, so hielt er Hochzeit mit ihr, und die schöne Müllerstochter ward eine Königin.

Ueber ein Jahr brachte sie ein schönes Kind zur Welt und dachte gar nicht mehr an das Männchen, da trat es in ihre Kammer und forderte, was ihm versprochen war. Die Königin erschrak, und bot dem Männchen alle Reichthümer des Königreichs an, wenn es ihr das Kind lassen wollte, aber das Männchen sprach: „nein, etwas Lebendes ist mir lieber, als alle Schätze der Welt.“ Da fieng die Königin so an zu jammern und zu weinen, daß es das Männchen doch dauerte und es sprach: „drei Tage will ich dir Zeit lassen, wenn du bis dahin meinen Namen weißt, so sollst du dein Kind behalten.“

Nun dachte die Königin die ganze Nacht über an alle Namen, die sie jemals gehört hatte, und schickte einen Boten aus über Land, der sollte sich erkundigen weit und breit nach neuen Namen. Als am andern Tag das Männchen kam, fieng sie mit Caspar, Melchior und Balzer an, und sagte alle die sie wußte, nach der Reihe her, aber bei jedem sprach das Männlein: „so heiß ich nicht.“ Den zweiten Tag ließ sie herumfragen bei allen Leuten, und legte dem Männlein alle die ungewöhnlichsten und seltsamsten vor, als: Rippenbiest, Hammelswade, Schnürbein, aber es blieb dabei: „so heiß ich nicht.“ Den dritten Tag kam der Bote wieder zurück und erzählte: „neue Namen habe ich keinen einzigen finden können, aber wie ich an einen hohen Berg um die Waldecke kam, wo Fuchs und Has sich gute Nacht sagen, so sah ich da ein kleines Haus, und vor dem Haus brannte ein Feuer, und um das Feuer sprang ein gar zu lächerliches Männchen, hüpfte auf einem Bein und schrie:

heute back ich, morgen brau ich,
übermorgen hol ich der Frau Königin ihr Kind;
ach, wie gut ist, daß niemand weiß,
daß ich Rumpelstilzchen heiß!“

Wie die Königin das hörte, war sie ganz froh, und als bald das Männlein kam und sprach: „nun, Frau Königin, wie heiß ich?“ da fragte sie erst: „heißest du Cunz?“ „Nein.“ „Heißest du Heinz?“ „Nein.“

„Heißt du etwa Rumpelstilzchen?“
„Das hat dir der Teufel gesagt! das hat dir der Teufel gesagt!“ schrie das Männlein, und stieß mit dem rechten Fuß vor Zorn so tief in die Erde, daß es bis an den Leib hineinfuhr, dann packte es in einer Wuth den linken Fuß mit beiden Händen, und riß sich selbst mitten entzwei.

29.

Der Hund und der Sperling.

Ein Schäferhund hatte keinen guten Herrn, sondern einen der ihn Hunger leiden ließ. Wie ers nicht mehr aushalten konnte, gieng er ganz traurig fort. Auf der Straße begegnete ihm ein Sperling, der sprach: „Bruder Hund, warum bist du so betraurig?“ Antwortete der Hund: „ich bin so hungrig und habe nichts zu fressen.“ Da sprach der Sperling: „lieber Bruder, komm mit in die Stadt, so will ich dich satt machen.“ Also giengen sie zusammen in die Stadt, und als sie vor einen Fleischerladen kamen, sprach der Sperling zum Hund; „da bleib stehen, ich will dir ein Stück Fleisch herunter picken;“ setzte sich auf den Laden, schaute sich um, ob ihn auch niemand bemerkte, und pickte, zog und zerrte so lang an einem Stück, das am Rande lag, bis es herunter rutschte. Da packte es der Hund, lief damit in eine Ecke und fraß es auf. Sprach der Sperling: „nun komm mit zu einem andern Laden, da will ich dir noch ein Stück herunterpicken, damit du satt wirst.“ Als der Hund das zweite Stück auch gefressen hatte, fragte der Sperling: „Bruder Hund, bist du nun satt?“ „Ja, Fleisch bin ich satt, antwortete er, aber ich habe noch kein Brot gekriegt.“ Sprach der Sperling: „das sollst du auch haben, komm nur mit.“ Da führte er ihn an einen Beckerladen, und pickte an ein paar Brötchen, bis sie herunter rollten, und als der Hund mehr wollte, führte er ihn zu einem andern, und holte ihm noch einmal Brot herab. Wie das verzehrt war, sprach der Sperling: „Bruder Hund, bist du nun satt?“ „Ja, antwortete er, nun wollen wir ein bischen vor die Stadt gehen.“

Nun giengen sie beide hinaus auf die Landstraße, es war aber warmes Wetter und als sie ein Eckchen gegangen waren, sprach der Hund: „ich bin müd und möchte gern schlafen.“ „Ja, schlaf nur, antwortete der Sperling, ich will mich derweil auf einen Zweig setzen.“ Der Hund legte sich also auf die Straße, und schlief fest ein. Während er da schlief, kam ein Fuhrmann heran gefahren, der hatte einen Wagen mit drei Pferden und hatte zwei Fässer Wein geladen. Der Sperling aber sah, daß er nicht ausbiegen wollte, sondern in der Fahrgleiße blieb, in welcher der Hund lag, da rief er: „Fuhrmann, thus nicht, oder ich mache dich arm!" der Fuhrmann aber brummte vor sich: „du wirst mich nicht arm machen!" knallte mit der Peitsche, und trieb den Wagen über den Hund, daß ihn die Räder todt fuhren. Da rief der Sperling: „du hast mir meinen Bruder Hund todt gefahren, das soll dich Karre und Gaul kosten." „Ja, Karre und Gaul! sagte der Fuhrmann, was könntest du mir schaden!" und fuhr fort. Da kroch der Sperling unter das Wagentuch, und pickte an dem einen Spuntloch so lange, bis er den Spunt losbrachte, da lief der ganze Wein heraus, ohne daß es der Fuhrmann merkte. Und als er einmal umblickte, sah er, daß der Wagen tröpfelte, untersuchte und fand, daß das eine Faß leer war. „Ach ich armer Mann!" rief er. „Noch nicht arm genug!" sprach der Sperling, und flog dem einen Pferd auf den Kopf, und pickte ihm die Augen aus. Als der Fuhrmann das sah, zog er seine Hacke heraus, und wollte den Sperling treffen, aber der Sperling flog in die Höhe, und der Fuhrmann traf seinen Gaul auf den Kopf, daß er todt hinfiel. „Ach ich armer Mann!" rief er. „Noch nicht arm genug!" sprach der Sperling, und als der Fuhrmann mit den zwei Pferden weiter fuhr, kroch der Sperling wieder unter das Tuch, und pickte auch den Spunt am zweiten Faß los, daß aller Wein herausschwankte. Als es der Fuhrmann gewahr wurde, rief er wieder: „ach ich armer Mann!“ aber der Sperling antwortete: „noch nicht arm genug!“ setzte sich dem zweiten Pferd auf den Kopf, und pickte ihm die Augen aus. Der Fuhrmann lief herbei, und holte mit seiner Hacke aus, aber der Sperling flog in die Höhe, da traf der Schlag das Pferd, daß es hinfiel: „ach ich armer Mann!“ „Noch nicht arm genug,“ sprach der Sperling, setzte sich auch dem dritten Pferd auf den Kopf, und pickte ihm nach den Augen. Der Fuhrmann in einem Zorn, ohne umzusehen, schlug auf den Sperling los, traf ihn aber nicht, sondern schlug auch sein drittes Pferd todt. „Ach ich armer Mann!“ rief er. „Noch nicht arm genug!“ antwortete der Sperling, jetzt will ich dich daheim arm machen!“ und flog fort.

Der Fuhrmann mußte den Wagen stehen lassen und gieng voll Zorn und Aerger heim. „Ach, sprach er zu seiner Frau, was hab ich Unglück gehabt, der Wein ist ausgelaufen, und die Pferde sind alle drei todt.“ „Ach, Mann, antwortete sie, was für ein böser Vogel ist ins Haus gekommen! er hat alle Vögel auf der Welt zusammen gebracht, und die sind droben über unsern Waizen hergefallen und fressen ihn auf!“ Da stieg er hinauf und viel tausend Vögel saßen auf dem Boden und hatten den Waizen aufgefressen, und der Sperling saß mitten drin. Da rief der Fuhrmann: „ach ich armer Mann!“ „Noch nicht arm genug, antwortete der Sperling, Fuhrmann, es kostet dir noch dein Leben!“ und flog hinaus.

Da hatte der Fuhrmann all sein Gut verloren, gieng hinab in seine Stube, und setzte sich hinter den Ofen ganz bös und giftig. Der Sperling aber saß draußen vor dem Fenster, und rief: „Fuhrmann, es kostet dir dein Leben!“ Da griff der Fuhrmann die Hacke, und warf sie nach dem Sperling, aber er schmiß das Fenster entzwei und traf den Vogel nicht. Der Sperling hüpfte nun herein, setzte sich auf den Ofen und rief: „Fuhrmann, es kostet dir dein Leben!“ Dieser, ganz toll und blind vor Wuth, schlägt den Ofen entzwei, und so fort, wie der Sperling von einen Ort zum andern fliegt, sein ganzes Hausgeräth, Spieglein, Stühle, Bänke, Tisch, und zuletzt die Wände seines Hauses, und kann ihn nicht treffen. Endlich aber erwischte er ihn doch, da sprach seine Frau: „soll ich ihn todt schlagen?“ „Nein, rief er, das ist zu gelind, der soll viel mörderlicher sterben, ich will ihn verschlingen!“ und verschlingt ihn auf einmal. Der Sperling aber fängt an in seinem Leibe zu flattern, flattert wieder herauf, dem Mann in den Mund, da streckt er den Kopf heraus und ruft: „Fuhrmann, es kostet dir doch dein Leben!“ Der Fuhrmann reicht seiner Frau die Hacke, und spricht: „Frau, schlag mir den Vogel im Munde todt.“ Die Frau schlägt zu, schlägt aber fehl und dem Fuhrmann gerade auf den Kopf, so daß er todt hinfällt. Der Sperling aber fliegt auf und davon.

30.

Der Frieder und das Catherlieschen.

Es war ein Mann, der hieß Frieder, und eine Frau, die hieß Catherlieschen, die hatten einander geheirathet und lebten zusammen als junge Eheleute. Eines Tages sprach der Frieder: „ich will jetzt zu Acker, Catherlieschen, wann ich wiederkomme, muß etwas Gebratenes auf dem Tisch stehen für den Hunger und ein frischer Trunk dabei für den Durst.“ „Geh nur, Friederchen, antwortete die Catherlies, geh nur, will dir's schon recht machen.“ Als nun die Essenszeit herbeirückte, holte sie eine Wurst aus dem Schornstein, that sie in eine Bratpfanne, legte Butter dazu und stellte sie übers Feuer. Die Wurst fieng an zu braten und zu brutzeln, Catherlieschen stand dabei, hielt den Pfannenstiel, und hatte so seine Gedanken, da fiel ihm ein: bis die Wurst fertig wird, derweil könntest du ja im Keller den Trunk zapfen. Also stellte es den Pfannenstiel fest, nahm eine Kanne, gieng hinab in den Keller, und zapfte Bier. Das Bier lief in die Kanne und Catherlieschen sah ihm zu, da fiel ihm ein: holla! der Hund oben ist nicht beigethan, der könnte dir die Wurst aus der Pfanne holen! du kämst mir recht! und im Hui war es die Kellertreppe hinauf; aber der Spitz hatte die Wurst schon im Maul, und schleifte sie auf der Erde mit sich fort. Doch Catherlieschen nicht faul, setzte ihm nach, und jagte ihn ein gut Stück ins Feld, aber der Hund war geschwinder als Catherlieschen, ließ auch die Wurst nicht fahren, sondern sie mußte ihm nach über die Aecker hüpfen. „Hin ist hin!" sprach Catherlieschen, kehrte um, und weil es sich müd gelaufen, gieng es hübsch langsam und kühlte sich ab. Während der Zeit lief das Bier aus dem Faß immer zu, denn Catherlieschen hatte den Hahn nicht umgedreht, und als die Kanne voll war und sonst kein Platz da war, so lief es in den Keller, und hörte nicht eher auf, als bis das ganze Faß leer war. Catherlieschen sah schon auf der Treppe das Unglück. „Spuck! rief es, was fängst du jetzt an, daß es der Frieder nicht merkt!" es besann sich ein Weilchen, endlich fiel ihm ein, von der letzten Kirmes stände noch ein Sack mit schönem Waitzenmehl auf dem Boden, das wollte es herabholen und in das Bier streuen. „Ja, sprach es, wer zu rechter Zeit was spart, der hats hernach in der Noth!“ stieg auf den Boden und trug den Sack herab, und warf ihn gerade auf die Kanne voll Bier, daß sie umstürzte und der Trunk des Frieders auch im Keller schwamm. „Ei was, wo eins ist, muß das andere auch seyn!“ sprach Catherlieschen, zerstreute darnach das Mehl im ganzen Keller, und freute sich am Ende gewaltig über seine Arbeit, und sagte: „wie's so reinlich und sauber hier aussieht!“

Um Mittagszeit kam der Frieder heim. „Nun, Frau, was hast du zurecht gemacht?“ „Ach, Friederchen, antwortete sie, ich wollte dir ja eine Wurst braten! aber während ich das Bier dazu zapfte, hat sie der Hund weggenommen, und während ich dem Hund nachsprang, ist das Bier ausgelaufen, und wie ich das Bier mit dem Waitzenmehl auftrocknete, hab ich die Kanne auch noch umgestoßen; aber der Keller ist wieder ganz trocken!“ Sprach der Frieder: „Catherlieschen, Catherlieschen! das hättest du nicht thun müssen! läßt die Wurst fressen, das Bier aus dem Faß laufen, und verschüttest noch unser feines Mehl!“ „Ja, Friederchen, das habe ich nicht gewußt, hättest mirs sagen müssen!“

Der Mann dachte, geht das so mit deiner Frau, so mußt du dich besser vorsehen. Nun hatte er viel Geld zusammen gebracht, das wechselte er in Gold ein, und sprach zum Catherlieschen: „siehst du, das sind gelbe Gickelinge, die will ich in einen Topf thun und im Stall unter der Kuhkrippe vergraben, aber daß du mir ja nicht dabei gehst, sonst mußt du sterben." Sprach sie: „nein, Friederchen, wills gewiß nicht thun." Nun, als der Frieder fort war, da kamen Krämer, die irdene Näpfe und Töpfe feil hatten, ins Dorf, und fragten bei der jungen Frau an, ob sie nichts zu handeln hätte. „O, ihr lieben Leute, ich hab kein Geld, sprach Catherlieschen, und kann nichts kaufen; aber könnt ihr gelbe Gickelinge brauchen, so will ich wohl kaufen!" „Gelbe Gickelinge, o ja, warum nicht? laßt sie einmal sehen." „So geht in den Stall, und grabt unter der Kuhkrippe, da werdet ihr die gelben Gickelinge finden, ich darf nicht dabei gehen." Die Spitzbuben giengen hin, gruben und fanden eitel Gold; da packten sie auf damit, liefen fort und ließen Töpfe und Näpfe im Hause stehen. Catherlieschen meinte, sie müßte das Geschirr auch brauchen, weil nun in der Küche genug war, schlug sie jedem Topf den Boden aus, und steckte sie insgesammt zum Zierrath auf die Zaunpfähle rings ums Haus herum. Wie der Frieder kam und den neuen Zierrath sah, sprach er: „Catherlieschen, was hast du gemacht?“ „Habs gekauft, Friederchen, für die gelben Gickelinge, die unter der Kuhkrippe steckten, ich bin nicht dabei gegangen, die Krämer habens sich selbst heraus graben müssen.“ „Ach, Frau, sprach der Frieder, was hast du gemacht! das waren keine Gickelinge, es war eitel Gold und war all unser Vermögen! das hättest du nicht thun sollen!“ „Ja, Friederchen, antwortete sie, das hab ich nicht gewußt, hättest mirs vorher sagen sollen.“

Catherlieschen stand ein Weilchen und besann sich, da sprach es: „hör, Friederchen, das Geld wollen wir schon wieder kriegen, wollen hinter den Dieben herlaufen.“ „So komm, sprach der Frieder, wir wollens versuchen, nimm aber Butter und Käse mit, daß wir auf dem Weg was zu essen haben.“ „Ja, Friederchen, wills mitnehmen.“ Sie machten sich fort, und weil der Frieder besser zu Fuß war, gieng Catherlieschen hinten nach. Was schadet's, dachte es, wenn wir umkehren, hab ich ja ein Stück voraus. Nun kam es an einen Berg, wo auf beiden Seiten des Wegs tiefe Fahrgleisen waren. „Da sieh' einer, sprach es, was sie das arme Erdreich zerrissen, geschunden und gedrückt haben! das wird sein Lebtag nicht wieder heil!“ und aus mitleidigem Herzen nahm es seine Butter und bestrich die Geleisen, rechts und links, damit sie von den Rädern nicht so gedrückt würden; und wie es sich bei seiner Barmherzigkeit so bückte, rollte ihm ein Käse aus der Tasche fort, den Berg hinab. Sprach das Catherlieschen: „ich habe den Weg schon einmal herauf gemacht, ich geh nicht wieder hinab, es mag ein anderer hinlaufen und ihn wieder holen." Also nahm es einen andern Käs und rollte ihn hinab. Die Käse aber kamen beide nicht wieder, da ließ es noch einen dritten hinablaufen, und dachte, vielleicht warten sie auf Gesellschaft und gehen nicht gern allein. Als sie alle drei ausblieben, sprach es: „ich weiß nicht, was das vorstellen soll! doch kanns ja seyn, der dritte hat den Weg nicht gefunden und sich verirrt, ich will nur den vierten schicken, daß er sie herbei ruft." Der vierte machte es aber nicht besser als der dritte, da ward das Catherlieschen ärgerlich, und warf noch den fünften und sechsten hinab, und das waren die letzten. Eine Zeit lang blieb es stehen und lauerte, daß sie kämen, als sie aber immer nicht kamen, sprach es: „o, ihr seyd gut nach dem Tod schicken, ihr bleibt fein lange aus: meint ihr, ich wollt noch länger auf euch warten? ich gehe meiner Wege, ihr könnt mir nachlaufen, ihr habt jüngere Beine als ich!" Catherlieschen gieng fort, und fand den Frieder, der war stehen geblieben und hatte gewartet, weil er gern was essen wollte: „Nun, gieb einmal her, was du mitgenommen hast." Sie reichte ihm das trockene Brot. „Wo ist die Butter und Käs?"

fragte der Mann. „Ach, Friederchen, sagte Catherlieschen, mit der Butter hab ich die Fahrgleisen geschmiert, und die Käse werden bald kommen: einer lief mir fort, da hab ich die andern nachgeschickt, sie sollten ihn rufen." Sprach der Frieder: „das hättest du nicht thun sollen, Catherlieschen, die Butter an den Weg schmieren, und die Käse den Berg hinab rollen!" „Ja, Friederchen, hättest mir's sagen müssen!"

Da aßen sie das trockene Brot zusammen, und der Frieder sagte: „Catherlieschen, hast du auch unser Haus verwahrt, wie du fort gegangen bist?" „Nein, Friederchen, hättest mir's vorher sagen sollen." „So geh wieder heim und bewahr erst das Haus, eh' wir weiter gehen, bring auch etwas anderes zu essen mit, ich will hier auf dich warten." Catherlieschen gieng zurück und dachte: Friederchen will etwas anderes zu essen, Butter und Käse schmeckt ihm wohl nicht, so will ich ein Tuch voll Hutzeln, und einen Krug Essig zum Trunk mitnehmen. Darnach riegelte es die Oberthüre zu, aber die Unterthüre hob es aus, nahm sie auf die Schulter und glaubte, wenn es die Thüre selber hätte, müßte das Haus wohl bewahrt seyn. Catherlieschen nahm sich die Zeit zum Weg, als es den Frieder wieder erreicht hatte, sprach es: „da, Friederchen, hast du die Hausthüre, da kannst du das Haus selber verwahren!“ „Ach Gott sprach er, was hab ich für eine kluge Frau, hebt die Thüre unten aus, daß alles hinein laufen kann, und riegelt sie oben zu! jetzt ist’s zu spät noch einmal nach Haus zu gehen, aber hast du die Thüre hierher gebracht, so sollst du sie auch ferner tragen.“ „Die Thüre will ich tragen, Friederchen, aber die Hutzeln und der Essigkrug werden mir zu schwer, die häng ich an die Thüre, die mag sie tragen.“

Nun giengen sie in den Wald, und suchten die Spitzbuben, aber sie fanden sie nicht. Weils endlich dunkel ward, stiegen sie auf einen Baum, und wollten da übernachten. Kaum aber saßen sie oben, so kamen die Kerle daher, die forttragen, was nicht gehen will, und die Dinge finden, eh sie verloren sind. Sie ließen sich gerade unter dem Baum nieder, auf dem Frieder und Catherlieschen saßen, machten sich ein Feuer an, und wollten ihre Beute theilen. Der Frieder stieg von der andern Seite herab, und sammelte Steine, stieg damit wieder hinauf und wollte die Diebe todt werfen. Die Steine aber trafen nicht, und die Spitzbuben riefen: „es ist bald Morgen, der Wind schüttelt die Tannäpfel herunter.“ Catherlieschen hatte die Thüre noch immer auf der Schulter, und weil sie so sehr drückte, dachte es, gewiß sind die Hutzeln schuld und sprach: „Friederchen, ich muß die Hutzeln hinabwerfen!“ „Nein,

Catherlieschen, jetzt nicht," antwortete er, sie können uns verrathen!" „Ach, Friederchen, ich muß, sie drücken mich gar zu sehr!" „Nun so thus, ins Henkers Namen!" Da rollten die Hutzeln zwischen den Aesten herab, und die Kerle unten sprachen: „die Vögel misten!" Eine Weile darnach, weil die Thüre noch immer drückte, sprach Catherlieschen: „Ach, Friederchen, ich muß den Essig ausschütten." „Nein, Catherlieschen, das darfst du nicht, es könnte uns verrathen." „Ach, Friederchen ich muß, er drückt mich gar zu sehr!" „Nun so thus ins Henkers Namen." Da schüttelte es den Essig aus, daß es die Kerle bespritzte, sie sprachen untereinander: „der Thau tröpfelt schon herunter!" endlich dachte Catherlieschen, sollte es wohl die Thüre seyn, was mich so drückt! und sprach: „Friederchen, ich muß die Thüre hinabwerfen." „Nein, Catherlieschen, jetzt nicht, sie könnte uns verrathen." „Ach, Friederchen ich muß, sie drückt mich gar zu sehr." „Nein, Catherlieschen halt sie ja fest." „Ach, Friederchen ich laß sie fallen." „Ei, antwortete Frieder ärgerlich, laß sie fallen ins Teufels Namen!" Da fiel sie herunter mit starkem Gepolter, und die Kerle unten riefen: „der Teufel kommt vom Baum herab!" rissen aus und ließen alles in Stich. Frühmorgens, wie die zwei herunter kamen, fanden sie all ihr Gold wieder, und trugens heim.

Zu Haus sprach der Frieder: „Catherlieschen, nun mußt du aber auch fein arbeiten.“ „Ja, Friederchen, antwortete es, wills schon thun, will ins Feld gehen, Frucht schneiden.“ Als Catherlieschen im Feld war, sprachs mit sich selber: „eß ich, eh ich schneid’, oder schlaf ich, eh ich schneid’? hei, ich will ehr essen!“ Da aß Catherlieschen, und ward überm Essen schläfrig, und fieng an zu schneiden, und schnitt halb träumend alle seine Kleider entzwei, Schürz, Rock und Hemd. Wie Catherlieschen nach langem Schlaf wieder erwachte, stand es halb nackigt da und sprach zu sich selber: „bin ichs, oder bin ichs nicht? ach ich bins nicht!“ Unterdessen wards Nacht, da lief Catherlieschen ins Dorf hinein, klopfte an ihres Mannes Fenster und rief: „Friederchen?“ „Was ist denn?“ – „Möcht gern wissen, ob Catherlieschen drinnen ist!“ „Ja, ja, antwortete der Frieder, es wird wohl drin liegen und schlafen.“ Sprach sie: „dann bin ich es gewiß nicht,“ und lief fort.

Draußen fand Catherlieschen Spitzbuben, die wollten stehlen; da gieng es bei sie und sprach: „ich will euch helfen stehlen.“ Die Spitzbuben meinten, es wüßte die Gelegenheit des Orts und warens zufrieden. Catherlieschen gieng vor die Häuser, und rief: „ihr Leute, habt ihr was, wir wollen stehlen!“ Dachten die Spitzbuben, das wird gut werden und wünschten, sie wären Catherlieschen wieder los. Da sprachen sie zu ihm: „vorm Dorf hat der Pfarrer Rüben auf dem Feld, geh hin und rupf uns Rüben.“ Catherlieschen gieng hin aufs Land, und fieng an zu rupfen, war aber so faul, und hob sich nicht in die Höhe. Da kam ein Mann vorbei, sahs, und stand still, und dachte, das wäre der Teufel, der so in den Rüben wühlte. Lief fort ins Dorf zum Pfarrer, und sprach: „ach Herr Pfarrer, in ihrem Rübenland ist der Teufel und rupft.“ „Ach Gott, sagte der Pfarrer, ich habe einen lahmen Fuß, ich kann nicht hin, und ihn wegbannen.“ Sprach der Mann: „so will ich euch hockeln,“ und hockelte ihn hinaus. Und wie sie bei's Land kamen, machte sich das Catherlieschen auf, und reckte sich in die Höhe. „Ach, der Teufel!“ rief der Pfarrer, und beide eilten fort, und der Pfarer konnte vor großer Angst mit seinem lahmen Fuß gerader laufen, als der Mann, der ihn gehockelt hatte, mit seinen geraden Beinen.

31.

Allerlei-Rauh.

Es war einmal ein König, dessen Frau hatte Haare von lauterem Gold und war so schön, daß sich ihres Gleichen nicht mehr auf Erden fand. Es geschah, daß sie krank lag, und als sie fühlte, daß sie bald sterben würde, rief sie den König, und sprach: „wenn du nach meinem Tode dich wieder vermählen willst, so nimm keine, die nicht eben so schön ist, als ich bin, und die nicht solche goldene Haare hat, wie ich habe; das mußt du mir versprechen." Nachdem es ihr der König versprochen hatte, that sie die Augen zu und starb.

Der König war lange Zeit gar nicht zu trösten, und dachte nicht daran, eine zweite Frau zu nehmen. Endlich sprachen seine Räthe: „es geht nicht anders, der König muß sich wieder vermählen, damit wir eine Königin haben." Nun wurden Boten weit und breit umhergeschickt, um eine Braut zu suchen, die so schön wäre, als es die verstorbene Königin gewesen. Es war aber keine in der Welt so schön, und wenn sie's auch gewesen wäre, so waren doch solche goldene Haare nicht mehr zu finden. Also kamen die Boten unverrichteter Sache wieder heim.

Nun hatte der König eine Tochter, die war gerade so schön, wie ihre verstorbene Mutter, und hatte auch solche goldene Haare. Als sie herangewachsen war, sah sie der König einmal an, und sah, daß sie in allem seiner verstorbenen Gemahlin gliche, da fühlte er eine heftige Liebe zu ihr, und sprach zu seinen Räthen: „ich will meine Tochter heirathen, denn sie ist das Ebenbild meiner verstorbenen Frau, und sonst kann ich doch keine Braut auf Erden finden.“ Als die Räthe das hörten, erschraken sie und sprachen: „Gott hat verboten, daß der Vater seine Tochter heirathet, und aus der Sünde kann nichts Gutes entspringen.“ Die Tochter erschrak auch, hoffte aber den König noch von seinem Vorhaben abzubringen. Da sagte sie zu ihm: „eh ich euern Wunsch erfülle, muß ich erst drei Kleider haben, eins, so golden wie die Sonne, eins so silbern wie der Mond, und eins so glänzend als die Sterne; ferner verlang ich einen Mantel von tausenderlei Pelz und Rauhwerk zusammengesetzt, zu welchem ein jedes Thier in euerm Reich ein Stück von seiner Haut gegeben hat.“ Dabei dachte sie, das ist anzuschaffen ganz unmöglich, und dann muß mein Vater von seinen Gedanken ablassen. Der König aber ließ nicht ab, und die geschicktesten Jungfrauen in seinem Reich mußten die drei Kleider weben, eins so golden als die Sonne, eins so silbern als der Mond, und eins so glänzend als die Sterne; und seine Jäger mußten alle Thiere in seinem Reich auffangen, und ihnen ein Stück von ihrer Haut abziehen, daraus ward ein Mantel von tausenderlei Rauhwerk gemacht. Und wie alles fertig war, ließ es der König zu ihr bringen, und sprach: „morgen soll die Hochzeit seyn."

Als nun die Königstochter sah, daß keine Hoffnung mehr war, ihres Vaters Herz umzuwenden, so stand sie, wie alles schlief, in der Nacht auf, nahm von ihren Kostbarkeiten dreierlei, einen goldenen Ring, ein goldenes Spinnrädchen und ein goldenes Haspelchen; die drei Kleider von Sonne, Mond und Sterne that sie in eine Nußschale, zog den Mantel von allerlei Rauhwerk an, und machte sich Gesicht und Hände mit Ruß schwarz. Dann befahl sie sich Gott und gieng fort, und gieng die ganze Nacht, bis sie in einen großen Wald kam. Und weil sie so müd war, setzte sie sich in einen hohlen Baum, und schlief ein.

Sie schlief aber noch immer, als es schon hoher Tag war. Da trug es sich zu, daß der König, dem der Wald gehörte, darin jagte, und seine Hunde zu dem Baum kamen, die schnupperten und liefen daran herum und bellten. Sprach der König zu den Jägern: „seht doch, was dort für ein Wild sich versteckt hat." Die Jäger giengen hin, und kamen wieder und sprachen: „in dem hohlen Baum liegt ein wunderliches Thier, das wir nicht kennen und noch nicht gesehen haben; an seiner Haut ist tausenderlei Pelz, es liegt aber und schläft." Sprach der König: „seht zu, ob ihrs lebendig fangen könnt, dann bindets auf den Wagen, und nehmts mit." Da packten es die Jäger, davon erwachte das Mädchen, erschrak und sprach: „ich bin ein armes Kind, das Vater und Mutter verlassen haben, erbarmt euch mein und nehmt mich mit." Da sprachen sie: „ja, *Allerlei-Rauh*, du bist gut für die Küche, komm nur mit, da kannst du die Asche zusammenkehren." Also setzten sie es auf den Wagen, und fuhren es heim ins königliche Schloß. Dort wiesen sie ihm ein Ställchen unter der Treppe, wo kein Tageslicht hinkam, und sagten: „Rauhthierchen, da kannst du wohnen und schlafen." Dann wurde es in die Küche geschickt, da trug es Holz und Wasser, schürte das Feuer, rupfte das Federvieh, belas das Gemüs, kehrte die Asche, und that alle schlechte Arbeit.

Da lebte Allerlei-Rauh lange Zeit recht armselig. Ach! du schöne Königstochter, wie solls mit dir noch werden! Es geschah aber einmal, daß ein Fest im Schloß gefeiert wurde, da sprach sie zum Koch: „darf ich ein wenig hinaufgehen und zusehen; ich will mich außen vor die Thüre stellen." Antwortete der Koch: „ja, geh nur hin, aber in einer halben Stunde mußt du wieder hier seyn, und die Asche zusammentragen." Da nahm sie ihr Oehllämpchen, gieng in ihr Ställchen, und zog den Pelzrock aus, und wusch sich den Ruß von dem Gesicht und den Händen ab, daß ihre Schönheit hervorkam, nicht anders als wie die Sonne aus den schwarzen Wolken hervorkommt. Dann machte sie die Nuß auf, und holte ihr Kleid hervor, das wie die Sonne glänzte. Und wie das geschehen war, gieng sie hinauf zum Fest, und alle traten ihr aus dem Weg, denn niemand kannte sie, und meinten nicht anders, als daß es eine Königstochter wäre. Der König aber kam ihr entgegen, und reichte ihr die Hand und tanzte mit ihr, und dachte in seinem Herzen: „so schön habe ich noch keine gesehen." Als der Tanz zu Ende war, verneigte sie sich, und wie sich der König umsah, war sie verschwunden, und niemand wußte wohin. Die Wächter wurden gerufen, die vor dem Schlosse standen, aber sie hatten niemand erblickt.

Sie war aber in ihr Ställchen gelaufen, hatte geschwind ihr Kleid ausgezogen, Gesicht und Hände schwarz gemacht, und den Pelzmantel umgethan, und war wieder Allerlei-Rauh. Als sie nun in die Küche kam, und an ihre Arbeit gehen und die Asche zusammenkehren wollte, sprach der Koch: „laß das gut seyn, bis morgen, und koche mir da die Suppe für den König, ich will auch einmal ein bischen oben zugucken; aber laß mir kein Haar hinein fallen, sonst kriegst du in Zukunft nichts mehr zu essen!“ Da gieng der Koch fort, und Allerlei-Rauh kochte die Suppe für den König, und kochte eine Brotsuppe so gut es konnte, und wie sie fertig war, holte es in dem Ställchen seinen goldenen Ring, und legte ihn in die Schüssel, in welche die Suppe angerichtet ward. Als der Tanz zu Ende war, ließ sich der König die Suppe bringen, und aß sie, und sie schmeckte ihm so gut, daß er meinte, niemals eine so gute Suppe gegessen zu haben. Wie er aber auf den Grund kam, sah er da einen goldenen Ring liegen, und konnte nicht begreifen, wie er dahin gerathen war. Da befahl er, der Koch sollte vor ihn kommen; der Koch erschrak, wie er den Befehl hörte, und sprach zu Allerlei-Rauh: „gewiß hast du ein Haar in die Suppe fallen lassen; wenns wahr ist, so kriegst du Schläge.“ Als er vor den König kam, fragte dieser, wer die Suppe gekocht hätte? Antwortete der Koch: „ich habe sie gekocht.“ Der König aber sprach: „das ist nicht wahr, denn sie war anders und besser gekocht, als sonst.“ Antwortete er: „ich muß es gestehen, daß ich sie nicht gekocht habe, sondern das Rauhthierchen.“ Sprach der König: „laß es herauf kommen;“ und als Allerlei-Rauh kam, fragte er: „wer bist du?“ „Ich bin ein armes Kind, das keinen Vater und Mutter mehr hat,“ antwortete es. Fragte er weiter: „wozu bist du in meinem Schloß?“ Antwortete es: „ich bin zu nichts gut, als daß mir die Stiefeln um den Kopf geworfen werden." Fragte er weiter: „wo hast du den Ring her, der in der Suppe war?" Antwortete es: „von dem Ring weiß ich nichts;" also konnte der König nichts erfahren, und mußte es wieder fortschicken.

Ueber eine Zeit war wieder ein Fest, da bat Allerlei-Rauh den Koch wie vorigesmal um Erlaubniß, zusehen zu dürfen. Antwortete er: „ja, aber komm in einer halben Stunde wieder, und koch dem König die Brotsuppe, die er so gerne ißt." Da lief es in sein Ställchen, wusch sich geschwind, und nahm aus der Nuß das Kleid, das so silbern war, als der Mond, und that es an. Da gieng sie wie eine Königstochter hinauf, und der König trat ihr entgegen und freute sich, daß er sie wiedersah, und weil eben der Tanz anhub, so tanzten sie zusammen. Wie aber der Tanz zu Ende war, verschwand sie wieder so schnell, daß der König nicht bemerken konnte, wo sie hingieng. Sie sprang aber in ihr Ställchen, und machte sich wieder zum Rauhthierchen, und gieng in die Küche, die Brotsuppe zu kochen. Als der Koch oben war, holte es das goldene Spinnrad und that es in die Schüssel, so daß die Suppe darüber angerichtet wurde. Darnach ward sie dem König gebracht, der aß sie und sie schmeckte ihm so gut, wie das vorigemal, und ließ den Koch kommen, der mußte wieder gestehen, daß Allerlei-Rauh die Suppe gekocht. Allerlei-Rauh kam da wieder vor den König, aber sie antwortete, daß sie nur dazu da sey, daß ihr die Stiefeln an den Kopf geworfen würden, und daß sie von dem goldenen Spinnrädchen gar nichts wisse.

Als aber der König zum drittenmal ein Fest anstellte, da gieng es nicht anders, als die vorigemale. Der Koch sprach zwar: „du bist eine Hexe, Rauhthierchen, und thust immer etwas in die Suppe, davon sie so gut wird, und dem König besser schmeckt, als was ich koche;“ doch weil es so bat, so ließ er es auf die bestimmte Zeit hingehen. Nun zog es sein Kleid an, das wie die Sterne glänzte, und trat damit in den Saal. Der König tanzte wieder mit der schönen Jungfrau, und meinte, daß sie noch niemals so schön gewesen wäre. Und während er tanzte, steckte er ihr, ohne daß sie es merkte, einen goldnen Ring an den Finger, und hatte befohlen, daß der Tanz recht lang währen sollte. Wie er zu Ende war, wollte er sie an den Händen fest halten, aber sie riß sich los und sprang so geschwind unter die Leute, daß sie vor seinen Augen verschwand. Sie lief, was sie konnte, in ihr Ställchen unter der Treppe, weil sie aber zu lange und über die halbe Stunde geblieben war, so konnte sie das schöne Kleid nicht ausziehen, sondern warf nur den Mantel von Pelz darüber, und in der Eile machte es sich auch nicht ganz rußig, sondern ein Finger blieb weiß. Allerlei-Rauh lief nun in die Küche, und kochte dem König die Brotsuppe, und legte, wie der Koch fort war, den goldenen Haspel hinein. Der König, als er ihn auf dem Grund fand, ließ Allerlei-Rauh wieder rufen, da erblickte er den weißen Finger, und sah den Ring, den er im Tanze ihr angesteckt hatte. Da ergriff er sie an der Hand und hielt sie fest, und als sie sich losmachen und fortspringen wollte, that sich der Pelzmantel ein wenig auf, und das Sternenkleid schimmerte hervor. Da faßte der König den Mantel und riß ihn ab, und die goldenen Haare und der ganze herrliche Anzug kam hervor, und sie konnte sich nicht mehr verbergen, und wischte Ruß und Asche aus ihrem Gesicht, da war sie die schönste Königstochter, die je auf Erden gegangen ist. Der König aber sprach: „du bist meine liebe Braut, und wir scheiden nimmermehr von einander." Darauf ward die Hochzeit gefeiert, und sie lebten vergnügt bis an ihren Tod.

32.

Jorinde und Joringel.

Es war einmal ein altes Schloß, mitten in einem großen, dicken Wald, darinnen wohnte eine alte Frau ganz allein, das war eine Erzzauberin. Am Tage machte sie sich zur Katze oder zur Nachteule, des Abends aber wurde sie wieder ordentlich wie ein Mensch gestaltet. Sie konnte das Wild und die Vögel herbeilocken, und dann schlachtete sie's, kochte und bratete es. Wenn jemand auf hundert Schritte dem Schloß nahe kam, so mußte er stille stehn, und konnte sich nicht von der Stelle bewegen, bis sie ihn lossprach; wenn aber eine keusche Jungfrau in diesen Kreis kam, so verwandelte sie dieselbe in einen Vogel, und sperrte sie dann in einen Korb ein, in die Kammern des Schlosses. Sie hatte wohl sieben tausend solcher Körbe mit so raren Vögeln im Schlosse.

Nun war einmal eine Jungfrau, die hieß Jorinde; sie war schöner als alle andere Mädchen, die, und dann ein gar schöner Jüngling, Namens Joringel, hatten sich zusammen versprochen. Sie waren in den Brauttagen, und sie hatten ihr größtes Vergnügen eins am andern. Damit sie nun einsmalen vertraut zusammen reden könnten, giengen sie in den Wald spazieren. „Hüte dich, sagte Joringel, daß du nicht so nahe ans Schloß kommst!“ Es war ein schöner Abend, die Sonne schien zwischen den Stämmen der Bäume hell ins dunkle Grün des Waldes, und die Turteltaube sang kläglich auf den alten Maibuchen.

Jorinde weinte zuweilen, setzte sich hin im Sonnenschein und klagte. Joringel klagte auch; sie waren so bestürzt, als wenn sie hätten sterben sollen; sie sahen sich um, waren irre, und wußten nicht, wohin sie nach Hause gehen sollten. Noch halb stand die Sonne über dem Berg, und halb war sie unter; Joringel sah durchs Gebüsch, und sah die alte Mauer des Schlosses nah bei sich, er erschrak und wurde todtbang. Jorinde sang:

„Mein Vöglein mit dem Ringlein roth
Singt Leide, Leide, Leide;
Es singt dem Täublein seinen Tod,
Singt Leide, Lei – Zicküth! Zicküth! Zicküth!“

Joringel sah nach Jorinde. Jorinde war in eine Nachtigall verwandelt, die sang Zicküth! Zicküth! Eine Nachteule mit glühenden Augen flog dreimal um sie herum, und schrie dreimal Schu – hu – hu – hu! Joringel konnte sich nicht regen; er stand da wie ein Stein, konnte nicht weinen nicht reden, nicht Hand noch Fuß regen. Nun war die Sonne unter; die Eule flog in einen Strauch, und gleich darauf kam eine alte, krumme Frau aus diesem hervor, gelb und mager, große rothe Augen, krumme Nase, die mit der Spitze ans Kinn reichte. Sie murmelte, fieng die Nachtigall, und trug sie auf der Hand fort. Joringel konnte nichts sagen, nicht von der Stelle kommen; die Nachtigall war fort, endlich kam das Weib wieder, und sagte mit dumpfer Stimme: „grüß dich, Zachiel! wenns Möndel ins Körbel scheint, bind los, Zachiel, zu guter Stund!“ Da wurd Joringel los; er fiel vor dem Weib auf die Knie und bat, sie möchte ihm seine Jorinde wieder geben; aber sie sagte, er soll sie nie wieder haben, und gieng fort. Er rief, er weinte, er jammerte, aber alles umsonst. Uu! was soll mir geschehn? Joringel gieng fort, und kam endlich in ein fremdes Dorf; da hütete er die Schafe lange Zeit. Oft ging er rund um das Schloß herum, aber nicht zu nahe dabei; endlich träumte er einmal des Nachts, er fänd eine blutrothe Blume, in deren Mitte eine schöne große Perle war; die Blume brach er ab, gieng damit zum Schlosse; alles, was er mit der Blume berührte, ward von der Zauberei frei; auch träumte er, er hätte seine Jorinde dadurch wieder bekommen. Des Morgens, als er erwachte, fieng er an, durch Berg und Thal zu suchen, ob er eine solche Blume fände; er suchte bis an den neunten Tag, da fand er die blutrothe Blume am Morgen früh. In der Mitte war ein großer Thautropfe, so groß wie die schönste Perle. Diese Blume trug er Tag und Nacht bis zum Schloß. Wie er auf hundert Schritt nahe zum Schloß kam, da ward er nicht fest, sondern gieng fort bis ans Thor. Joringel freute sich hoch, berührte die Pforte mit der Blume, und sie sprang auf; er gieng hinein, durch den Hof, horchte, wo er die vielen Vögel vernähme. Endlich hörte er's; er gieng und fand den Saal, darauf war die Zauberin, und fütterte die Vögel in den sieben tausend Körben. Wie sie den Joringel sah, ward sie bös, sehr bös, schalt, spie Gift und Galle gegen ihn aus, aber sie konnte auf zwei Schritte nicht an ihn kommen. Er kehrte sich nicht an sie, und gieng, besah die Körbe mit den Vögeln; da waren aber viele hundert Nachtigallen; wie sollte er nun seine Jorinde wieder finden? Indem er so zusah, merkt er, daß die Alte heimlich ein Körbchen mit einem Vogel nimmt, und damit nach der Thüre geht. Flugs sprang er hinzu, berührte das Körbchen mit der Blume, und auch das alte Weib; nun konnte sie nicht mehr zaubern, und Jorinde stand da, hatte ihn um den Hals gefaßt, so schön, wie sie ehemals war. Da machte er auch alle die andern Vögel wieder zu Jungfrauen, und da gieng er mit seiner Jorinde nach Hause, und sie lebten lange vergnügt zusammen.

33.

Hans im Glück.

Hans hatte sieben Jahre bei seinem Herrn gedient, da sprach er zu ihm: „Herr, meine Zeit ist herum, nun wollte ich gern wieder heim zu meiner Mutter, gebt mir meinen Lohn." Der Herr antwortete: „du hast mir treu und ehrlich gedient, wie der Dienst, so soll der Lohn seyn;" und gab ihm ein Stück Gold, das so groß als Hansens Kopf war. Hans zog sein Tüchlein, wickelte den Klumpen hinein, setzte ihn auf die Schulter, und machte sich auf den Weg nach Haus. Wie er so dahin gieng, und immer ein Bein vor das andere setzte, kam ihm ein Reiter in die Augen, der frisch und fröhlich auf einem muntern Pferd vorbei trabte. „Ach, sprach Hans ganz laut, was das Reiten ein schönes Ding ist, da sitzt einer wie auf einem Stuhl, stößt sich an keinen Stein, spart die Schuh, und kommt fort, er weiß nicht wie!" Der Reiter, der das gehört hatte, rief ihm zu: „ei, Hans, warum laufst du auch zu Fuß?" „Ach, da muß ich den Klumpen heim tragen, es ist zwar Gold, aber ich kann den Kopf dabei nicht gerad halten, und es drückt mir auch auf die Schulter." „Weißt du was, sagte der Reiter und hielt an, wir wollen tauschen, ich gebe dir mein Pferd, und du giebst mir deinen Klumpen." „Von Herzen gern, sprach Hans, aber ich sage euch, ihr müßt euch damit schleppen." Der Reiter stieg ab, nahm das Gold, und half dem Hans hinauf, gab ihm die Zügel fest in die Hände, und sprach: „wenns nun recht geschwind soll gehen, so mußt du mit der Zunge schnalzen, und hopp, hopp! rufen."

Hans war seelenfroh, als er auf dem Pferd saß, und so frank und frei dahin ritt. Ueber ein Weilchen fiels ihm ein, es sollte noch schneller gehen, und er fieng an, mit der Zunge zu schnalzen, und hopp, hopp! zu rufen. Das Pferd setzte sich in starken Trab, und eh' sichs Hans versah, war er abgeworfen, und lag in einem Graben, der die Aecker von der Landstraße trennte. Das Pferd wär auch durchgegangen, wenn es nicht ein Bauer aufgehalten hätte, der des Weges kam, und eine Kuh vor sich trieb. Hans suchte seine Glieder zusammen, und machte sich wieder auf die Beine. Er war aber verdrießlich und sprach zu dem Bauer: „es ist ein schlechter Spaß das Reiten, dazu, wenn man auf so eine Mähre geräth wie diese, die stößt, und einen herabwirft, daß man den Hals brechen kann; ich setze mich nun und nimmermehr wieder auf. Da lob ich mir eure Kuh, da kann einer mit Gemächlichkeit hinter her gehen, und hat obendrein seine Milch, Butter und Käse jeden Tag gewiß. Was gäb ich drum, wenn ich so eine Kuh hätte!" „Nun, sprach der Bauer, geschieht euch so ein großer Gefallen, so will ich euch wohl die Kuh für das Pferd vertauschen." Hans willigte mit tausend Freuden ein; der Bauer schwang sich aufs Pferd, und ritt eilig davon.

Hans trieb seine Kuh ruhig vor sich her, und bedachte den glücklichen Handel. „Hab ich nur ein Stück Brot, und daran wird mirs doch nicht fehlen, so kann ich, so oft mir's beliebt, Butter und Käse dazu essen; hab ich Durst, so melk' ich meine Kuh und trinke Milch: Herz, was verlangst du mehr?" Als er zu einem Wirthshaus kam, machte er Halt, aß in der großen Freude alles, was er bei sich hatte, sein Mittags- und Abendbrot rein auf, und ließ sich für seine letzten paar Heller ein halbes Glas Bier einschenken. Dann trieb er seine Kuh weiter, immer nach dem Dorfe seiner Mutter zu. Die Hitze wurde aber drückender, je näher der Mittag kam, und Hans befand sich in einer Heide, die wohl noch eine Stunde dauerte. Da ward es ihm ganz heiß, so daß ihm vor Durst die Zunge am Gaumen klebte. Dem Ding ist zu helfen, dachte Hans, jetzt will ich meine Kuh melken, und mich an der Milch laben. Er band sie an einen dürren Baum, und stellte seine Leder-Mütze unter, aber so sehr er sich auch abmühte, es kam kein Tropfen Milch zum Vorschein. Weil er sich aber ungeschickt dabei anstellte, so gab ihm das ungeduldige Thier endlich mit einem der Hinterfüße einen solchen Schlag vor den Kopf, daß er zu Boden taumelte, und eine Zeitlang sich gar nicht besinnen konnte, wo er war. Glücklicherweise kam gerade ein Metzger des Weges, der auf einem Schubkarren ein junges Schwein liegen hatte. „Was sind das für Streiche?" rief er, und half dem guten Hans auf. Hans erzählte, was vorgefallen war. Der Metzger reichte ihm seine Flasche und sprach: „da trinkt einmal und erholt euch; die Kuh will euch wohl keine Milch geben, das ist ein altes Thier, das höchstens noch zum Ziehen taugt oder zum Schlachten." „Ei, ei, sprach Hans, und strich sich die Haare über den Kopf, wer hätte das gedacht! es ist freilich gut, wenn man so ein Thier ins Haus abschlachten kann, was giebts für Fleisch! aber ich mache mir aus dem Kuhfleisch nicht viel, es ist mir nicht saftig genug. Ja, wer so ein junges Schwein hätte, das schmeckt anders, dabei noch die Würste!" „Hört Hans, sprach da der Metzger, euch zu Lieb' will ich tauschen, und will euch das Schwein für die Kuh lassen." „Gott lohn' euch eure Freundschaft," sprach Hans, übergab ihm die Kuh, und ließ sich das Schweinchen vom Karrn losmachen, und den Strick, woran es gebunden war, in die Hand geben.

Hans zog weiter und überdachte, wie ihm doch alles nach Wunsch gienge, begegnete ihm ja eine

Verdrießlichkeit, so würde sie doch gleich wieder gut gemacht. Es gesellte sich darnach ein Bursch zu ihm, der trug eine schöne, weiße Gans unter dem Arm. Sie boten einander die Zeit, und Hans fieng an, ihm von seinem Glück zu erzählen, und wie er immer so vortheilhaft getauscht hätte. Der Bursch sagte, daß er die Gans zu einem Kindtaufsschmaus bringe: „hebt einmal, fuhr er fort, und packte sie bei den Flügeln, wie sie schwer ist, sie ist aber auch acht Wochen lang genudelt worden. Wer in den Braten beißt, muß sich das Fett von beiden Seiten abwischen." „Ja, sprach Hans, und wog sie mit der einen Hand, die hat ihr Gewicht, aber mein Schwein ist auch keine Sau." Indessen sah sich der Bursch nach allen Seiten ganz bedenklich um, schüttelte auch wohl mit dem Kopf. „Hört, fieng er darauf an, mit eurem Schweine mags nicht ganz richtig seyn. In dem Dorfe, durch das ich gekommen bin, ist eben dem Schulzen eins aus dem Stall gestohlen worden. Ich fürchte, ich fürchte, ihr habts da in der Hand, es wäre ein schlimmer Handel, wenn sie euch damit fänden, das geringste ist, daß ihr ins finstere Loch gesteckt werdet." Dem guten Hans ward bang: „ach Gott, sprach er, helft mir aus der Noth, ihr wißt hier herum bessern Bescheid, nehmt mein Schwein da, und laßt mir eure Gans." „Ich muß schon etwas aufs Spiel setzen, antwortete der Bursche, aber ich will doch nicht Schuld seyn, daß ihr ins Unglück gerathet.“ Er nahm also das Seil in die Hand, und trieb das Schwein schnell auf einem Seitenweg fort; der gute Hans aber gieng seiner Sorgen entledigt mit der Gans unter dem Arm seiner Heimath zu. Wenn ichs recht überlege, sprach er mit sich selbst, habe ich noch Vortheil bei dem Tausch, erstlich den guten Braten, hernach die Menge von Fett, die heraustraufeln wird, das gibt Gänsfettbrot auf ein Viertel Jahr, und endlich die schönen weißen Federn, die laß ich mir in mein Kopfkissen stopfen, und darauf will ich wohl ungewiegt einschlafen. Was wird meine Mutter eine Freude haben!“

Als er durch das letzte Dorf gekommen war, stand da ein Scheerenschleifer mit seinem Karren, und sang zu seiner schnurrenden Arbeit:

„ich schleife die Scheere, und drehe geschwind,
und hänge mein Mäntelchen nach dem Wind!“

Hans blieb stehen, und sah ihm zu; endlich redete er ihn an und sprach: „euch gehts auch wohl, weil ihr so lustig bei eurem Schleifen seyd.“ „Ja, antwortete der Scheerenschleifer, das Handwerk hat einen güldenen Boden. Ein rechter Schleifer ist ein Mann, der, so oft er in die Tasche greift, auch Geld darin findet. Aber wo habt ihr die schöne Gans gekauft?“

– „Die hab' ich nicht gekauft, sondern für mein Schwein eingetauscht." – „Und das Schwein?" – „Das hab' ich für eine Kuh gekriegt." – „Und die Kuh?" – „Die hab' ich für ein Pferd bekommen." – „Und das Pferd?" – „Dafür hab' ich einen Klumpen Gold, so groß als mein Kopf gegeben." – „Und das Gold?" – „Ei, das war mein Lohn für sieben Jahre Dienst." „Ihr habt euch jederzeit zu helfen gewußt, sprach der Schleifer, könnt ihrs nun dahin bringen, daß ihr das Geld in der Tasche springen hört, wenn ihr aufsteht, so habt ihr euer Glück gemacht." „Wie soll ich das anfangen?" sprach Hans. „Ihr müßt ein Schleifer werden, wie ich, dazu gehört eigentlich nichts, als ein Wetzstein, das andere findet sich schon von selbst. Da hab' ich einen, der ist ein wenig schadhaft, dafür sollt ihr mir aber auch weiter nichts, als eure Gans geben, wollt ihr das?" „Wie könnt ihr noch fragen, antwortete Hans, ich werde ja zum glücklichsten Menschen auf Erden, habe ich Geld, so oft ich in die Tasche greife, was brauche ich da zu sorgen!" und reichte ihm die Gans hin. „Nun," sprach der Schleifer und hob einen schweren, gewöhnlichen Feldstein, der neben ihm lag, auf, „da habt ihr auch noch einen tüchtigen Stein dazu, auf dem sichs gut schlagen läßt, und ihr eure alten Nägel gerade klopfen könnt. Nehmt ihn und hebt ihn ordentlich auf."

Hans lud den Stein auf, und gieng mit vergnügtem Herzen weiter, seine Augen leuchteten vor Freude, und er sprach für sich: „ich muß in einer Glückshaut geboren seyn, alles was ich wünsche trifft mir ein, wie einem Sonntagskind." Indessen, weil er seit Tagesanbruch auf den Beinen gewesen, begann er müd zu werden; auch plagte ihn der Hunger, da er allen Vorrath auf einmal in der Freude über die erhandelte Kuh aufgezehrt hatte. Er konnte endlich nur mit Mühe weiter gehen, und mußte jeden Augenblick Halt machen, dabei drückten ihn die Steine ganz erbärmlich. Da konnte er sich des Gedankens nicht erwehren, wie gut es wäre, wenn er sie gerade jetzt nicht zu tragen brauchte. Wie eine Schnecke kam er zu einem Feldbrunnen geschlichen, da wollte er ruhen, und sich mit einem frischen Trunk laben; damit er aber die Steine im Niedersitzen nicht beschädigte, legte er sie bedächtig neben sich auf den Rand des Brunnens. Darauf drehte er sich um, und wollte sich zum Trinken bücken, da versah ers, stieß ein klein wenig an, und beide Steine plumpten hinab. Hans, als er sie mit seinen Augen in die Tiefe hatte versinken sehen, sprang vor Freuden auf, kniete dann nieder, und dankte Gott mit Thränen in den Augen, daß er ihm auch diese Gnade erwiesen, und auf eine so gute Art von den Steinen befreit, das sey das einzige, was ihm noch zu seinem Glück gefehlt. „So glücklich wie ich, rief er aus, giebt es keinen Menschen unter der Sonne.“ Mit leichtem Herzen und frei von aller Last sprang er nun, bis er daheim bei seiner Mutter war.

34.

Der Arme und der Reiche.

Vor alten Zeiten, als der liebe Gott noch selber auf Erden unter den Menschen wandelte, trug es sich zu, daß er eines Abends müde war, und ihn die Nacht überfiel, eh' er zu einer Herberge kommen konnte. Nun standen auf dem Weg vor ihm zwei Häuser einander gegenüber, das eine groß und schön, das andere klein und ärmlich anzusehen, und gehörte das große einem reichen, das kleine einem armen Manne. Da dachte unser Herr Gott: dem Reichen werde ich nicht beschwerlich fallen, bei ihm will ich anklopfen. Der Reiche, als er an seine Thüre klopfen hörte, machte das Fenster auf, und fragte den Fremdling, was er suche? Der Herr antwortete: „ich bitte nur um ein Nachtlager.“ Der Reiche guckte den Wandersmann an vom Haupt bis zu den Füßen, und weil der liebe Gott schlichte Kleider trug, und nicht aussah wie einer, der viel Geld in der Tasche hat, schüttelte er mit dem Kopf und sprach: „ich kann euch nicht aufnehmen, meine Kammern liegen voll Kräuter und Samen, und sollte ich einen jeden herbergen, der an meine Thüre klopfte, so könnte ich selber den Bettelstab in die Hand nehmen. Sucht anderswo ein Auskommen." Schlug damit sein Fenster zu, und ließ den lieben Gott stehen. Also kehrte ihm der liebe Gott den Rücken, gieng hinüber zu dem kleinen Haus, und klopfte an. Kaum hatte er angeklopft, klinkte der Arme schon sein Thürchen auf, und bat den Wandersmann einzutreten und bei ihm die Nacht über zu bleiben: „es ist schon finster, sagte er, und heute könnt ihr doch nicht weiter kommen." Da gefiel es dem lieben Gott und er trat zu ihm ein; die Frau des Armen reichte ihm die Hand, hieß ihn willkommen, und sagte, er möchte sichs bequem machen und vorlieb nehmen, sie hätten nicht viel, aber was es wäre, gäben sie von Herzen gern. Dann setzte sie Kartoffeln ans Feuer, und derweil sie kochten, melkte sie ihre Ziege, damit sie ein Bischen Milch dazu hätten. Und als der Tisch gedeckt war, setzte sich der liebe Gott zu ihnen und aß mit, und schmeckte ihm die schlechte Kost gut, denn es waren vergnügte Gesichter dabei. Wie sie gegessen hatten und Schlafenszeit war, rief die Frau heimlich ihren Mann und sprach: „hör', lieber Mann, wir wollen uns heut' Nacht eine Streu machen, damit der arme Wanderer sich in unser Bett legen und ausruhen kann, er ist den ganzen Tag über gegangen, da wird einer müd." „Von Herzen gern, antwortete er, ich wills ihm anbieten," gieng zu dem lieben Gott und bat ihn, wenns ihm recht wäre, möcht' er sich in ihr Bett legen und seine Glieder ordentlich ausruhen. Der liebe Gott aber wollte den beiden Alten ihr Lager nicht nehmen, doch ließen sie nicht ab, bis er es endlich that und sich in ihr Bett legte; sich selbst aber machten sie eine Streu auf die Erde. Am andern Morgen standen sie vor Tag schon auf, und kochten dem Gast ein armes Frühstück. Als nun die Sonne durchs Fensterlein herein schien, und der liebe Gott aufgestanden war, aß er wieder mit ihnen, und wollte dann seines Weges ziehen. Doch als er in der Thüre stand, sprach er: „weil ihr so mitleidig und fromm seyd, so wünscht euch dreierlei, das will ich euch erfüllen." Da sagte der Arme: „was soll ich mir sonst wünschen, als die ewige Seligkeit, und daß wir zwei, so lang wir leben, gesund sind, und unser nothdürftiges, tägliches Brot haben; fürs Dritte weiß ich mir nichts zu wünschen." Der liebe Gott sprach: „willst du dir nicht ein neues Haus für das alte wünschen?“ Da sagte der Mann, ja, wenn das gienge, wärs ihm wohl lieb. Nun erfüllte der Herr ihre Wünsche und verwandelte ihr altes Haus in ein schönes neues, und als das geschehen war, verließ er sie und zog weiter.

Als es voller Tag war, der Reiche aufstand, und sich ins Fenster legte, sah er gegenüber ein schönes neues Haus, da wo sonst eine alte Hütte gestanden hatte. Da machte er Augen, rief seine Frau und sprach: „Frau, sieh einmal, wie ist das zugegangen? Gestern Abend stand dort eine elende Hütte, und nun ists ein schönes neues Haus; lauf doch einmal hinüber und hör', wie das gekommen ist.“ Die Frau gieng hin und fragte den Armen aus, der erzählte ihr: „gestern Abend kam ein Wanderer, der suchte Nachtherberge, und heute Morgen beim Abschied hat er uns drei Wünsche gewährt: die ewige Seligkeit, Gesundheit in diesem Leben und das nothdürftige tägliche Brot, und statt unserer alten Hütte ein schönes neues Haus.“ Als die Frau des Reichen das gehört hatte, lief sie fort und erzählte es ihrem Manne, der sprach: „ich möchte mich zerreissen und zerschlagen, hätt' ich nur das gewußt, der Fremde ist auch bei mir gewesen, ich habe ihn aber abgewiesen.“ „Eil dich, sprach die Frau, und setz dich auf dein Pferd, der Mann ist noch nicht weit, du mußt ihn einholen, und dir auch drei Wünsche gewähren lassen.“

Da setzte sich der Reiche auf, und holte den lieben Gott ein, redete fein und lieblich zu ihm, und sprach, er möcht's nicht übel nehmen, daß er ihn nicht gleich eingelassen, er hätte den Schlüssel zur Hausthüre gesucht, derweil wäre er weggegangen; wenn er zurückkäme, müßte er bei ihm einkehren. „Ja, sprach der liebe Gott, wenn ich einmal zurückkomme, will ich es thun." Da fragte der Reiche, ob er nicht auch drei Wünsche thun dürfte, wie sein Nachbar? „Ja, sagte der liebe Gott, das dürfe er wohl, es wäre aber nicht gut für ihn, und sollte sich lieber nichts wünschen." Der Reiche aber meinte, er wollte sich schon etwas Gutes aussuchen, wenn es nur gewiß erfüllt würde. Sprach der liebe Gott: „reite nur heim, und drei Wünsche, die du thust, die sollen erfüllt werden."

Nun hatte der Reiche, was er wollte, ritt heimwärts und besann sich, was er sich wünschen sollte; wie er so nachdachte und die Zügel fallen ließ, fieng das Pferd an zu springen, so daß er immerfort in seinen Gedanken gestört wurde, und sie gar nicht zusammen bringen konnte. Da ward er über das Pferd ärgerlich, und sprach in Ungeduld: „ei so wollt' ich, daß du den Hals zerbrächst!" und wie er das Wort ausgesprochen, plump! fiel er auf die Erde, und lag das Pferd todt und regte sich nicht mehr, und war der erste Wunsch erfüllt. Weil er aber geizig war, wollt' er das Sattelzeug nicht im Stich lassen, schnitt's ab, hing's auf den Rücken, und mußte nun zu Fuß nach Haus gehen. Doch tröstete er sich, daß ihm noch zwei Wünsche übrig wären. Wie er nun dahin gieng durch den Sand, und als zu Mittag die Sonne heiß brannte, ward's ihm so warm und verdrießlich zu Muth; der Sattel drückte ihn dazu auf den Rücken, auch war ihm noch immer nicht eingefallen, was er sich wünschen sollte. Wenn ich mir auch alle Reiche der Welt und alle Schätze wünsche, dachte er bei sich selbst, so habe ich hernach doch noch allerlei Wünsche, dieses und jenes, das weiß ich im voraus; ich will mir aber etwas wünschen, daß mir gar nichts mehr übrig bleibt, wornach ich noch Verlangen hätte. Meinte er, diesmal hätte er etwas, so schien's ihm hernach doch viel zu wenig und gering. Da kam's ihm so in die Gedanken, was es seine Frau jetzt gut habe, die sitze daheim in einer kühlen Stube und lasse sich's wohl schmecken. Das ärgerte ihn ordentlich, und ohne daß er's wußte, sprach er so hin: „ich wollt', die säß daheim auf dem Sattel und könnt' nicht herunter, statt daß ich ihn da mit mir auf dem Rücken schleppe." Und wie die Worte zu Ende waren, da war der Sattel von seinem Rücken verschwunden, und er merkte, daß sein zweiter Wunsch auch in Erfüllung gegangen war. Da ward ihm erst recht heiß, und er fieng an zu laufen, und wollte sich daheim ganz einsam hinsetzen, und auf was Großes für den letzten Wunsch nachdenken. Wie er aber ankommt und seine Stubenthür aufmacht, sitzt da seine Frau mittendrin auf dem Sattel, und kann nicht herunter, jammert und schreit. Da sprach er: „gieb dich zufrieden, ich will dir alle Reichthümer der Welt herbei wünschen, nur bleib da sitzen.“ Sie antwortete aber: „was helfen mir alle Reichthümer der Welt, wenn ich auf dem Sattel sitze, du hast mich darauf gewünscht, du mußt mir auch wieder herunter helfen.“ Er mochte wollen oder nicht, er mußte den dritten Wunsch thun, daß sie vom Sattel ledig wär' und heruntersteigen könnte, und der ward auch erfüllt. Also hatte er nichts davon als Aerger, Mühe und ein verlorenes Pferd; die Armen aber lebten vergnügt, still und fromm bis an ihr seliges Ende.

35.

Die Gänsemagd.

Es lebte einmal eine alte Königin, der war ihr Gemahl schon lange Jahre gestorben, und sie hatte eine schöne Tochter, wie die erwuchs, wurde sie weit über Feld auch an einen Königssohn versprochen. Als nun die Zeit kam, wo sie vermählt werden sollten, und das Kind in das fremde Reich abreisen mußte, packte ihr die Alte gar viel köstliches Geräth und Geschmeide ein: Gold und Silber, Becher und Kleinode, kurz alles, was nur zu einem königlichen Brautschatz gehörte, denn sie hatte ihr Kind von Herzen lieb. Auch gab sie ihr eine Kammerjungfer bei, welche mitreiten und die Braut in die Hände des Bräutigams überliefern sollte, und jede bekam ein Pferd zur Reise, aber das Pferd der Königstochter hieß *Falada*, und konnte sprechen. Wie nun die Abschiedsstunde da war, begab sich die alte Mutter in ihre Schlafkammer, nahm ein Messerlein, und schnitt damit in ihre Finger, daß sie bluteten; darauf hielt sie ein weißes Läppchen unter, und ließ drei Tropfen Blut hineinfallen, gab sie der Tochter und sprach: „liebes Kind verwahr sie wohl, sie werden dir unterweges Noth thun."

Also nahmen beide von einander betrübten Abschied, das Läppchen steckte die Königstochter in ihren Busen vor sich, setzte sich auf's Pferd, und zog nun fort zu ihrem Bräutigam. Da sie eine Stunde geritten waren, empfand sie heißen Durst, und rief ihrer Kammerjungfer: „steig ab und schöpfe mir mit meinem Becher, den du aufzuheben hast, Wasser aus dem Bach, ich möchte gern einmal trinken."

„Ei, wenn ihr Durst habt, sprach die Kammerjungfer, so steigt selber ab, legt euch an's Wasser und trinkt, ich mag eure Magd nicht seyn!" Da stieg die Königstochter vor großem Durst herunter, neigte sich über das Wässerlein im Bach und trank, und durfte nicht aus dem goldnen Becher trinken. Da sprach sie: „ach Gott!" da antworteten die drei Blutstropfen: „wenn das deine Mutter wüßte, das Herz im Leibe thät ihr zerspringen." Aber die Königsbraut war demüthig, sagte nichts und stieg wieder zu Pferd. So ritten sie etliche Meilen weiter fort, und der Tag war warm, daß die Sonne stach, und sie durstete bald von neuem; da sie nun an einen Wasserfluß kamen, rief sie noch einmal ihrer Kammerjungfer: „steig ab und gieb mir aus meinem Goldbecher zu trinken!" denn sie hatte aller bösen Worte längst vergessen. Die Kammerjungfer sprach aber noch hochmüthiger: „wollt ihr trinken, so trinkt allein, ich mag nicht eure Magd seyn." Da stieg die Königstochter hernieder vor großem Durst, und legte sich über das fließende Wasser, weinte und sprach: „ach Gott!" und die Blutstropfen antworteten wiederum: „wenn das deine Mutter wüßte, das Herz im Leibe thät ihr zerspringen!" Und wie sie so trank, und sich recht überlehnte, fiel ihr das Läppchen, worin die drei Tropfen waren, aus dem Busen, und floß mit dem Wasser fort, ohne daß sie es in ihrer großen Angst merkte. Die Kammerjungfer hatte aber zugesehen, und freute sich, daß sie Gewalt über die Braut bekäme, denn damit, daß diese die Blutstropfen verloren hatte, war sie schwach und machtlos geworden. Als sie nun wieder auf ihr Pferd steigen wollte, das da hieß Falada, sagte die Kammerfrau: „auf Falada gehör' ich und auf meinen Gaul gehörst du," und das mußte sie sich gefallen lassen, dann hieß sie die Kammerfrau auch noch die königlichen Kleider ausziehen und ihre schlechten anlegen, und endlich mußte sie sich unter freiem Himmel verschwören, daß sie am königlichen Hof keinem Menschen nichts davon sprechen wollte, und wenn sie diesen Eid nicht abgelegt hätte, wäre sie auf der Stelle umgebracht worden. Aber Falada sah das alles an, und nahm's wohl in Acht.

Die Kammerfrau stieg nun auf Falada, und die wahre Braut auf das schlechte Roß, und so zogen sie weiter, bis sie endlich in dem königlichen Schloß eintrafen. Da war große Freude über ihre Ankunft, und der Königssohn sprang ihnen entgegen, hob die Kammerfrau vom Pferde, und meinte, sie wäre seine Gemahlin, und sie wurde die Treppe hinaufgeführt, die wahre Königstochter aber mußte unten stehen bleiben. Da schaute der alte König am Fenster, und sah sie im Hofe halten; wie sie fein war, zart und gar schön, gieng alsbald hin ins königliche Gemach, und fragte die Braut nach der, die sie bei sich hätte, und da unten im Hofe stände, und wer sie wäre? „ei, die hab' ich mir unterwegs mitgenommen zur Gesellschaft, gebt der Magd was zu arbeiten, daß sie nicht müßig steht." Aber der alte König hatte keine Arbeit für sie, und wußte nichts, als daß er sagte: „da hab' ich so einen kleinen Jungen, der hütet die Gänse, dem mag sie helfen!" Der Junge hieß *Kürdchen* (Conrädchen), dem mußte die wahre Braut helfen Gänse hüten.

Bald aber sprach die falsche Braut zu dem jungen König: „liebster Gemahl, ich bitte euch, thut mir einen Gefallen!" Er antwortete: „das will ich gerne thun." „Nun so laßt mir den Schinder rufen, und da dem Pferd, worauf ich her geritten bin, den Hals abhauen, weil es mich unterweges geärgert hat;" eigentlich aber fürchtete sie sich, daß das Pferd sprechen möchte, wie sie mit der Königstochter umgegangen wäre. Nun war das so weit gerathen, daß es geschehen und der treue Falada sterben sollte, da kam es auch der rechten Königstochter zu Ohr, und sie versprach dem Schinder heimlich ein Stück Geld, das sie ihm bezahlen wollte, wenn er ihr einen kleinen Dienst erwiese. In der Stadt war ein großes, finsteres Thor, wo sie Abends und Morgens mit den Gänsen durch mußte, „unter das finstere Thor möchte er dem Falada seinen Kopf hinnageln, daß sie ihn doch noch mehr als einmal sehen könnte.“ Also versprach das der Schindersknecht zu thun, hieb den Kopf ab, und nagelte ihn unter das finstere Thor fest.

Des Morgens früh, als sie und Kürdchen unterm Thor hinaus trieben, sprach sie im Vorbeigehen:

o du Falada, da du hangest,

da antwortete der Kopf:

o du Jungfer Königin, da du gangest,
wenn das deine Mutter wüßte,
ihr Herz thät ihr zerspringen;

da zog sie still weiter zur Stadt hinaus, und sie trieben die Gänse auf's Feld. Und wenn sie auf der Wiese angekommen war, saß sie hier und machte ihre Haare auf, die waren eitel Silber, und Kürdchen sah sie und freute sich, wie sie glänzten, und wollte ihr ein Paar ausraufen. Da sprach sie:

weh'! weh'! Windchen,
nimm Kürdchen sein Hütchen,
und laß'n sich mit jagen,
bis ich mich geflochten und geschnatzt
und wieder aufgesatzt.

Und da kam ein so starker Wind, daß er dem Kürdchen sein Hütchen wegwehte über alle Land, daß es ihm nachlief, und bis es wiederkam, war sie mit dem Kämmen und Aufsetzen fertig, und er konnte keine Haare kriegen. Da war Kürdchen bös, und sprach nicht mit ihr, und so hüteten sie die Gänse bis daß es Abend wurde, dann fuhren sie nach Haus.

Den andern Morgen, wie sie unter dem finstern Thor hinaustrieben, sprach die Jungfrau:

o du Falada, da du hangest,

es antwortete:

o du Jungfer Königin, da du gangest,
wenn das deine Mutter wüßte,
das Herz thät ihr zerspringen!

Und in dem Feld setzte sie sich wieder auf die Wiese, und fieng an ihr Haar auszukämmen, und Kürdchen lief und wollte darnach greifen, da sprach sie schnell:

weh'! weh'! Windchen,
nimm dem Kürdchen sein Hütchen
und laß'n sich mit jagen,
bis ich mich geflochten und geschnatzt
und wieder aufgesatzt.

Da wehte der Wind, und wehte ihm das Hütchen vom Kopf weit weg, daß es nachzulaufen hatte, und als es wieder kam, hatte sie längst ihr Haar zurecht, und es konnte keins davon erwischen, und sie hüteten die Gänse bis es Abend wurde.

Abends aber, nachdem sie heim kamen, ging Kürdchen vor den alten König, und sagte: „mit dem Mädchen will ich nicht länger Gänse hüten." „Warum denn?" sprach der alte König. „Ei, das ärgert mich den ganzen Tag." Da befahl ihm der alte König, zu erzählen, wie's ihm denn mit ihr gienge. Da sagte Kürdchen: „des Morgens, wenn wir unter dem finstern Thor mit der Heerde durchkommen, so ist da ein Gaulskopf an der Wand, zu dem redet sie:

> Falada, da du hangest,

da antwortet der Kopf:

> o du Königsjungfer, da du gangest,
> wenn das deine Mutter wüßte,
> das Herz thät ihr zerspringen!

Und so erzählte Kürdchen weiter, was auf der Gänsewiese geschähe, und wie es da dem Hut im Wind nachlaufen müßte.

Der alte König befahl ihm aber, den nächsten Tag wieder hinaus zu treiben, und er selbst, wie es Mor-

L. E. Grimm inv. del. Fried. Geißler sculp.

gens war, setzte sich hinter das finstere Thor, und hörte da, wie sie mit dem Haupt des Falada sprach; und dann gieng er ihr auch nach in das Feld, und barg sich in einem Busch auf der Wiese. Da sah er nun bald mit seinen eigenen Augen, wie die Gänsemagd und der Gänsejunge die Heerde getrieben brachten, und nach einer Weile sie sich setzte und ihre Haare losflocht, die strahlten von Glanz. Gleich sprach sie wieder:

weh'! weh'! Windchen,
fass' Kürdchen sein Hütchen
und laß'n sich mit jagen,
bis daß ich mich geflochten und geschnatzt
und wieder aufgesatzt.

Da kam ein Windstoß und fuhr mit Kürdchens Hut weg, daß es weit zu laufen hatte, und die Magd kämmte und flocht ihre Locken still fort, welches der alte König alles beobachtete. Darauf gieng er unbemerkt zurück, und als Abends die Gänsemagd heim kam, rief er sie bei Seite und fragte: „warum sie dem allem so thäte?" „Das darf ich euch und keinem Menschen nicht sagen, denn so hab' ich mich unter freiem Himmel verschworen, weil ich sonst um mein Leben wäre gekommen." Er aber drang in sie und ließ ihr keinen Frieden, „willst du mir's nicht erzählen," sagte der alte König endlich, „so darfst du's doch dem Kachelofen erzählen." „Ja, das will ich wohl" antwortete sie. Damit mußte sie in den Ofen kriechen und schüttete ihr ganzes Herz aus, wie es ihr bis dahin ergangen, und wie sie von der bösen Kammerjungfer betrogen worden war. Aber der Ofen hatte oben ein Loch, da lauerte ihr der alte König zu, und vernahm ihr Schicksal von Wort zu Wort. Da war's gut, und Königskleider wurden ihr alsbald angethan, und es schien ein Wunder, wie sie so schön war; der alte König rief seinen Sohn, und offenbarte ihm, daß er die falsche Braut hätte, die wäre bloß ein Kammermädchen, die wahre aber stände hier, als die gewesene Gänsemagd. Der junge König aber war herzensfroh, als er ihre Schönheit und Tugend erblickte, und ein großes Mahl wurde angestellt, zu dem alle Leute und guten Freunde gebeten wurden, obenan saß der Bräutigam, die Königstochter zur einen Seite und die Kammerjungfer zur andern, aber die Kammerjungfer war verblendet, und erkannte jene nicht mehr in dem glänzenden Schmuck. Als sie nun gegessen und getrunken hatten und gutes Muths waren, gab der alte König der Kammerfrau ein Räthsel auf: was eine solche werth wäre, die den Herrn so und so betrogen hätte, erzählte damit den ganzen Verlauf, und fragte: „welches Urtheils ist diese würdig?" Da sprach die falsche Braut: „die ist nichts bessers werth, als splinternackt ausgezogen in ein Faß inwendig mit spitzen Nägeln beschlagen geworfen zu werden, und zwei weiße Pferde davor gespannt müssen sie Gasse auf Gasse ab zu Tode schleifen!“ „Das bist du, sprach der alte König, und dein eigen Urtheil hast du gefunden, und darnach soll dir widerfahren,“ welches auch vollzogen wurde; der junge König vermählte sich aber mit seiner rechten Gemahlin, und beide beherrschten ihr Reich in Frieden und Seligkeit.

36.

Die kluge Bauerntochter.

Es war einmal ein armer Bauer, der hatte kein Land, nur ein kleines Häuschen und eine alleinige Tochter, da sprach die Tochter: „wir sollten den Herrn König um ein Stückchen Rottland bitten.“ Da der König ihre Armuth hörte, schenkte er ihnen auch ein Eckchen Rasen, den hackte sie und ihr Vater um, und wollten ein wenig Korn und der Art Frucht darauf säen; und als sie ihn beinah herum hatten, da fanden sie in der Erde einen Mörsel von purem Gold. „Hör', sagte der Vater zu dem Mädchen, weil unser Herr König so gnädig ist gewesen, und hat uns diesen Acker geschenkt, so müssen wir ihm den Mörsel wiedergeben." Die Tochter aber wollt' es nicht bewilligen, und sagte: „Vater, wenn wir den Mörsel haben und haben den Stößer nicht, dann müssen wir auch den Stößer schaffen, darum schweigt lieber still." Er wollt' ihr aber nicht gehorchen, nahm den Mörsel und trug ihn zum Herrn König, und sagte, den hätt' er gefunden in der Heide. Der König nahm den Mörsel, und fragte, ob er nichts mehr gefunden? nein, sprach der Bauer, da sagte der König: „er sollte nun auch den Stößer herbeischaffen." Der Bauer sprach, den hätten sie nicht gefunden; aber das half ihm soviel, als hätt' er's in den Wind gesagt, er ward in's Gefängniß gesetzt, und sollte so lange da sitzen, bis er den Stößer herbeigeschafft hätte. Die Bedienten mußten ihm täglich Wasser und Brot bringen, was man so in dem Gefängniß kriegt, da hörten sie, wie der Mann als fort schrie: „ach! hätt' ich meiner Tochter gehört! ach! ach! hätt' ich meiner Tochter gehört!" Da giengen die Bedienten zum König, und sprachen das, wie der Gefangene als fort schrie: „ach! hätt' ich doch meiner Tochter gehört!" und wollte nicht essen und nicht trinken. Da befahl er den Bedienten, sie sollten ihn vor ihn bringen, und da fragte der Herr König, warum er also fort schreie: „ach! hätt' ich meiner Tochter gehört!" „Was hat eure Tochter denn gesagt?" – „Ja, sie hat gesprochen, ich sollte den Mörsel nicht bringen, sonst müßt' ich auch den Stößer schaffen." „Habt ihr denn so eine kluge Tochter, so laßt sie einmal herkommen." Also mußte sie vor den König kommen; der fragte sie, ob sie denn so klug wäre? und sagte, er wollt' ihr ein Räthsel aufgeben, wann sie das treffen könnte, dann wollt' er sie heirathen. Da sprach sie ja, sie wollts errathen. Da sagte der König: „komm zu mir, nicht gekleidet, nicht nackend, nicht geritten, nicht gefahren, nicht in dem Weg, nicht außer dem Weg, und wenn du das kannst, will ich dich heirathen." Da gieng sie hin, und zog sich aus splinter nackend, da war sie nicht gekleidet, und nahm ein großes Fischgarn, und setzte sich hinein und wickelte sich hinein, da war sie nicht nackend, und borgte einen Esel fürs Geld, und band dem Esel das Fischgarn an den Schwanz, daran er sie fortschleppen mußte, und war das nicht geritten und nicht gefahren, und mußte sie der Esel in der Fahrgleiße schleppen, so daß sie nur mit der großen Zehe auf die Erde kam, und war das nicht in dem Weg und nicht außer dem Weg. Und wie sie so daher kam, sagte der König, sie hätte das Räthsel getroffen und sey alles erfüllt. Da ließ er ihren Vater los aus dem Gefängniß, und nahm sie bei sich als seine Gemahlin, und befahl ihr das ganze königliche Gut an.

Nun waren etliche Jahre herum, als der Herr König einmal auf die Parade zog, da trug es sich zu, daß Bauern mit ihren Wagen vor dem Schloß hielten, die hatten Holz verkauft; etliche mit Ochsen und etliche mit Pferden. Da war ein Bauer, der hatte drei Pferde, davon kriegte eins ein junges Füllchen, das lief weg und legte sich an einen Wagen, wo zwei Ochsen davor waren, mittendrein. Als nun die Bauern zusammen kamen, fiengen sie an sich zu zanken, schmeißen und lärmen, und der Ochsenbauer wollte das Füllchen behalten und sagte, die Ochsen hätten's gehabt, und der andere sagte, nein, seine Pferde hätten's gehabt, und es wär' sein. Der Zank kam vor den König, und der that den Ausspruch: wo das Füllen gelegen hätte, da sollt' es bleiben, und also bekam's der Ochsenbauer, dem's doch nicht gehörte. Da gieng der andere weg, weinte und lamentirte über sein Füllchen; nun so hatte er so gehört, wie daß die Frau Königin so gnädig sey, weil sie auch von armen Bauersleuten gekommen wäre, gieng zu ihr und bat sie, ob sie ihm nicht helfen könnte, daß er sein Füllchen wieder bekäme. Sagte sie: „ja, wenn ihr mir versprecht, daß ihr mich nicht verrathen wollt, will ich's euch sagen: morgen früh, wenn der König auf der Wachtparade ist, so stellt euch hin mitten in die Straße, wo er vorbei kommen muß, nehmt ein großes Fischgarn, und thut als fischtet ihr, und fischt also fort und schüttet es aus, als wenn ihr's voll hättet," und sagte ihm auch, was er antworten sollte, wenn er vom König gefragt würde. Also stand der Bauer am andern Tag da, und fischte auf einem trockenen Platz; wie der König vorbei kam und das sah, schickte er seinen Laufer hin, der sollte fragen, was der närrische Mann vorhabe. Da gab er zur Antwort: „ich fische." Fragte der Laufer, wie er fischen könnte, es wär' ja kein Wasser da. Sagte der Bauer: „so gut als zwei Ochsen können ein Füllen kriegen, so gut kann ich auch auf dem trockenen Platz fischen." Da gieng der Laufer hin und brachte dem König die Antwort, da ließ er den Bauer vor sich kommen, und sagte ihm, das hätte er nicht von sich, von wem er das hätte? und sollt's gleich bekennen. Der Bauer aber wollt's nicht thun, und sagte immer, Gott bewahr! er hätt' es von sich. Sie banden ihn aber auf ein Gebund Stroh, und schlugen und drangsalten ihn so lange, bis er's bekannte, daß er's von der Frau Königin hätte. Als der König nach Haus kam, sagte er zu seiner Frau: „warum bist du so falsch mit mir, ich will dich nicht mehr zur Gemahlin, deine Zeit ist um, geh wieder hin, woher du kommen bist, in dein Bauernhäuschen." Doch erlaubte er ihr eins: sie sollte sich das Liebste und Beste mitnehmen, was sie wüßte, und das sollte ihr Abschied seyn. Sie sagte: „ja lieber Mann, wenn du's so befiehlst, will ich es auch thun," und fiel über ihn her, und küßte ihn und sprach, sie wollte Abschied von ihm nehmen. Dann ließ sie einen starken Schlaftrunk kommen, Abschied mit ihm zu trinken, der König that einen großen Zug, sie aber trank nur ein wenig, da gerieth er bald in einen tiefen Schlaf. Und als sie das sah, rief sie einen Bedienten, und nahm ein schönes weißes Linnentuch, und schlug ihn da hinein, und die Bedienten mußten ihn in einen Wagen vor der Thüre tragen, und fuhr sie ihn heim in ihr Häuschen. Da legte sie ihn auf ihr Bettchen, und er schlief Tag und Nacht in einem fort, und als er aufwachte, sah er sich um und sagte: „ach Gott! wo bin ich denn?" rief seinen Bedienten, aber es war keiner da. Endlich kam seine Frau vor's Bett und sagte: „lieber Herr König, ihr habt mir befohlen, ich sollte das Liebste und Beste aus dem Schloß mitnehmen, nun hab' ich nichts Besseres und Lieberes als dich, da hab' ich dich mitgenommen." Der König sagte: „liebe Frau, du sollst mein seyn und ich dein," und nahm sie wieder mit ins königliche Schloß, und ließ sich auf's neue mit ihr vermählen, und werden sie ja wohl noch auf den heutigen Tag leben.

37.

Doctor Allwissend.

Es war einmal ein armer Bauer, Namens *Krebs*, der fuhr mit zwei Ochsen ein Fuder Holz in die Stadt, und verkaufte es für zwei Thaler an einen Doctor. Wie ihm nun das Geld ausbezahlt wurde, saß der Doctor gerade zu Tisch, da sah der Bauer, was er schön aß und trank, und das Herz gieng ihm darnach auf, und er wäre auch gern ein Doctor gewesen. Also blieb er noch ein Weilchen stehen und fragte endlich, ob er nicht auch könnte ein Doctor werden. „O ja, sagte der Doctor, das ist bald geschehen, erstlich kauf dir ein *ABC*-Buch, so eins, wo vorne ein Gökelhahn drin ist; mach' deinen Wagen und deine zwei Ochsen zu Geld, und schaff' dir damit Kleider an, und was sonst zur Doctorei gehört; drittens laß dir ein Schild malen mit den Worten: *ich bin der Doctor Allwissend*; und das oben über deine Hausthür nageln." Der Bauer that alles, wie's ihm geheißen war. Als er nun ein wenig gedoctert, aber noch nicht viel, ward einem reichen, großen Herrn Geld gestohlen. Da ward ihm von dem Doctor Allwissend gesagt, der in dem und dem Dorfe wohnte, und auch wissen müßte, wo das Geld hinkommen wäre. Also ließ der Herr seinen Wagen anspannen, fuhr hinaus in's Dorf und fragte bei ihm an, ob er der Doctor Allwissend wäre? „Ja, der wär' er." – „So sollte er mitgehen, und das gestohlene Geld wiederschaffen;" „o ja, aber die Grethe seine Frau müßte auch mit." Der Herr war das zufrieden, ließ sie beide in dem Wagen sitzen, und sie fuhren zusammen fort. Als sie auf den adlichen Hof kamen, war der Tisch gedeckt; da sollt' er erst mitessen. „Ja, aber seine Frau die Grethe auch," sagte er, und setzte sich mit ihr hinter den Tisch. Wie nun der erste Bediente mit einer Schüssel schönem Essen kam, stieß der Bauer seine Frau an und sagte: „Grethe, das war der erste." Und meinte, es wär' derjenige, welcher das erste Essen brächte. Der Bediente aber meinte, er hätte damit sagen wollen, das ist der erste Dieb, und weil er's nun wirklich war, ward ihm angst, und er sagte draußen zu seinen Cameraden: „der Doctor weiß alles, wir kommen übel an, er hat gesagt, ich wär' der erste." Der zweite wollte gar nicht herein, er mußte aber doch. Wie der nun mit seiner Schüssel herein kam, stieß der Bauer seine Frau an: „Grethe, das ist der zweite." Dem Bedienten ward ebenfalls angst und er machte, daß er hinauskam. Dem dritten giengs nicht besser; der Bauer sagte wieder: „Grethe, das ist der dritte." Der vierte mußte eine verdeckte Schüssel hereintragen, und der Herr sprach zum Doctor, er sollte seine Kunst zeigen, und rathen was darunter läg', es waren aber Krebse. Der Bauer sah' die Schüssel an, wußt' nicht, wie er sich helfen sollte und sprach: „ach ich armer *Krebs*!“ Wie der Herr das hörte, rief er: „da! er weiß es, nun weiß er auch wer das Geld hat.“

Dem Bedienten aber ward gewaltig angst, und blinzelte den Doctor an, er möchte einmal herauskommen. Wie er nun hinauskam, gestanden sie ihm alle vier, sie hätten das Geld gestohlen; sie wollten's ja gern herausgeben, und ihm eine schwere Summe dazu, wenn er sie nicht verrathen wollte; es gieng ihnen sonst an den Hals. Sie führten ihn auch hin, wo das Geld versteckt lag. Damit war der Doctor zufrieden, gieng wieder hinein und sprach: „Herr, nun will ich in meinem Buch suchen, wo das Geld steckt.“ Der fünfte Bediente aber kroch in den Ofen, und wollt' hören, ob der Doctor noch mehr wüßte. Der saß aber, und schlug sein ABC-Buch auf, blätterte darin hin und her, und suchte den Göckelhahn, weil er ihn nun nicht gleich finden konnte, sprach er: „du bist doch darin, und mußt auch heraus.“ Da meinte der im Ofen, er wär' gemeint, sprang voller Schrecken heraus und rief: „der Mann weiß alles!“ Nun zeigte der Doctor Allwissend dem Herrn, wo das Geld lag, sagte aber nicht, wer's gestohlen hatte; bekam von beiden Seiten viel Geld zur Belohnung, und ward ein berühmter Mann.

38.

Der Zaunkönig und der Bär.

Zur Sommerszeit giengen einmal der Bär und der Wolf im Wald spaziren, da hörte der Bär so schönen Gesang von einem Vogel und sprach: „Bruder Wolf, was ist das für ein Vogel, der so schön singt?“ – „Das ist der König der Vögel, sagte der Wolf, vor dem müssen wir uns neigen;“ es war aber der Zaunkönig. „Wenn das ist, sagte der Bär, möcht’ ich auch gern seinen königlichen Palast sehen, komm und führ’ mich hin.“ „Das geht nicht so, wie du meinst, sprach der Wolf, du mußt warten, bis die Frau Königin kommt.“ Bald darauf kam die Frau Königin und hatte Futter im Schnabel, und der Herr König auch und wollten ihre Jungen ätzen. Der Bär wäre gern nun gleich hintendrein gegangen, aber der Wolf hielt ihn am Ermel und sagte: „nein, du mußt warten bis Herr und Frau Königin wieder fort sind.“ Also nahmen sie das Loch in Acht, wo das Nest stand, und giengen wieder ab. Der Bär aber hatte keine Ruhe, wollte den königlichen Palast sehen, und gieng nach einer kurzen Weile wieder vor. Da waren König und Königin wieder ausgeflogen, er guckte hinein, und sah fünf oder sechs Junge, die lagen darin; „ist das der königliche Palast! sagte der

Bär, das ist ein elender Palast! ihr seyd auch keine Königskinder, ihr seyd unehrliche Kinder!" Wie das die jungen Zaunkönige hörten, wurden sie gewaltig bös und schrien: „nein, das sind wir nicht, unsere Eltern sind ehrliche Leute, Bär, das soll ausgemacht werden mit dir." Dem Bär und dem Wolf ward angst, sie kehrten um, und setzten sich in ihre Löcher. Die jungen Zaunkönige aber schrien und lärmten fort, und als ihre Eltern wieder Futter brachten, sagten sie: „wir essen kein Fliegenbeinchen, und sollten wir verhungern, bis ihr erst ausmacht, ob wir ehrliche Kinder sind oder nicht, denn der Bär ist da gewesen, und hat uns gescholten." Da sagte der alte König: „seyd nur ruhig, das soll ausgemacht werden." Flog darauf mit der Frau Königin dem Bären vor seine Höhle und rief hinein: „Brummbär, du hast meine Kinder gescholten, das soll dir übel bekommen, das wollen wir in einem blutigen Krieg ausmachen." Also war dem Bären der Krieg angekündigt, und ward alles vierfüßige Gethier berufen: Ochs, Esel, Rind, Hirsch, Reh, und was die Erde sonst alles trägt. Der Zaunkönig aber berief alles, was in der Luft fliegt; nicht allein die Vögel groß und klein, auch die Mücken, Hornissen, Bienen und Fliegen mußten herbei.

Als nun die Zeit kam, wo der Krieg angehen sollte, da schickte der Zaunkönig Kundschafter aus, wer der kommandirende General des Feindes wär. Die Mücke war die listigste von allen, schwärmte im Wald, wo der Feind sich versammelte, und setzte sich endlich unter ein Blatt auf den Baum, wo die Parole ausgegeben wurde. Da stand der Bär, rief den Fuchs vor sich und sprach: „Fuchs, du bist der schlauste unter allem Gethier, du sollst General sein, und uns anführen; was für Zeichen wollen wir verabreden?" Da sprach der Fuchs: „ich hab' einen schönen, langen, bauschigten Schwanz, der sieht aus fast wie ein rother Federbusch, wenn ich den in die Höhe halte, so geht die Sache gut, und ihr müßt darauf los marschiren, laß ich ihn aber herunterhängen, so fangt an und lauft." Als die Mücke das gehört hatte, flog sie wieder heim, und verrieth dem Zaunkönig alles haarklein.

Als der Tag anbrach, wo die Schlacht sollte geliefert werden, hu! da kam das vierfüßige Gethier dahergerennt mit Gebraus, daß die Erde zitterte; Zaunkönig mit seiner Armee kam auch durch die Luft daher, die schnurrte, schrie und schwärmte, daß einem angst wurde; und giengen sie da von beiden Seiten an einander. Der Zaunkönig aber schickte die Hornisse hinab, sie sollte sich dem Fuchs unter den Schwanz setzen, und aus Leibeskräften stechen. Wie nun der Fuchs den ersten Stich bekam, zuckte er, daß er das eine Bein aufhob, doch ertrug er's, und ließ den Schwanz noch in der Höhe; beim zweiten mußt' er ihn einen Augenblick herunter lassen, beim dritten aber konnte er sich nicht mehr halten, schrie und nahm den Schwanz zwischen die Beine. Wie das die Thiere sahen, meinten sie, alles wär' verloren und fiengen an zu laufen, jeder in seine Höhle, und hatten die Vögel die Schlacht gewonnen.

Da flog der Herr König und die Frau Königin heim zu ihren Kindern und riefen: „Kinder seyd fröhlich, eßt und trinkt nach Herzenslust, wir haben den Krieg gewonnen." Die jungen Zaunkönige aber sagten: „noch essen wir nicht, der Bär soll erst vor's Nest kommen und Abbitte thun, und sagen, daß wir ehrliche Kinder sind." Da flog der Zaunkönig vor das Loch des Bären, und rief: „Brummbär, du sollst vor das Nest zu meinen Kindern gehen, und Abbitte thun und sagen, daß sie ehrliche Kinder sind, sonst sollen dir die Rippen im Leib zertreten werden." Da kroch der Bär in der größten Angst hin und that Abbitte, und darauf setzten sich die jungen Zaunkönige zusammen, aßen und tranken, und machten sich lustig bis in die späte Nacht hinein.

39.

Die treuen Thiere.

Es war einmal ein Mann, der hatte gar nicht viel Geld, und mit dem wenigen, das ihm übrig blieb, zog er in die weite Welt. Da kam er in ein Dorf, wo die Jungen zusammen liefen, schrien und lärmten. „Was habt ihr vor, ihr Jungen?“ fragte der Mann. „Ei, antworteten sie, da haben wir eine Maus, die muß uns tanzen, seht einmal, was das für ein Spaß ist! wie die herumtrippelt!“ Den Mann aber dauerte das arme Thierchen, und er sprach: „laßt die Maus laufen, ihr Jungen, ich will euch auch Geld geben.“ Da gab er ihnen Geld, und sie ließen die Maus gehen, die lief, was sie konnte, in ein Loch hinein. Der Mann gieng fort und kam in ein anderes Dorf, da hatten die Jungen einen Affen, der mußte tanzen und Purzelbäume machen, und sie lachten darüber und ließen dem Thier keine Ruh. Da gab ihnen der Mann auch Geld, damit sie den Affen losließen. Darnach kam der Mann in ein drittes Dorf, da hatten die Jungen einen Bären, der mußte sich aufrecht setzen und tanzen, und wenn er dazu brummte, war's ihnen eben recht. Da kaufte ihn der Mann auch los, und der Bär war froh, daß er wieder auf seine vier Beine kam, und trabte fort.

Der Mann aber hatte nun sein Bischen übriges Geld ausgegeben, und keinen rothen Heller mehr in der Tasche. Da sprach er zu sich selber: „der König hat so viel in seiner Schatzkammer, was er nicht braucht, Hungers kannst du nicht sterben, du willst da etwas nehmen, und wenn du wieder zu Geld kommst, kannst du's ja wieder hineinlegen." Also machte er sich über die Schatzkammer, und nahm sich ein wenig davon, allein beim Herausschleichen ward er von den Leuten des Königs erwischt. Sie sagten, er wäre ein Dieb, und führten ihn vor Gericht, da ward er verurtheilt, daß er in einem Kasten sollte aufs Wasser gesetzt werden. Der Kastendeckel war voll Löcher, damit Luft hinein konnte, auch ward ihm ein Krug Wasser und ein Laib Brot mit hinein gegeben. Wie er nun so auf dem Wasser schwamm und recht in Angst war, hört er was krabbeln am Schloß, nagen und schnauben, auf einmal springt das Schloß selber auf, und der Deckel in die Höh', und stehen da Maus, Affe und Bär, die hatten's gethan; weil er ihnen geholfen, wollten sie ihm wieder helfen. Nun wußten sie aber nicht, was sie noch weiter thun sollten, und rathschlagten mit einander, indem kam ein weißer Stein auf dem Wasser daher geschwommen, der sah aus wie ein rundes Ei. Da sagte der Bär: „der kommt zu rechter Zeit, das ist ein Wunderstein, wem der eigen ist, der kann sich wünschen, wozu er nur Lust hat." Da fieng der Mann den Stein, und wie er ihn in der Hand hielt, wünschte er sich ein Schloß mit Garten und Marstall, und kaum hatte er den Wunsch gesagt, so saß er in dem Schloß mit dem Garten und dem Marstall, und war alles so schön und prächtig, daß er sich nicht genug verwundern konnte.

Nach einer Zeit zogen Kaufleute des Wegs vorbei. „Sehe einer, riefen sie, was da für ein herrliches Schloß steht, und das letztemal, wie wir vorbeikamen, lag da noch schlechter Sand." Weil sie nun neugierig waren, giengen sie hinein, und erkundigten sich bei dem Mann, wie er alles so geschwind hätte bauen können. Da sprach er: „das hab' ich nicht gethan, sondern mein Wunderstein." – „Was ist das für ein Stein?" fragten sie. Da gieng er hin und holte ihn, und zeigte ihn den Kaufleuten. Die hatten große Lust dazu, und fragten, ob er nicht zu erhandeln wäre, auch boten sie ihm alle ihre schönen Waaren dafür. Dem Manne stachen die Waaren in die Augen, und weil das Herz unbeständig ist, ließ er sich bethören, und meinte, die schönen Waaren seyen mehr werth, als sein Wunderstein, und gab ihn hin. Kaum aber hatte er ihn aus den Händen gegeben, da war auch alles Glück dahin, und er saß auf einmal wieder in dem verschlossenen Kasten auf dem Fluß mit einem Krug Wasser und einem Laib Brot. Die treuen Thiere, Maus, Affe und Bär, wie sie sein Unglück sahen, kamen wieder, und wollten ihm helfen, aber sie konnten nicht einmal das Schloß aufsprengen, weil's viel fester war, als das erstemal. Da sprach der Bär: „wir müssen den Wunderstein wieder schaffen, oder es ist alles umsonst." Weil nun die Kaufleute in dem Schloß noch wohnten, giengen die Thiere mit einander hin, und wie sie nah dabei kamen, sagte der Bär: „Maus, geh hin und guck durch's Schlüsselloch, und sieh, was anzufangen ist, du bist klein, dich merkt kein Mensch." Die Maus war willig, kam aber wieder und sagte: „es geht nicht, ich hab' hinein geguckt, der Stein hängt unter dem Spiegel an einem rothen Bändchen, und hüben und drüben sitzen ein paar große Katzen mit feurigen Augen, die sollen ihn bewachen." Da sagten die andern: „geh nur wieder hinein, und wart', bis der Herr im Bett liegt und schläft, dann schleich dich durch ein Loch hinein, und kriech auf's Bett, und zwick' ihn an der Nase und beiß ihm seine Haare ab." Die Maus gieng wieder hinein, und that wie die andern gesagt hatten, und der Herr wachte auf, rieb sich die Nase, war ärgerlich und sprach: „die Katzen taugen nichts, sie lassen mir die Mäuse die Haare vom Kopf abbeißen" und jagte sie alle beide fort. Da hatte die Maus gewonnen Spiel.

Wie nun der Herr die andere Nacht wieder eingeschlafen war, machte sich die Maus hinein, knuperte und nagte an dem rothen Band, woran der Stein hieng, so lang, bis es entzwei war und herunterfiel, dann schleifte sie's bis zu der Hausthür. Das ward aber der armen kleinen Maus recht sauer, und sie sprach zum Affen, der schon auf der Lauer stand: „nimm du nun deine Pfote, und hol's ganz heraus!" Das war dem Affen ein Leichtes, der trug den Stein, und sie giengen so mit einander bis zum Fluß; da sagte der Affe: „wie sollen wir aber nun zu dem Kasten kommen?" Der Bär sagte: „das ist bald geschehen, ich geh' ins Wasser und schwimme, Affe, setz du dich auf meinen Rücken, halt dich aber mit deinen Händen fest, und nimm den Stein ins Maul; Mäuschen, du kannst dich in mein rechtes Ohr setzen." Also thaten sie und schwammen den Fluß hinab. Nach einer Zeit war's dem Bären so still, fieng an zu schwatzen und sagte: „hör' Affe, wir sind doch brave Cameraden, was meinst du?" – Der Affe aber antwortete nicht und schwieg still. „Ei! sagte der Bär, willst du mir keine Antwort geben? das ist ein schlechter Kerl, der nicht antwortet!" Wie der Affe das hört, thut er das Maul auf, läßt den Stein ins Wasser fallen und sagt: „ich konnt' ja nicht antworten, ich hatte den Stein im Mund, jetzt ist er fort, daran bist du allein Schuld." „Sey nur ruhig, sagte der Bär, wir wollen schon etwas erdenken." Da berathschlagten sie sich, und riefen die Laubfrösche, Unken und alles Ungeziefer, das im Wasser lebt, zusammen und sagten: „es kommt ein gewaltiger Feind, macht, daß ihr viele Steine zusammenschafft, so wollen wir euch eine Mauer bauen und euch schützen." Da erschraken die Thiere, und brachten Steine von allen Seiten herbeigeschleppt, endlich kam auch ein alter, dicker Quackfrosch recht aus dem Grund herauf gerudert, und hatte das rothe Band mit dem Wunderstein im Mund. Wie der Bär das sah, war er vergnügt: „da haben wir, was wir wollen," nahm dem Frosch seine Last ab, sagte den Thieren, es wäre schon gut, und machte einen kurzen Abschied. Darauf fuhren die drei hinab zu dem Mann im Kasten, sprengten den Deckel mit Hülfe des Steins und kamen noch zu rechter Zeit, denn er hatte das Brot schon aufgezehrt und das Wasser getrunken, und war schon halb verschmachtet. Wie er aber den Stein in die Hände bekam, da wünscht' er sich wieder frisch und gesund, und in sein schönes Schloß mit dem Garten und Marstall, und lebte vergnügt, und die drei Thiere blieben bei ihm und hatten's gut ihr Lebelang.

40.

Mährchen von der Unke.

I.

Ein Kind saß vor der Hausthüre auf der Erde, und hatte sein Schüsselchen mit Milch und Weckbrokken neben sich und aß. Da kam eine Unke gekrochen, und senkte ihr Köpfchen in die Schüssel und aß mit. Am andern Tag kam sie wieder, und so eine Zeit lang jeden Tag. Das Kind ließ sich das gefallen, wie es aber sah, daß die Unke immerfort bloß die Milch trank und die Brocken liegen ließ, nahm es sein Löffelchen, schlug ihr ein bischen auf den Kopf und sagte: „Ding, iß auch Brocken!" Das Kind war seit der Zeit schön und groß geworden, seine Mutter aber stand gerade hinter ihm, und sah die Unke, da lief sie herbei und schlug sie todt; von dem Augenblick an ward das Kind mager und ist endlich gestorben.

II.

Ein Waisen-Mädchen saß an der Stadtmauer und spann, sah eine Unke herkommen. Da breitete es ein blau seiden Tuch, das die Unken gewaltig lieben und auf das sie allein gehen, neben sich aus. Alsobald die Unke das erblickte, kehrte sie um, kam wieder, und brachte ein kleines goldenes Krönchen getragen, legte es darauf und gieng dann wieder fort. Da nahm das Mädchen die Krone auf, sie glitzerte und war von zartem Goldgespinst; nicht lange, so kam die Unke zum zweitenmal wieder, wie sie aber die Krone nicht mehr sah, kroch sie an die Wand, und schlug vor Leid ihr Häuptlein so lang dawider, als sie nur noch Kräfte hatte, bis sie endlich todt da lag. Hätte das Mädchen die Krone liegen lassen, die Unke hätte wohl noch mehr von ihren Schätzen aus der Höhle herbeigetragen.

III.

(Die Unke ruft:) huhu! huhu! (Kind spricht:) komm herut! (Die Unke kommt hervor, da fragt das Kind nach seinem Schwesterchen:) „hast du Rothstrümpfchen nicht gesehen?“ (Unke:) „Ne, ik og nit: wie du denn? huhu! huhu! huhu!“

41.

Der arme Müllerbursch und das Kätzchen.

In einer Mühle, worin nur ein alter Müller lebte, ohne Frau und Kind, dienten einmal drei Müllerburschen. Wie sie nun etliche Jahre bei ihm gedient hatten, sagte er zu ihnen: „zieht einmal fort, und wer mir das beste Pferd nach Haus bringt, dem will ich die Mühle geben." Der dritte von den Burschen war aber der Kleinknecht, der ward von den andern für albern gehalten, dem gönnten sie die Mühle nicht; und er wollte sie hernach nicht einmal! Da giengen alle drei mit einander hinaus, und wie sie vor das Dorf kamen, sagten die zwei zu dem albernen Hans: „du kannst nur hier bleiben, du kriegst doch dein Lebtag keinen Gaul." Der Hans aber gieng doch mit, und als es Nacht war, kamen sie an eine Höhle, da hinein legten sie sich schlafen. Die zwei klugen warteten, bis Hans eingeschlafen war, dann stiegen sie auf, machten sich fort, ließen das Hänschen liegen, und meinten's recht fein gemacht zu haben; ja! es wird euch doch nicht gut gehen! Wie nun die Sonne kam und Hans aufwachte, lag er in einer tiefen Höhle, er guckte sich überall um, und rief: „ach Gott! wo bin ich!" Da erhob er sich und krappelte die Höhle hinauf, gieng in den Wald und dachte: „wie soll ich nun zu einem Pferd kommen!“ Indem er so in Gedanken dahin gieng, begegnete ihm ein kleines, buntes Kätzchen, sprach: „Hans, wo willst du hin?“ – „Ach! du kannst mir doch nicht helfen.“ – „Was dein Begehren ist, weiß ich wohl, sprach das Kätzchen: du willst einen hübschen Gaul haben, komm mit mir, und sey sieben Jahre lang mein treuer Knecht, so will ich dir einen geben, schöner, als du dein Lebtag einen gesehen hast.“ Da nahm sie ihn mit in ihr verwünschtes Schlößchen, er mußte ihr dienen und alle Tage Holz klein machen, dazu kriegte er eine Axt von Silber, und die Keile und Säge von Silber, und der Schläger war von Kupfer. Nun, da machte er's klein, blieb bei ihm, hatte sein gutes Essen und Trinken, sah aber niemand als das bunte Kätzchen. Einmal sagte es zu ihm: „gehe hin und mäh meine Wiese, und mach das Gras trocken“ und gab ihm von Silber eine Sense und von Gold einen Wetzstein, hieß ihn aber auch alles wieder richtig abliefern. Da gieng der Hans hin und that, was es geheißen hatte, und als er fertig war, und die Sense, den Wetzstein und das Heu nach Haus brachte, fragte er, ob es ihm noch nicht seinen Lohn geben wollte. „Nein, sagte die Katze, du sollst mir erst noch einerlei thun, da ist Bauholz von Silber, Zimmeraxt, Winkeleisen und was nöthig ist, alles von Silber, daraus baue mir erst ein kleines Häuschen." Da baute der Hans das Häuschen fertig, und sagte, er hätte nun alles gethan und noch kein Pferd; die sieben Jahre aber waren ihm herumgegangen, wie ein halbes. Fragte die Katze: ob er ihre Pferde sehen wollte? „Ja," sagte Hans. Da machte sie ihm das Häuschen auf, und weil sie die Thüre so aufmacht, da stehen zwölf Pferde: ach! die waren gewesen ganz stolz! die hatten geblänkt und gespiegelt, daß sich sein Herz im Leib darüber freute. Nun gab sie ihm zu essen und zu trinken, und sprach: „geh nun heim, dein Pferd geb' ich dir nicht mit, in drei Tagen aber komm' ich und bring' dir's nach;" also gieng Hans heim, und sie zeigte ihm den Weg zur Mühle. Sie hatte ihm aber nicht einmal ein neues Kleid gegeben, sondern er mußte sein altes lumpichtes Kittelchen behalten, das er mitgebracht hatte, und das ihm in den sieben Jahren überall zu kurz geworden war. Wie er nun heim kam, da waren die beiden andern Müllerburschen auch wieder da, jeder hatte zwar ein Pferd mitgebracht, aber des einen seins war blind, des andern seins lahm. Sie fragten ihn: „Hans, wo hast du dein Pferd?" – „In drei Tagen wird's nachkommen." Da lachten sie und sagten: „ja, du Hans, wo willst du ein Pferd herkriegen, das wird was rechtes seyn!" Hans gieng in die Stube, der Müller sagte aber, er sollte nicht an den Tisch kommen, er wäre zu zerrissen und zerlumpt, man müßte sich schämen, wenn jemand herein käme. Da gaben sie ihm sein Bischen Essen hinaus, und wie sie Abends schlafen giengen, wollten ihm die zwei andern kein Bett geben, und er mußte endlich ins Gänseställchen kriechen, und sich auf ein wenig Stroh hineinlegen. Am Morgen, wie er aufwacht, sind schon die drei Tage herum, und es kommt eine Kutsche mit sechs Pferden, ei! die glänzten, daß es schön war, und ein Bedienter, der brachte noch ein siebentes, das war für den armen Müllerbursch; aus der Kutsche aber stieg eine prächtige Königstochter und gieng in die Mühle hinein, und die Königstochter war das kleine bunte Kätzchen, dem der arme Hans sieben Jahr gedient hatte. Sie fragte den Müller, wo der Mahlbursch, der Kleinknecht, wäre? Da sagte der Müller: „den können wir nicht in die Mühle nehmen, der ist so verrissen und liegt im Gänsestall." Da sagte die Königstochter, sie sollten ihn gleich holen. Also holten sie ihn heraus, und er mußte sein Kittelchen zusammenpacken, um sich zu bedecken; da schnallte der Bediente prächtige Kleider aus, und mußte ihn waschen und anziehen, und wie er fertig war, konnte kein König schöner aussehen. Darnach wollte die Jungfrau die Pferde sehen, welche die andern Mahlburschen mitgebracht hatten, eins war blind, das andere lahm. Da ließ sie den Bedienten das siebente Pferd bringen; wie der Müller das sah, sprach er, so eins wär ihm noch nicht auf den Hof gekommen; „und das ist für den dritten Mahlbursch“ sprach sie. „Da muß er die Mühle haben,“ sagte der Müller; die Königstochter aber sprach, da wäre sein Pferd, er sollte die Mühle auch behalten; und nimmt ihren treuen Hans, und setzt ihn in die Kutsche und fährt mit ihm fort. Sie fuhren erst nach dem kleinen Häuschen, das er mit dem silbernen Werkzeug gebaut hat, da ist es ein großes Schloß und ist alles darin von Silber und Gold, und da hat sie ihn geheirathet, und war er reich, so reich, daß er für sein Lebtag genug hatte. Darum soll keiner sagen, daß wer albern ist, deshalb nichts rechtes werden könne.

42.

Der Jude im Dorn.

Es war einmal ein reicher Mann, der hatte einen Knecht, der diente ihm fleißig und redlich, war alle Morgen der erste aus dem Bett, und Abends der letzte hinein, und wenns eine saure Arbeit gab, wo keiner anpacken wollte, so stellte er sich immer zuerst daran. Dabei klagte er nicht, sondern war mit allem zufrieden, und immer guter Dinge. Als sein Jahr herum war, gab ihm der Herr keinen Lohn, und dachte, es ist das gescheidtste, so spare ich etwas, und der geht nicht weg, sondern bleibt hübsch im Dienst. Der Knecht schwieg auch still, that das zweite Jahr, wie das erste seine Arbeit, und als er am Ende desselben abermals keinen Lohn bekam, ließ er sichs gefallen, und blieb noch länger. Als endlich das dritte Jahr herum war, bedachte sich der Herr, griff in die Tasche, holte aber doch nichts heraus. Da fieng der Knecht endlich an und sprach: „Herr, ich habe euch drei Jahre ehrlich gedient, seyd so gut und gebt mir, was mir von Rechtswegen zukommt, ich wollte fort, und mich gerne weiter in der Welt umsehen." Da antwortete der Geizhals: „ja, mein lieber Knecht, du hast mir unverdrossen gedient, dafür sollst du mildiglich belohnet werden!" griff abermals in die Tasche, und zählte dem Knecht drei Heller einzeln auf: „da hast du für jedes Jahr einen Heller, das ist ein großer und reichlicher Lohn, wie du ihn bei wenigen Herrn empfangen hättest." Der gute Knecht, der vom Geld wenig verstand, strich sein Capital ein, und dachte, nun hast du vollauf in der Tasche, was willst du weiter sorgen, und dich mit schwerer Arbeit länger plagen.

Da zog er fort, bergauf, bergab, sang und sprang nach Herzenslust. Nun trug es sich zu, als er an einem Buschwerk vorüber kam, daß ein kleines Männchen hervortrat, und ihn anrief: „Wo hinaus, Bruder Lustig? ich sehe, du trägst nicht schwer an deinen Sorgen!" „Was soll ich traurig seyn, antwortete der Knecht, ich habe vollauf, der Lohn von drei Jahren klingelt in meiner Tasche!" „Wie viel ist denn deines Schatzes?" fragte ihn das Männchen. „Wie viel? drei baare Heller richtig gezählt." „Höre," sagte der Zwerg, „ich bin ein armer, bedürftiger Mann, schenke mir deine drei Heller, ich kann nichts mehr arbeiten, du aber bist jung, und kannst dir dein Brot leicht verdienen." Und weil der Knecht ein gutes Herz hatte, und Mitleid mit dem Männchen fühlte, so reichte er ihm seine drei Heller, und sprach: „in Gottes Namen, es wird mir doch nicht fehlen." Da sprach das Männchen: „weil ich dein gutes Herz sehe, so gewähre ich dir drei Wünsche, für jeden Pfennig einen, die sollen dir in Erfüllung gehen." „Aha, sprach der Knecht, du bist einer, der blau pfeifen kann: wohlan, wenns doch seyn soll, so wünsche ich mir erstlich ein Vogelrohr, das alles trifft, wornach ich ziele, zweitens eine Fidel, wenn ich darauf streiche, so muß alles tanzen, das den Klang hört, und drittens, wenn ich an jemand eine Bitte thue, so darf er sie mir nicht abschlagen." „Das sollst du alles haben," sprach das Männchen, griff in den Busch, und, denke einer! da lag schon Fidel und Vogelrohr in Bereitschaft, als wenn sie bestellt wären; die gab er dem Knecht, und sprach: „was du dir immer bitten wirst, kein Mensch auf der Welt soll dirs abschlagen."

„Herz, was begehrst du nun!" sprach der Knecht zu sich selber, und zog lustig weiter. Bald darauf begegnete er einem Juden mit einem langen Ziegenbart, der stand und horchte auf den Gesang eines Vogels, der hoch oben in der Spitze eines Baumes saß. „Gottes Wunder! rief er aus, so ein kleines Thier hat so eine grausam mächtige Stimme! wenns doch mein wäre! aber wer kann ihm Salz auf den Schwanz streuen!" „Wenns weiter nichts ist, sprach der Knecht, der Vogel soll bald herunter seyn, legte an, und traf aufs Haar, und der Vogel fiel herab in die Dornhecken. „Geh, Spitzbub, sagte er zum Juden, und hol dir den Vogel heraus." „Mein, sprach der Jude, laßt den Bub' weg, so kommt der Hund gelaufen; ich will mir den Vogel auflesen, weil ihr ihn doch einmal getroffen habt" legte sich auf die Erde, und fieng an, sich in den Busch hinein zu arbeiten. Wie er nun mitten in dem Dorn steckte, plagte der Muthwille den guten Knecht, daß er seine Fidel abnahm, und anfieng zu geigen. Gleich fieng auch der Jude an, die Beine zu heben, und in die Höhe zu springen, und je mehr der Knecht strich, desto besser gieng der Tanz. Aber die Dörner zerrissen ihm den schäbigen Rock, kämmten ihm den Ziegenbart, und stachen und zwickten ihn am ganzen Leib. „Mein, rief der Jude, was soll mir das Geigen! laß der Herr das Geigen! ich begehre nicht zu tanzen!“ Aber der Knecht hörte nicht darauf und dachte, du hast die Leute genug geschunden, nun soll dirs die Dornhecke nicht besser machen, und fieng von neuem an zu geigen, daß der Jude noch höher aufspringen mußte, und die Fetzen von seinem Rock an den Stacheln hängen blieben. „Au weih geschrieen! rief der Jude, geb' ich doch dem Herrn, was er verlangt, wenn er nur das Geigen läßt, einen ganzen Beutel mit Gold.“ „Wenn du so splendid bist, sprach der Knecht, so will ich wohl mit meiner Musik aufhören, aber das muß ich dir nachrühmen, du machst deinen Tanz noch mit, daß es eine Art hat;“ nahm darauf den Beutel, und gieng seiner Wege.

Der Jude blieb stehen, und sah ihm nach, und als der Knecht weit weg und ihm ganz aus den Augen war, so schrie er aus Leibeskräften: „du miserabler Musikant! du Bierfiedler! wart, wenn ich dich allein erwische! ich will dich jagen, daß du die Schuhsohlen verlieren sollst! du Lump! steck einen Groschen ins Maul, daß du sechs Heller werth bist!“ und schimpfte weiter, was er nur los bringen konnte.

Und als er sich damit etwas zu Gute gethan und Luft gemacht hatte, lief er in die Stadt zum Richter. „Herr Richter, au weih geschrien! ich bin auf offener Landstraße beraubt und übel zugerichtet worden, von einem gottlosen Menschen, ein Stein auf dem Erdboden möcht' sich erbarmen; die Kleider zerfetzt! der Leib zerstochen und zerkratzt! das Gold mit dem Beutel genommen! lauter Ducaten, ein Stück schöner, als das andere! um Gotteswillen, laßt den Menschen ins Gefängniß werfen." Sprach der Richter „wars ein Soldat, der dich mit seinem Säbel so zugerichtet hat?" „Gott bewahr'! sagte der Jude, einen nackten Degen hat er nicht gehabt, aber ein Rohr hat er gehabt auf dem Buckel, und eine Geige am Hals, daran ist er leicht zu erkennen." Der Richter schickte seine Leute nach ihm aus, die fanden den guten Knecht, der ganz langsam weiter gezogen war, und fanden auch den Beutel mit Gold bei ihm. Als er vor Gericht gestellt wurde, sagte er: „ich habe den Juden nicht angerührt, und ihm das Gold nicht genommen, er hat mir's aus freien Stücken angeboten, weil er meine Musik nicht anhören konnte, damit ich nur aufhörte zu geigen." „Gott bewahr! schrie der Jude, er greift die Lügen, wie Fliegen an der Wand!" Aber der Richter glaubte es auch nicht, und sprach „das ist eine schlechte Entschuldigung, das thut kein Jude," und verurtheilte den guten

Knecht zum Galgen. Als er abgeführt wurde, schrie ihm noch der Jude zu: „du Bärenhäuter, du Hundemusikant, jetzt kriegst du deinen wohlverdienten Lohn!“ Der Knecht stieg ganz ruhig mit dem Henker die Leiter hinauf, auf der letzten Sproße aber drehte er sich um, und sprach zum Richter: „gewährt mir noch eine Bitte, eh ich sterbe.“ „Ja, sprach der Richter, wenn du nicht um dein Leben bittest.“ „Nicht ums Leben, antwortete der Knecht, ich bitte, laßt mich zu guter Letzt noch einmal auf meiner Geige spielen.“ Der Jude erhob ein Zetergeschrei: „um Gotteswillen! erlaubts nicht, erlaubts nicht!“ Allein der Richter sprach: „warum soll ich ihm die kurze Freude nicht gönnen, es ist ihm zugestanden, und dabei soll es sein Bewenden haben.“ Auch konnte er es ihm nicht abschlagen, wegen der Gabe, die dem Knecht verliehen war. Der Jude aber rief „au weih! au weih! bindet mich an! bindet mich fest!“ Da nahm der gute Knecht seine Geige vom Hals, legte sie zurecht, und wie er den ersten Strich that, fieng alles an zu wabern, und zu wanken, der Richter, die Schreiber, und die Gerichtsdiener, und dem, welcher den Juden festbinden wollte, fiel der Strick aus der Hand; beim zweiten Strich hoben alle die Beine, und der Henker ließ den guten Knecht los, und machte sich zum Tanze zurecht, und bei dem dritten sprang alles in die Höhe, und fieng an zu tanzen, und der Richter und der Jude waren vorne, und sprangen am besten; bald tanzte alles mit, was auf den Markt aus Neugierde herbei gekommen war, alte und junge, dicke und magere Leute untereinander, und die Hunde die mitgelaufen waren, setzten sich auf die Hinterfüße, und tanzten auch mit. Und je länger er spielte, desto höher sprangen die Tänzer, daß sie sich einander an die Köpfe stießen, und anfiengen, jämmerlich zu schreien. Endlich rief der Richter ganz außer Athem: „ich schenke dir dein Leben, höre nur auf zu geigen." Der gute Knecht ließ sich bewegen, hörte auf, hieng seine Geige wieder an den Hals, und stieg die Leiter herab. Da trat er zu dem Juden, der auf der Erde lag, und nach Athem schnappte, und sagte: „Spitzbube, jetzt, gestehe, wo du das Gold her hast, oder ich nehme meine Geige vom Hals, und fange wieder an zu spielen." „Ich hab' es gestohlen, ich hab' es gestohlen, schrie er, du aber hasts redlich verdient." Da ließ der Richter den Juden zum Galgen führen, und als einen Dieb aufhangen.

43.

Vom klugen Schneiderlein.

Es war einmal eine Prinzessin gewaltig stolz: kam ein Freier, so gab sie ihm etwas zu rathen auf, und wenn er's nicht errathen konnte, so ward er mit Spott fortgeschickt. Sie ließ auch bekannt machen, wer's erriethe, sollte sich mit ihr vermählen, und möchte kommen, wer da wollte. Nun fanden sich auch drei Schneider zusammen, davon meinten die zwei ältesten, sie hätten so manchen feinen Stich gethan, und hätten's getroffen, da könnt's ihnen nicht fehlen, sie müßten's wohl auch hier treffen; der dritte aber war ein kleines unnützes Ding, das nicht einmal sein Handwerk verstand. Da sprachen die zwei zu ihm: „bleib nur zu Haus, du wirst mit deinem Bischen Verstand auch nicht weit kommen;" das Schneiderlein ließ sich aber nicht irre machen, und sagte, es hätte einmal seinen Kopf darauf gesetzt, und wollte sich schon helfen, und gieng dahin, als wär' die ganze Welt sein.

Da meldeten sie sich alle drei bei der Prinzessin, und sagten, sie sollte ihnen ihr Räthsel vorlegen; es wären die rechten Leute angekommen, die hätten einen feinen Verstand, den könnte man wohl in eine Nadel fädeln. Da sprach die Prinzessin: „ich habe zweierlei Haar auf dem Kopf, von was für Farben ist das?" „Wenn's weiter nichts ist, sagte der erste, es wird schwarz und weiß seyn, wie Kümmel und Salz." Die Prinzessin sprach: „falsch gerathen; antworte der zweite." Da sagte der zweite: „ist's nicht schwarz und weiß, so ist's braun und roth, wie meines Vaters Bratenrock." „Falsch gerathen, sagte die Prinzessin, antworte der dritte, dem seh ich's an, der weiß es sicherlich." Da trat das Schneiderlein hervor und sprach: „die Prinzessin hat ein silbernes und ein goldenes Haar auf dem Kopf, und das sind die zweierlei Farben." Wie die Prinzessin das hörte, ward sie blaß, und wäre vor Schrecken beinah hingefallen, denn das Schneiderlein hatte es getroffen, und sie hatte sicher geglaubt, das würde kein Mensch auf der Welt herausbringen. Als ihr das Herz wiederkam, sprach sie: „damit hast du mich noch nicht gewonnen, du mußt noch eins thun; unten im Stall liegt ein Bär, bei dem sollst du die Nacht zubringen, wenn ich dann morgen aufstehe und du bist noch lebendig, so sollst du mich heirathen." Sie dachte aber, damit wollte sie das Schneiderlein los werden, denn der Bär hatte noch keinen Menschen lebendig gelassen, der ihm unter die Tatzen gekommen war. Das Schneiderlein sprach vergnügt: „das will ich auch noch vollbringen."

Als nun der Abend kam, ward mein Schneiderlein hinunter zum Bären gebracht; der Bär wollt' auch gleich auf es los, und ihm mit seiner Tatze einen guten Willkommen geben. „Sachte, sachte, sprach das Schneiderlein, ich kann dich noch zur Ruhe bringen." Da holte es ganz gemächlich, als hätt' es keine Sorgen, Welsche-Nüsse aus der Tasche, biß sie auf und aß die Kerne; wie der Bär das sah, kriegte er Lust, und wollte auch Nüsse haben. Das Schneiderlein griff in die Tasche, und reichte ihm eine Hand voll; es waren aber keine Nüsse, sondern Wackersteine. Der Bär steckte sie ins Maul, er konnt' aber nichts aufbringen, er mochte beißen wie er wollte. „Ei, dachte er, was bist du für ein dummer Klotz, du kannst nicht einmal die Nüsse aufbeißen" und sprach zum Schneiderlein: „mein, beiß mir die Nüsse auf." „Da siehst du was du für ein Kerl bist, sprach das Schneiderlein, hast so ein großes Maul und kannst die kleine Nuß nicht aufbeißen." Da nahm es die Steine, war hurtig, steckte dafür eine Nuß in den Mund, und knack! war sie entzwei. „Ich muß das Ding noch einmal probiren, sprach der Bär, wenn ich's so ansehe, ich mein', ich müßt's können." Da gab ihm das Schneiderlein wieder die Wackersteine, und der Bär arbeitete und biß aus allen Leibeskräften hinein; aber du glaubst auch nicht, daß er sie aufgebracht hat. Wie das vorbei war, holte das Schneiderlein eine Violine unter dem Rock hervor, und spielte sich ein Stückchen darauf. Als der Bär das hörte, konnt' er es nicht lassen und fieng an zu tanzen, und als er ein Weilchen getanzt hatte, gefiel ihm das Ding so wohl, daß er zum Schneiderlein sprach: „hör, ist das Geigen schwer?" „Ei gar nicht, siehst du, mit der Linken leg' ich die Finger auf, und mit der Rechten streich ich mit dem Bogen drauf los, da gehts lustig, hopsasa vivallalera!" „Willst du mir's lehren? sprach der Bär, so geigen, das mögt' ich auch verstehen, damit ich tanzen könnte, wann ich Lust hätte." – „Von Herzen gern, sagte das Schneiderlein, wenn du's lernen willst, aber weis einmal deine Tatzen her, die sind gewaltig lang, ich muß dir erst die Nägel ein wenig abschneiden." Da holte es einen Schraubstock, und der Bär legte seine Tatzen darauf, das Schneiderlein aber schraubte sie fest, und sprach: „nun warte bis ich wiederkomme mit der Scheere;" ließ den Bär brummen, so viel er wollte, legte sich in die Ecke auf ein Bund Stroh, und schlief ein.

Die Prinzessin, als sie am Abend den Bären so gewaltig brummen hörte, glaubte nicht anders, als der brummte vor Freuden, und mit dem Schneider wär's jetzt vorbei. Am Morgen stand sie auch recht vergnügt auf, wie sie aber nach dem Stall guckt, so steht das Schneiderlein ganz munter davor, und ist gesund wie ein Fisch im Wasser. Da konnte sie nun kein Wort mehr dagegen sagen, weil sie's öffentlich versprochen hatte, und der König ließ einen Wagen kommen, darin mußte sie mit dem Schneiderlein zur Kirche fahren, und sollte sie da vermählt werden. Wie sie nun eingestiegen waren, giengen die beiden andern Schneider, die falsch waren und ihm sein Glück nicht gönnten, in den Stall, und schraubten den Bären los, der war nun voller Wuth, und rennte hinter dem Wagen her. Die Prinzessin aber hörte ihn schnauben, da ward ihr angst, und sie sagte: „ach! der Bär ist hinter uns und will dich holen." Das Schneiderlein war bei der Hand, stellte sich auf den Kopf, streckte die Beine zum Fenster hinaus, und rief: „siehst du den Schraubstock; wann du nicht gehst, so sollst du wieder hinein." Wie der Bär das sah, drehte er um und lief fort. Mein Schneiderlein fuhr da ruhig in die Kirche, und die Prinzessin ward ihm an die Hand getraut, und lebte mit ihr vergnügt wie eine Heidlerche. Wers nicht glaubt, bezahlt einen Thaler.

44.

Die drei Brüder.

Es war ein Mann, der hatte drei Söhne und weiter nichts im Vermögen, als das Haus, worin er wohnte. Nun hätte jeder gern nach seinem Tod das Haus gehabt, dem Vater war aber einer so lieb als der andere, da wußt er gar nicht, wie ers anfangen sollte, daß er keinem zu nahe thät; verkaufen wollt' er das Haus auch nicht, weil's von seinen Voreltern war, sonst hätte er das Geld unter sie getheilt. Da fiel ihm endlich ein Rath ein, und er sprach zu seinen Söhnen: „geht in die Welt und versucht euch, und lerne jeder ein Handwerk, wenn ihr dann wiederkommt, wer das beste Meisterstück macht, der soll das Haus haben."

Das waren die Söhne zufrieden, und der ältste wollte ein Hufschmied, der zweite ein Barbier, der dritte aber ein Fechtmeister werden. Darauf bestimmten sie eine Zeit, wo sie wieder nach Haus zusammenkommen wollten, und zogen fort. Es traf sich auch, daß jeder einen tüchtigen Meister fand, wo er was rechtschaffenes lernte; der Schmied mußte des Königs Pferde beschlagen, und dachte: „nun kann dirs nicht fehlen, du kriegst das Haus;" der Barbier rasirte lauter vornehme Herrn, lernte sein

Handwerk aus dem Grund, und meinte auch, das Haus wäre sein; der Fechtmeister kriegte manchen Hieb, biß aber die Zähne zusammen, und ließ sichs nicht verdrießen, denn er dachte bei sich: „fürchtest du dich vor einem Hieb, so kriegst du das Haus nimmermehr.“ Als nun die gesetzte Zeit herum war, kamen sie bei dem Vater zusammen, sie wußten aber nicht, wie sie die beste Gelegenheit finden sollten, ihre Kunst zu zeigen, saßen und rathschlagten. Wie sie so saßen, kam auf einmal ein Haas übers Feld daher gelaufen. „Ei, sagte der Barbier, der kommt wie gerufen,“ nahm Becken und Seife, schaumte, bis der Haas in die Nähe kam, dann seifte er ihn in vollem Laufe ein, und rasirte ihm auch in vollem Laufe ein Stutzbärtchen, und dabei schnitt er ihn nicht und that ihm an keinem Haare weh. „Das gefällt mir, sagte der Vater, wenn sich die andern nicht gewaltig angreifen, so ist das Haus dein.“ Es währte nicht lang, so kam ein Herr in einem Wagen daher gerennt in vollem Jagen. „Nun sollt ihr sehen, Vater, was ich kann,“ sprach der Hufschmied, sprang dem Wagen nach, riß dem Pferd, das in einem fort jagte, die vier Hufeisen ab, und schlug ihm auch im Jagen vier neue wieder an. „Du bist ein ganzer Kerl, sprach der Vater, du machst deine Sachen so gut, wie dein Bruder; ich weiß nicht, wem ich das Haus geben soll.“ Da sprach der dritte: „Vater, laßt mich auch einmal gewähren," und weil es anfieng zu regnen, zog er seinen Degen und schwenkte ihn in Kreuzhieben über seinem Kopf, daß kein Tropfen auf ihn fiel; und als der Regen stärker ward und endlich so stark, als ob man mit Mulden vom Himmel gösse, schwang er den Degen immer schneller, und blieb so trocken, als säß er unter Dach und Fach. Wie der Vater das sah, erstaunte er, und sprach: „du hast das beste Meisterstück gemacht, das Haus ist dein."

Die beiden andern Brüder waren damit zufrieden, wie sie vorher gelobt hatten, und weil sie sich einander so lieb hatten, blieben sie alle drei zusammen im Haus, trieben ihr Handwerk, und da sie so gut ausgelernt hatten und so geschickt waren, verdienten sie viel Geld. So lebten sie vergnügt bis in ihr Alter zusammen, und als der eine krank ward und starb, grämten sich die zwei andern so sehr darüber, daß sie auch krank wurden und bald starben. Da wurden sie, weil sie so geschickt gewesen und sich so lieb gehabt, alle drei in ein Grab gelegt.

45.

Die vier kunstreichen Brüder.

Es war ein armer Mann, der hatte vier Söhne, wie die nun herangewachsen waren, sprach er zu ihnen: „lieben Kinder, ihr müßt in die Welt, ich habe nichts, das ich euch geben könnte, macht euch auf in die Fremde, lernt ein Handwerk und seht, wie ihr euch durchschlagt." Da ergriffen die vier Brüder den Wanderstab, nahmen Abschied von ihrem Vater, und zogen zusammen zum Thor hinaus. Als sie ein Stück Wegs gemacht hatten, kamen sie an einen Kreuzweg, der nach vier verschiedenen Gegenden führte. Da sprach der älteste: „hier müssen wir uns trennen, aber heut über vier Jahre wollen wir uns an dieser Stelle wieder treffen, und in der Zeit unser Glück versuchen."

Nun gieng jeder seinen Weg, und dem ältesten begegnete ein Mann, der fragte ihn, wo er hinaus wollte, und was er vorhätte. „Ich will ein Handwerk lernen" antwortete er. Da sprach der Mann: „geh mit mir und werde ein Dieb." „Nein, antwortete er, das ist jetzt kein ehrliches Handwerk mehr, und das Ende vom Lied, daß einer als Schwengel in der Feldglocke gebraucht wird." „O! sprach der Mann, vor dem Galgen brauchst du dich nicht zu fürchten, ich will dich bloß lehren das zu holen, was sonst kein Mensch kriegen kann, und wo dir niemand auf die Spur kommt.“ Da ließ er sich überreden, und ward bei dem Manne ein gelernter Dieb, und so geschickt, daß vor ihm nichts sicher war, was er einmal haben wollte. Der zweite Bruder begegnete einem Mann, der dieselbe Frage an ihn that, was er in der Welt lernen wolle. „Ich weiß es noch nicht,“ antwortete er. „So geh mit mir, und werde ein Sterngucker: nichts besser, als das, es bleibt einem nichts verborgen.“ Er ließ sich das gefallen, und ward ein so geschickter Sterngucker, daß sein Meister, als er ausgelernt hatte, und weiter ziehen wollte, ihm ein Glas gab, und zu ihm sprach: „damit kannst du sehen, was auf Erden und am Himmel vorgeht, und kann dir nichts verborgen bleiben.“ Der dritte Bruder begegnete einem Jäger, der nahm ihn mit in die Lehre, und gab ihm in allem, was zur Jägerei gehörte, so guten Unterricht, daß er ein ausgelernter Jäger ward. Der Meister schenkte ihm beim Abschied eine Büchse und sprach: „die fehlt nicht, was du damit aufs Korn nimmst, das triffst du auch.“ Der jüngste Bruder begegnete gleichfalls einem Manne, der ihn anredete, und nach seinem Vorhaben fragte. „Hast du nicht Lust ein Schneider zu werden?“ „Ach nein, sprach der Junge, das Krummsitzen von Morgens bis Abends, das Hin- und Herfegen mit der Nadel, und das Bügeleisen will mir nicht in den Sinn." „Ei was, antwortete der Mann, bei mir lernst du eine ganz andere Schneiderkunst." Da ließ er sich überreden, gieng mit und lernte die Kunst des Mannes aus dem Fundament. Beim Abschied gab ihm dieser eine Nadel und sprach: „damit kannst du zusammennähen, was dir vorkommt, es sey so weich wie ein Ei oder so hart als Stahl, und es wird so zu einem Stück, daß keine Naht mehr zu sehen ist."

Zu der bestimmten Zeit, als vier Jahre herum waren, kamen die vier Brüder an dem Kreuzwege zusammen, herzten und küßten sich, und kehrten heim zu ihrem Vater. Sie erzählten ihm, wie es ihnen ergangen wäre, und daß jeder das Seinige gelernt hätte. Nun saßen sie gerade vor dem Haus unter einem großen Baum; da sprach der Vater: „ich will euch einmal versuchen und sehen, was ihr könnt." Darnach schaute er auf, und sagte zu dem zweiten Sohne: „oben im Gipfel dieses Baums sitzt ein Buchfinken-Nest, sag' mir doch, wie viel Eier liegen darin?" Der Sterngucker nahm sein Glas, schaute hinauf und sprach: „fünfe liegen darin." „Jetzt sagte der Vater zum ältesten, holst du die Eier, ohne daß der Vogel, der darauf sitzt und brütet, gestört wird." Der künstliche Dieb stieg hinauf, und nahm dem Vöglein, das gar nichts davon merkte, und ruhig sitzen blieb, die fünf Eier unter dem Leib weg, und brachte sie dem Vater herab. Der Vater nahm sie, legte an jede Ecke des Tisches eins, und das fünfte in die Mitte, und sprach zum Jäger: „du schießest mir mit einem Schuß die fünf Eier in der Mitte entzwei.“ Der Jäger legte seine Büchse an, und schoß die Eier, wie es der Vater verlangt hatte, alle fünfe und zwar in einem Schuß. „Nun kommt die Reihe an dich, sprach dieser zu dem vierten Sohn; du nähst die Eier wieder zusammen, und auch die jungen Vöglein, die darin sind, so daß ihnen der Schuß nichts schadet.“ Der Schneider holte seine Nadel, und nähte nach Vorschrift. Als er fertig war, mußte der Dieb sie wieder auf den Baum ins Nest tragen, und dem Vogel, ohne daß er etwas gewahr ward, wieder unter legen. Das Thierchen brütete sie vollends aus, und nach ein paar Tagen krochen die Jungen hervor, und hatten da, wo der Schneider sie zusammengenäht, ein rothes Streifchen um den Hals.

„Ja, sprach der Alte zu seinen Söhnen, ihr habt eure Zeit wohl benutzt, und was rechtschaffenes gelernt, ich kann nicht sagen, wem von euch der Vorzug gebührt. Wenn ihr nur eure Kunst bald anwenden könnt!“ Nicht lang darnach kam ein großer Lärm ins Land, die Königstochter wär von einem Drachen entführt. Der König war Tag und Nacht darüber in Sorgen, und ließ bekannt machen: „wer sie zurückbrächte, sollte sie zur Gemahlin haben." Die vier Brüder sprachen unter einander, das wäre eine Gelegenheit, wo wir uns könnten sehen lassen, und beschlossen, die Königstochter zu befreien. „Wo sie ist, will ich bald wissen," sprach der Sterngucker, schaute durch sein Glas, und sprach: „ich sehe sie, sie sitzt weit von hier, auf einem Felsen im Meer, bei dem Drachen, der sie hütet." Da gieng er zu dem König, und bat ihn um ein Schiff für sich und seine Brüder, und fuhr mit ihnen fort, und über das Meer, bis sie zur Stätte hinkamen. Die Königstochter saß da, und der Drache lag in ihrem Schooß und schlief; der Jäger sprach: „ich darf ihn nicht schießen, ich würde die schöne Jungfrau zugleich tödten." „So will ich mein Heil versuchen," sagte der Dieb, und stahl sie unter dem Drachen weg, so leis und behend, daß das Unthier nichts merkte, sondern fortschnarchte. Sie eilten voll Freude mit ihr aufs Schiff, und segelten in das Meer hinein, da kam der Drache, der wach geworden war, und die Königstochter nicht mehr gefunden hatte, hinter ihnen her und schnaubte wüthend durch die Luft; als er gerade über dem Schiff war, und sich herablassen wollte, da legte der Jäger seine Büchse an, und schoß ihm mitten ins Herz, daß er todt herabfiel. Es war aber ein so gewaltiges Unthier, daß es im Herabfallen das ganze Schiff zertrümmerte, und sie nur noch auf ein paar

Brettern in der offenen See schwammen. Da war der Schneider nicht faul, nahm seine wunderbare Nadel, nähte mit ein paar großen Stichen einige Bretter zusammen, setzte sich darauf, schiffte hin und sammelte alle Stücke des Schiffs. Dann nähte er auch diese so behend zusammen, daß gar bald das Schiff wieder segelfertig war, und sie glücklich heim fahren konnten.

Als sie dem König seine Tochter wiederbrachten, da war große Freude, und er sprach zu den vier Brüdern: „einer von euch soll sie zur Gemahlin haben, aber welcher das ist, macht unter euch aus.“ Da entstand Streit unter ihnen, und der Sterngucker sprach: „hätte ich nicht die Königstochter gesehen, so wären alle eure Künste für nichts gewesen, darum ist sie mein.“ Der Dieb sprach: „was hätte das Sehen geholfen, wenn ich sie nicht unter dem Drachen weggenommen hätte, darum ist sie mein.“ Der Jäger sprach: „ihr wärt doch sammt der Königstochter von dem Unthier zerrissen worden, wenn ich es nicht getödtet hätte, darum ist sie mein.“ Der Schneider sprach: „und hätte ich euch mit meiner Kunst nicht das Schiff wieder zusammengebracht, ihr wärt alle jämmerlich ertrunken, darum ist sie mein.“ Da that der König den Ausspruch: „jeder von euch hat Recht, und weil ein jeder die Jungfrau nicht haben kann, so soll sie keiner von euch haben, aber ich will jedem zur Belohnung ein halbes Königreich geben." Da sprachen die Brüder: „es ist auch besser, als daß wir uneins werden." Der König gab jedem ein halbes Königreich, und sie lebten mit ihrem Vater in aller Glückseligkeit.

46.

Einäuglein. Zweiäuglein und Dreiäuglein.

Es war eine Frau, die hatte drei Töchter, davon hieß die älteste *Einäuglein*, weil sie nur ein einziges Auge mitten auf der Stirne hatte, und die mittelste *Zweiäuglein*, weil sie zwei Augen hatte, wie andere Menschen, und die jüngste *Dreiäuglein*, weil sie drei Augen hatte, und das dritte stand bei ihr gleichfalls mitten auf der Stirne. Darum aber, daß Zweiäuglein nicht anders aussah, als andere Menschenkinder, konnten es die Schwestern und die Mutter nicht leiden, und sie sprachen zu ihm: „du siehst mit deinen zwei Augen nicht besser aus, als das gemeine Volk, du gehörst nicht zu uns;" und stießen es herum, und warfen ihm schlechte, alte Kleider hin, und gaben ihm nicht mehr zu essen, als was sie übrig ließen, und thaten ihm Herzeleid an, wo sie nur konnten.

Es trug sich zu, daß Zweiäuglein hinaus ins Feld gehen und die Ziege hüten mußte, und noch ganz hungrig war, weil ihm seine Schwestern so wenig zu essen gegeben hatten. Da setzte es sich auf einen Rain, und fieng an zu weinen, und so zu weinen, daß zwei Bächlein aus seinen Augen herabflossen. Und wie es einmal aufsah, stand eine Frau neben ihm, die fragte „Zweiäuglein, was weinst du?“ Zweiäuglein antwortete: „soll ich nicht weinen! weil ich zwei Augen habe, wie andere Menschen, so können mich meine Schwestern und meine Mutter nicht leiden, stoßen mich herum, werfen mir alte, schlechte Kleider hin, und geben mir nur zu essen, was sie übrig lassen. Heute haben sie mir fast gar nichts gegeben, daß ich noch ganz hungrig bin.“ Sprach die weise Frau: „Zweiäuglein, trockne dir dein Angesicht, ich will dir etwas sagen, daß du nicht mehr hungern sollst. Sprich nur zu deiner Ziege:

„Zicklein, meck!
Tischlein deck!“

so wird ein sauber gedecktes Tischlein vor dir stehen, und das schönste Essen darauf, daß du essen kannst, so viel du Lust hast. Und wenn du satt bist, und das Tischlein nicht mehr brauchst, so sprich nur:

„Zicklein, meck!
Tischlein weg!"

so wirds vor deinen Augen wieder verschwinden." Darauf gieng die weise Frau fort; Zweiäuglein aber dachte: „ich muß gleich einmal versuchen, ob es wahr ist, was sie gesagt hat, denn mich hungert gar zu sehr" und sprach:

„Zicklein, meck!
Tischlein deck!"

Und kaum hatte es die Worte ausgesprochen, so stand da ein Tischlein mit einem weißen Tüchlein gedeckt, darauf ein Teller mit Messer und Gabel und Löffel, und die schönsten Speisen standen rund herum, und waren noch warm, als wären sie eben aus der Küche gekommen. Da sagte Zweiäuglein das kürzeste Gebetlein her, das es wußte: „Herr Gott sey unser Gast zu aller Zeit. Amen!" und langte zu, und ließ sichs wohl schmecken. Und als es satt war, sprach es, wie die weise Frau es geheißen hatte:

„Zicklein, meck!
Tischlein weg!“

Alsbald war das Tischchen, und alles darauf wieder verschwunden. Das ist ein schöner Haushalt, dachte Zweiäuglein, und war ganz vergnügt und guter Dinge.

Abends trieb es seine Ziege heim, und rührte das irdene Schüsselchen mit Essen, das ihm die Schwestern hingestellt hatten, gar nicht an, und am andern Tag zog es wieder mit seiner Ziege hinaus, und ließ auch die paar Brocken, die ihm gereicht wurden, liegen. Das erstemal und das zweitemal achteten es die Schwestern nicht, wie es aber jedesmal geschah, merkten sie auf und sprachen: „es ist nicht richtig mit dem Zweiäuglein, das läßt jedesmal das Essen stehen, und hat doch sonst alles aufgezehrt, was wir ihm gegeben, das muß andere Wege gefunden haben.“ Damit sie aber hinter die Wahrheit kämen, sollte Einäuglein mitgehen, wenn Zweiäuglein auf die Weide gieng, und sollte Acht haben, was es da vorhätte, und ob ihm jemand etwa Essen und Trinken brächte.

Als nun Zweiäuglein die Ziege wieder hinaustrieb, trat Einäuglein zu ihm und sprach: „ich will mitgehen und sehen, daß die Ziege auch recht gehütet und ins Futter getrieben wird.“ Aber Zweiäuglein merkte, was Einäuglein im Sinne hatte, und trieb die Ziege hinaus in hohes Gras und sprach: „komm, Einäuglein, wir wollen uns hinsetzen, ich will dir was vorsingen.“ Einäuglein setzte sich hin, und war von dem ungewohnten Weg und von der Sonnenhitze müd, und Zweiäuglein sang immer:

„Einäuglein, wachst du?
Einäuglein, schläfst du?“

Da that Einäuglein das eine Auge zu, und schlief ein. Und als Zweiäuglein sah, daß Einäuglein fest schlief und nichts verrathen konnte, sprach es:

„Zicklein, meck!
Tischlein deck!“

und setzte sich an sein Tischlein, und aß und trank, bis es satt war, dann rief es wieder:

„Zicklein, meck!
Tischlein weg!“

und es verschwand alles, und Zweiäuglein weckte nun das Einäuglein und sprach: „ei, Einäuglein, du willst hüten und schläfst dabei ein, derweil hätte die Ziege in alle Welt laufen können! Komm, wir wollen nach Haus gehen." Da giengen sie nach Haus, und Zweiäuglein ließ wieder sein Schüsselchen unangerührt stehen, und Einäuglein konnte der Mutter nicht sagen, warum es nicht essen wollte, und sprach: „ich war draußen eingeschlafen."

Am andern Tag sprach die Mutter zu Dreiäuglein: „geh du mit hinaus und hab Acht, ob Zweiäuglein draußen ißt, und ob ihm jemand Essen und Trinken bringt, denn essen und trinken muß es doch." Da trat Dreiäuglein zum Zweiäuglein und sprach: „ich will mitgehen und sehen, ob auch die Ziege recht gehütet und ins Futter getrieben wird." Aber Zweiäuglein merkte, was Dreiäuglein im Sinne hatte, und trieb die Ziege hinaus ins hohe Gras, und sprach: „wir wollen uns dahin setzen, Dreiäuglein, ich will dir was vorsingen." Dreiäuglein setzte sich, und war müd von dem Weg und der Sonnenhitze, und Zweiäuglein hub wieder das vorige Liedlein an, und sang:

„Dreiäuglein, wachst du?"

aber statt daß es nun singen mußte:

„Dreiäuglein, schläfst du?"

sang es aus Unbedachtsamkeit:

„*Zweiäuglein*, schläfst du?“

und sang immer:

„Dreiäuglein, wachst du?
Zweiäuglein, schläfst du?“

Da fielen dem Dreiäuglein seine zwei Augen zu, und schliefen, aber das dritte, das von dem Sprüchlein nicht angeredet wurde, schlief nicht ein, doch Dreiäuglein that es zu, aber aus List, gleich als schlief es auch damit, doch blinzelte es, und konnte alles gar wohl sehen. Und als Zweiäuglein meinte, Dreiäuglein schlafe fest, sagte es sein Sprüchlein:

„Zicklein, meck!
Tischlein deck!“

aß und trank nach Herzenslust, und hieß dann das Tischlein wieder fortgehen:

„Zicklein meck!
Tischlein weg!“

und Dreiäuglein hatte alles mit angesehen. Da kam Zweiäuglein zu ihm, und weckte es und sprach: „ei, Dreiäuglein, bist du eingeschlafen! du kannst gut hüten! komm wir wollen heim gehen." Und als sie nach Haus kamen, aß Zweiäuglein wieder nicht, und Dreiäuglein sprach zur Mutter: „ich weiß nun, warum das hochmüthige Ding nicht ißt; wenn sie draußen zur Ziege spricht:

„Zicklein, meck!
Tischlein deck!"

so steht ein Tischlein vor ihr, das ist mit dem besten Essen besetzt, viel besser, als wirs hier haben; und wenn sie satt ist, so spricht sie:

„Zicklein, meck!
Tischlein weg!"

und alles ist wieder verschwunden. Ich hab' es genau mit angesehen; zwei Augen hatte sie mir mit einem Sprüchlein eingeschläfert, aber das eine auf der Stirne, das war zum Glück wach geblieben." Da rief die Mutter zornig: „willst du's besser haben, als wir! die Lust soll dir vergehen!" Und holte ein Schlachtmesser, und stieß es der Ziege ins Herz, daß sie todt hinfiel.

Als Zweiäuglein das sah, gieng es voll Trauer hinaus, und setzte sich wieder auf den Feldrain, und weinte seine bitteren Thränen. Da stand auf einmal die weise Frau wieder neben ihm, und sprach „Zweiäuglein, was weinst du?“ „Soll ich nicht weinen, antwortete es, die Ziege, die mir jeden Tag auf euer Sprüchlein den Tisch so schön deckte, ist mir von meiner Mutter todtgestochen; nun muß ich wieder Hunger und Kummer leiden.“ Die weise Frau sprach: „Zweiäuglein, ich will dir einen guten Rath geben, bitt deine Schwestern, daß sie dir das Eingeweide von der geschlachteten Ziege geben, und vergrabs vor der Hausthüre, so wirds dein Glück seyn.“ Da verschwand sie, und Zweiäuglein gieng heim und sprach zu den Schwestern: „liebe Schwestern, gebt mir doch etwas von meiner Ziege, ich verlange nichts Gutes, gebt mir nur das Eingeweide.“ Da lachten sie und sprachen: „das können wir dir wohl geben, wenn du weiter nichts willst.“ Und Zweiäuglein nahm das Eingeweide, und vergrubs Abends in aller Stille nach dem Rathe der weisen Frau vor die Hausthüre.

Am andern Morgen, als sie insgesammt erwachten und vor die Hausthüre traten, so stand da ein wunderbarer, prächtiger Baum, der hatte Blätter von Silber, und Früchte von Gold hiengen dazwischen, daß wohl nichts schöneres und köstlicheres auf der Welt zu sehen war. Sie wußten aber nicht, wie der Baum auf einmal in der Nacht gewachsen war, nur Zweiäuglein merkte es, daß er aus den Eingeweiden der Ziege aufgesproßt war, denn er stand gerade da, wo es sie hinbegraben hatte. Da sprach die Mutter zu Einäuglein: „steig hinauf, mein Kind, und brich uns die Früchte von dem Baume ab.“ Einäuglein stieg hinauf, aber wie es einen von den goldenen Aepfeln greifen wollte, so fuhr ihm der Zweig aus den Händen, und das geschah jedesmal, so daß es keinen einzigen Apfel brechen konnte, es mochte sich anstellen, wie es wollte. Da sprach die Mutter: „Dreiäuglein, steig du hinauf, du kannst mit deinen drei Augen besser um dich schauen, als Einäuglein.“ Einäuglein rutschte herunter und Dreiäuglein stieg hinauf; aber Dreiäuglein war nicht geschickter und mochte schauen wie es wollte, die goldenen Aepfel wichen immer zurück. Endlich ward die Mutter ungeduldig, und stieg selbst hinauf, konnte aber so wenig, wie Einäuglein und Dreiäuglein, die Frucht fassen, und griff nur immer in die leere Luft hinein. Da sprach Zweiäuglein: „ich will mich einmal hinaufmachen, vielleicht gelingt mir's eher“; die Schwestern riefen zwar: „du mit deinen zwei Augen, was willst du wohl!“ aber Zweiäuglein stieg hinauf, und die goldenen Aepfel zogen sich nicht vor ihm zurück, sondern es war ordentlich, als eilten sie seinen Händen entgegen, also daß es einen nach dem andern abpflücken konnte und einen ganzen Schurz voll mit herunter brachte. Die Mutter nahm sie ihm ab, und statt daß sie, Einäuglein und Dreiäuglein, dafür das arme Zweiäuglein hätten besser behandeln sollen, so wurden sie nur neidisch, daß es allein die Früchte holen konnte, und giengen noch härter mit ihm um.

Es trug sich zu, daß, als sie einmal beisammen an dem Baum standen, ein junger Ritter daher kam. „Geschwind, Zweiäuglein, riefen die zwei Schwestern, kriech unter, daß wir uns deiner nicht schämen müssen“ und stießen das arme Zweiäuglein mit Gewalt unter ein leeres Faß, das neben dem Baume stand, und stopften die goldenen Aepfel, die es abgebrochen hatte, auch darunter. Als nun der Ritter näher kam, war es ein schöner Herr, der bewunderte den prächtigen Baum von Gold und Silber, und sprach zu den beiden Schwestern: „wem gehört dieser schöne Baum? wer mir einen Zweig davon gäbe, könnte dafür verlangen, was er wollte.“ Da antworteten Einäuglein und Dreiäuglein, der Baum gehöre ihnen zu und sie wollten ihm einen Zweig wohl abbrechen. Sie gaben sich auch beide große Mühe, aber sie waren es nicht im Stande, denn die Zweige und die Früchte wichen jedesmal vor ihnen zurück. Da sprach der Ritter: „das ist ja wunderlich, daß der Baum euch zugehören soll, und ihr doch nicht Macht habt, etwas davon abzubrechen!“ Sie blieben dabei, der Baum wäre ihr Eigenthum; indem sie aber so sprachen, rollte Zweiäuglein unter dem Fasse ein paar goldene Aepfel heraus, so daß sie zu den Füßen des Ritters liefen, denn es war bös, daß Einäuglein und Dreiäuglein nicht die Wahrheit sprachen. Wie der Ritter die Aepfel sah, da erstaunte er, und fragte, wo sie herkämen; Einäuglein und Dreiäuglein antworteten, sie hätten noch eine Schwester, die dürfe sich aber nicht sehen lassen, weil sie nur zwei Augen habe wie andere gemeine Menschen. Der Ritter aber wollte sie sehen und rief: „Zweiäuglein, komm hervor." Da kam Zweiäuglein ganz getrost unter dem Faß hervor, und der Ritter war verwundert über seine große Schönheit, und sprach: „gewiß, Zweiäuglein, kannst du mir einen Zweig von dem Baum abbrechen." „Ja, antwortete Zweiäuglein, das will ich wohl können, denn der Baum gehört mir", und stieg hinauf und brach mit leichter Mühe einen Zweig mit seinen silbernen Blättern und goldenen Früchten ab, und gab ihn dem Ritter. Da sprach der Ritter: „Zweiäuglein, was soll ich dir dafür geben?" „Ach, antwortete Zweiäuglein, ich leide Hunger und Durst, Kummer und Noth vom Morgen bis zum Abend, wenn ihr mich mitnehmen und erlösen wollt, so wäre ich glücklich." Da hob der Ritter das Zweiäuglein auf sein Pferd, und brachte es heim auf sein väterliches Schloß, dort gab er ihm schöne Kleider, Essen und Trinken nach Herzenslust, und weil er es so lieb hatte, ließ er sich mit ihm einsegnen, und ward die Hochzeit in großer Freude gehalten.

Wie nun Zweiäuglein so von dem schönen Rittersmann fortgeführt wurde, da waren die zwei Schwestern recht neidisch über sein Glück. „Nun, der wunderbare Baum bleibt uns, dachten sie, können wir auch keine Früchte davon brechen, so wird doch jedermann davor stehen bleiben, zu uns kommen und ihn rühmen; wer weiß, was uns noch für ein Glück blüht." Aber am andern Morgen war der Baum verschwunden, und ihre Hoffnung dahin; und wie Zweiäuglein zu seinem Kämmerlein hinaussah, so stand er zu seiner großen Freude davor, und war ihm also nachgegangen.

Zweiäuglein lebte lange Zeit vergnügt; da kamen einmal zwei arme Frauen auf ihr Schloß, und baten um ein Almosen. Da sah ihnen Zweiäuglein ins Gesicht, und erkannte ihre Schwestern Einäuglein und Dreiäuglein, die so in Armuth gerathen waren, daß sie umherziehen und vor den Thüren ihr Brot suchen mußten. Zweiäuglein aber hieß sie willkommen, und that ihnen Gutes und pflegte sie, also daß die beiden von Herzen bereuten, was sie ihrer Schwester in der Jugend Böses angethan hatten.

47.

Die weiße und schwarze Braut.

Eine Frau gieng mit ihrer Tochter und Stieftochter über Feld, Futter zu schneiden. Da kam der liebe Gott als ein armer Mann zu ihnen gegangen, und fragte: „wo führt der Weg ins Dorf?“ „Ei, sprach die Mutter, sucht ihn selber,“ und die Tochter setzte noch hinzu: „habt ihr Sorge, daß ihr ihn nicht findet, so bringt euch einen Wegweiser mit.“ Die Stieftochter aber sprach: „armer Mann, ich will dich führen, komm mit mir.“ Da erzürnte der liebe Gott über die Mutter und Tochter, wendete ihnen den Rücken zu und verwünschte sie, daß sie sollten schwarz werden wie die Nacht, und häßlich wie die Sünde. Der armen Stieftochter aber ward Gott gnädig, und gieng mit ihr, und als sie nah am Dorf waren, sprach er einen Segen über sie und sagte: „wähl' dir drei Sachen aus, die will ich dir gewähren.“ Da sprach das Mädchen: „ich möchte gern schön werden, wie die Sonne,“ alsbald wurde sie weiß und schön, wie der Tag. „Dann möchte ich einen Geldbeutel haben, der nie leer würde;“ den gab ihr der liebe Gott auch, sprach aber: „vergiß das Beste nicht, meine Tochter!“ Sagte sie: „ich wünsche mir zum dritten das ewige Himmelreich nach meinem

Tode." Das wurde ihr auch zugesagt, und also schied der liebe Gott von ihr.

Wie nun die Stiefmutter mit ihrer Tochter nach Hause kam und sah, daß sie beide kohlschwarz und häßlich waren, die Stieftochter aber weiß und schön, ward sie ihr im Herzen noch böser, und hatte nur im Sinn, wie sie ihr ein Leid anthun könnte. Die Stieftochter aber hatte einen Bruder, Namens Reginer, den liebte sie sehr, und erzählte ihm alles, was geschehen war. Nun sprach der Reginer einmal zu ihr: „liebe Schwester, ich will dich abmahlen, damit ich dich beständig vor Augen sehe, denn meine Liebe zu dir ist so groß, daß ich dich immer in Gedanken habe." Da antwortete sie: „aber laß niemand das Bild sehen." Er mahlte sich nun seine Schwester ab, und hieng das Bild in seiner Stube auf, in des Königs Schloß, bei dem er Kutscher war, und alle Tage gieng er davor stehen, und dankte Gott für das Glück seiner lieben Schwester. Nun war aber gerade dem König, bei dem er diente, seine Gemahlin verstorben, welche so schön gewesen war, daß man keine finden konnte, die ihr gliche, und der König war darüber in tiefer Trauer. Die Hofdiener sahen es indessen dem Kutscher ab, wie er täglich vor dem schönen Bilde stand, mißgönntens ihm, und meldeten es dem König. Da ließ dieser das Bild vor sich bringen, und sah, daß es in allem seiner verstorbenen Frau glich, nur noch schöner war, so daß er sich sterblich hinein verliebte, und den Kutscher fragte, wen das Bild vorstellte? Als der Kutscher gesagt hatte, daß es seine Schwester wäre, entschloß sich der König, keine andere, als diese, zur Gemahlin zu nehmen, gab ihm Wagen und Pferde und prächtige Goldkleider, und schickte ihn fort, seine erwählte Braut abzuholen. Wie Reginer mit der Botschaft ankam, freute sich seine Schwester, allein die schwarze ärgerte sich über alle Maßen vor großer Eifersucht, und sprach zu ihrer Mutter: „was helfen nun all' eure Künste, da ihr mir kein solches Glück verschaffen könnt." Da sagte die Alte: „sey still, ich will dirs schon zuwenden," und durch ihre Hexenkünste trübte sie dem Kutscher die Augen, daß er halb blind war, und der Weißen verstopfte sie die Ohren, daß sie schwer hörte. Darauf stiegen sie in den Wagen, erst die Braut in den herrlichen königlichen Kleidern, dann die Stiefmutter mit ihrer Tochter, und Reginer saß auf dem Bock, um zu fahren. Wie sie eine Weile gereist waren, unterwegs rief der Kutscher:

„Deck dich zu, mein Schwesterlein,
daß Regen dich nicht näßt,
daß Wind dich nicht bestäubt,
daß du fein schön zum König kommst!"

Die Braut fragte: „was sagt mein lieber Bruder?“ „Ach, sprach die Alte, er hat gesagt, du solltest dein gülden Kleid ausziehen und es deiner Schwester geben.“ Da zog sie's aus und that's der Schwarzen an, die gab ihr dafür einen schlechten grauen Kittel. So fuhren sie weiter, über ein Weilchen rief der Bruder abermals:

„deck dich zu, mein Schwesterlein,
daß Regen dich nicht näßt,
daß Wind dich nicht bestäubt,
und du fein schön zum König kommst!“

Die Braut fragte: „was sagt mein lieber Bruder?“ „Ach, sprach die Alte, er hat gesagt, du solltest deine güldene Haube abthun und deiner Schwester geben.“ Da that sie die Haube ab und der Schwarzen auf, und saß im bloßen Haar. So fuhren sie weiter; wiederum über ein Weilchen rief der Bruder:

„deck dich zu, mein Schwesterlein,
daß Regen dich nicht näßt,
daß Wind dich nicht bestäubt,
und du fein schön zum König kommst!“

Die Braut fragte: „was sagt mein lieber Bruder?“ „Ach, sprach die Alte, er hat gesagt, du möchtest einmal aus dem Wagen sehen.“ Sie fuhren aber gerade über ein tiefes Wasser, wie nun die Braut aufstand und aus dem Fenster sah, da stießen sie die beiden andern hinaus, daß sie gerad’ ins Wasser fiel. Als sie aber versunken war, in demselben Augenblick stieg eine schneeweiße Ente hervor, und schwamm den Fluß hinab. Der Bruder hatte gar nichts davon gemerkt und fuhr den Wagen weiter, bis sie an den Hof kamen, da brachte er dem König die Schwarze als seine Schwester, und meinte auch, sie wär’s, weil es ihm trüb vor den Augen war, und er doch die Goldkleider schimmern sah. Der König, wie er die grundlose Häßlichkeit an seiner vermeinten Braut erblickte, ward sehr bös, und befahl den Kutscher in eine Grube zu werfen, die voll Ottern und Schlangengezücht war. Die alte Hexe aber wußte den König doch so zu bestricken, und ihm die Augen zu verblenden, daß er sie und ihre Tochter behielt und zu sich nahm, bis daß sie ihm ganz leidlich vorkam, und er sich wirklich mit ihr verheirathete.

Einmal Abends saß die schwarze Braut dem König auf dem Schooß, da kam eine weiße Ente zum Gossenstein in die Küche geschwommen, und sagte zum Küchenjungen:

„Jüngelchen mach Feuer an,
daß ich meine Federn wärmen kann!“

Das that der Küchenjunge, und machte ihr ein Feuer auf dem Heerd, da kam die Ente und setzte sich daneben, schüttelte sich und strich sich die Federn mit dem Schnabel zurecht. Während sie so saß und sich wohlthat, fragte sie:

„Was macht mein Bruder Reginer?“

Der Küchenjunge antwortete:

„Liegt tief bei Ottern und Schlangen.“

Fragte sie:

„Was macht die schwarze Hexe im Haus?“

Der Küchenjunge antwortete:

„die sitzt warm ins Königs Arm.“

Sagte die Ente:

„daß Gott erbarm!“

und schwamm den Gossenstein hinaus.

Den folgenden Abend kam sie wieder und that dieselben Fragen, und den dritten Abend noch einmal. Da konnte es der Küchenjunge nicht länger übers Herz bringen, und sagte dem König alles. Der König aber gieng den andern Abend hin und wie die Ente den Kopf durch den Gossenstein herein streckte, nahm er sein Schwert und hieb ihr den Hals durch, da wurde sie auf einmal zum schönsten Mädchen, und glich genau dem Bild, das der Bruder von ihr gemacht hatte. Der König aber war voll Freuden und weil sie ganz naß dastand, ließ er ihr köstliche Kleider bringen; als sie die angethan hatte, erzählte sie ihm, wie sie in den Fluß wäre hinab geworfen worden, und die erste Bitte, die sie that, war, daß ihr Bruder aus der Schlangenhöhle herausgeholt würde, welches auch gleich geschah. Aber der König gieng in die Kammer, wo die alte Hexe saß, und fragte: „was verdient die, welche das und das thut?“ indem er den ganzen Hergang erzählte. Da war sie verblendet, merkte nichts und sprach: „die verdient, daß man sie nackt auszieht und in ein Faß mit Nägeln legt, und vor das Faß ein Pferd spannt, und das Pferd in alle Welt schickt.“ Alles das geschah nun an ihr und ihrer schwarzen Tochter; der König heirathete die schöne Braut, und belohnte den treuen Bruder, indem er ihn zu einem reichen und angesehenen Mann machte.

48.

Die drei Faulen.

Ein König hatte drei Söhne, die waren ihm alle gleich lieb, und er wußte nicht, welchen er zum König nach seinem Tode bestimmen sollte. Als die Zeit kam, daß er sterben wollte, rief er sie vor sich und sprach: „liebe Kinder, ich habe etwas bei mir bedacht, das will ich euch sagen: welcher von euch der Faulste ist, der soll nach mir König werden.“ Da sprach der älteste: „Vater, so gehört das Reich mir, denn ich bin so faul, wenn ich liege und will schlafen, und es fällt mir ein Tropfen in die Augen, so mag ich sie nicht zuthun, damit ich einschlafe.“ Der zweite sprach: „Vater, das Reich gehört mir, denn ich bin so faul, wenn ich beim Feuer sitze mich zu wärmen, so ließ ich mir eher die Fersen verbrennen, eh ich die Beine zurückzöge.“ Der dritte sprach: „Vater, das Reich ist mein, denn ich bin so faul, sollt' ich aufgehenkt werden und hätte den Strick schon um den Hals, und einer gäb' mir ein scharf Messer in die Hand, damit ich den Strick zerschneiden dürfte, so ließ ich mich eher henken, eh ich meine Hand aufhübe zum Strick.“ Wie der Vater das hörte, sprach er: „du sollst der König seyn.“

49.

Von dem Tod des Hühnchens.

Auf eine Zeit gieng das Hühnchen mit dem Hähnchen in den Nußberg, und sie machten mit einander aus, wer einen Nußkern fände, sollte ihn mit dem andern theilen. Nun fand das Hühnchen eine große, große Nuß, sagte aber nichts davon und wollte den Kern allein essen. Er war aber so dick, daß es ihn nicht hinunter schlucken konnte, und er ihm im Hals stecken blieb, daß ihm angst wurde, es müßte ersticken, und es schrie: „Hähnchen, ich bitt dich, lauf, was du kannst und hol mir Wasser, sonst ersticke ich." Das Hähnchen lief, was es konnte, zum Brunnen, und sprach: „Born, du sollst mir Wasser geben, das Hühnchen liegt auf dem Nußberg, und will ersticken an einem großen Nußkern." Der Brunnen antwortete: „lauf erst hin zur Braut und laß dir rothe Seide geben." Das Hähnchen lief zur Braut: „Braut, du sollst mir rothe Seide geben; rothe Seide will ich dem Brunnen geben, der Brunnen soll mir Wasser geben, das Wasser will ich dem Hühnchen bringen, das liegt auf dem Nußberg und will ersticken an einem großen Nußkern." Die Braut antwortete: „lauf erst und hol mir mein Kränzlein, das blieb an einer Weide hängen." Da lief das Hähnchen zur Weide und zog das Kränzlein von dem Ast, und bracht es der Braut, und die Braut gab ihm rothe Seide dafür, die bracht es dem Brunnen, der gab ihm Wasser dafür; da bracht das Hähnchen das Wasser zum Hühnchen, wie es aber hinkam, war dieweil das Hühnchen erstickt, und lag da todt, und regte sich nicht. Da war das Hähnchen so traurig, daß es laut schrie, und kamen alle Thiere und beklagten das Hühnchen, und sechs Mäuse bauten einen kleinen Wagen, das Hühnchen darin zum Grab zu fahren, und als der Wagen fertig war, spannten sie sich davor, das Hähnchen aber fuhr. Auf dem Weg aber kam Fuchs: „wo willst du hin, Hähnchen?“ – „Ich will mein Hühnchen begraben.“ – „Darf ich mitfahren?“

„Ja, aber setz dich hinten auf den Wagen,
vorne könnens meine Pferdchen
nicht vertragen.“

Da setzte sich der Fuchs hinten auf, dann der Wolf, der Bär, der Hirsch, der Löwe und alle Thiere in dem Wald. So gieng die Fahrt fort, da kamen sie an einen Bach. „Wie sollen wir nun hinüber?“ sagte das Hähnchen. Da war ein Strohhalm, der sagte: „ich will mich queer drüber legen, da könnt ihr über mich fahren;“ wie aber die sechs Mäuse darauf waren, rutschte der Strohhalm und fiel ins Wasser, und die sechs Mäuse fielen alle hinein und ertranken. Die Noth gieng von neuem an, da kam eine Kohle und sagte: „ich bin groß genug, ich will mich darüber legen, und ihr sollt über mich fahren." Die Kohle legte sich auch an das Wasser, aber sie berührte es unglücklicher Weise ein wenig, da zischte sie, verlöschte und war todt. Wie das ein Stein sah, wollte er dem Hähnchen helfen, und legte sich über das Wasser, da zog nun das Hähnchen den Wagen selber, wie es ihn aber bald drüben hatte, und war mit dem todten Hühnchen auf dem Land, und wollte die andern, die hintenauf saßen, auch herauf ziehen, da waren ihrer zu viel geworden, und der Wagen fiel zurück, und alles fiel mit einander in das Wasser und ertrank. Da war das Hähnchen noch allein mit dem todten Hühnchen, und grub ihm da ein Grab, und legte es hinein, und machte einen Hügel darüber, auf den setzte es sich und grämte sich so lang, bis es auch starb; und da war alles todt.

50.

Die Sternthaler.

Es war einmal ein kleines Mädchen, dem war Vater und Mutter gestorben, und es war so arm, daß es kein Kämmerchen mehr hatte darin zu wohnen, und kein Bettchen mehr, darin zu schlafen, und gar nichts mehr, als die Kleider, die es auf dem Leib trug, und ein Stückchen Brot, das es in der Hand hielt, und das ihm ein mitleidiges Herz noch geschenkt hatte. Es war aber gut und fromm. Und weil es so von aller Welt verlassen war, gieng es im Vertrauen auf den lieben Gott hinaus ins Feld; da begegnete ihm ein armer Mann, der sprach: „ach, gib mir doch etwas zu essen, ich bin so hungerig." Es reichte ihm das ganze Stückchen Brot und sagte: „Gott segne dirs!" und gieng weiter; da kam ein Kind, das jammerte und sprach: „es friert mich so an meinem Kopf, schenk mir doch etwas, womit ich ihn bedecken kann!" Da that es seine Mütze ab, und gab sie ihm. Und als es noch ein Bischen gegangen war, kam wieder ein Kind, und hatte kein Leibchen an und fror, da gab es ihm seins; und noch weiter, da bat eins um ein Röcklein, das gab es auch von sich hin. Endlich kam es in einen Wald, und es war schon dunkel geworden, da kam noch eins und bat um ein Hemdlein, und das fromme Mädchen dachte: es ist dunkle Nacht, da kannst du wohl dein Hemd weggeben; und gab es auch noch hin. Und wie es so stand und gar nichts mehr hatte, fielen auf einmal die Sterne vom Himmel, und waren lauter harte, blanke Thaler, und ob es gleich sein Hemdlein weggegeben, so hatte es ein neues an vom allerfeinsten Linnen. Da sammelte es sich die Thaler hinein, und ward reich für sein Lebtag.

Einbandmotiv der Originalausgabe von 1825

Nachwort

Impulse aus dem Königreich.

Im Dezember 1822 erschien in London ein Buch, das in gleich zwei Ländern Literaturgeschichte schreiben sollte. In den Jahren zuvor hatte ein junger Engländer, David Jardine, in Göttingen einige Semester Theologie studiert, dort die *Kinder- und Hausmärchen* der Brüder Grimm kennengelernt und bei seiner Rückkehr ein Exemplar der ‚Großen Ausgabe' von 1819 für seinen Freund Edgar Taylor mitgebracht. Taylor war Jurist und gehörte als passionierter Übersetzer einem engagierten Literaturzirkel an. Beide begeisterten sich für das originelle Werk aus Deutschland und schufen eine englische Adaption, wobei sie teilweise zwei oder drei Geschichten zu einer neuen zusammenfassten oder Abkürzungen im Handlungsverlauf nahmen – von einer eigentlichen Übersetzung kann also keine Rede sein. Aber wahrscheinlich war es gerade das, was das Buch so erfolgreich machte – zusammen mit einem weiteren Faktor: Edgar Taylor konnte einen jungen talentierten Zeichner, George Cruikshank, dafür gewinnen, das Buch mit 13 Kupferstichen auszustatten. Cruikshank legte hier sein Erstlingswerk vor und sollte später vor allem mit den Illustrationen für die Romane seines Freundes Charles Dickens Berühmtheit erlangen. Er verlieh den *German Popular Stories* mit seinen karikaturartigen Zeichnungen eine durchgehend heitere Stimmung, die Taylor bereits durch die Auswahl und Bearbeitung der Texte angelegt hatte. Das Buch wurde ein unmittelbarer Verkaufserfolg. 1823 erschienen drei Nachauflagen, 1826 folgte ein zweiter Band mit weiteren Märchen. Der Verleger Baldwyn konnte mit seinem Bestseller eine Insolvenz abwenden.

Die Grimms erfuhren von der Existenz des britischen Projekts durch eine kurze Notiz in der *Dresdner Abendzeitung* vom 11. Dezember 1822. Deren Londoner Korrespondent berichtet von der frisch erschienenen „Uebersetzung der Kinder- und Hausmärchen der Gebrüder Grimm, mit Kupfern von Cruickschank." Eine handschriftliche Eintragung in ihrem Arbeitsexemplar der ‚Großen Ausgabe' von 1819 belegt, dass die Grimms diese knappe Ankündigung zur Kenntnis genommen hatten:

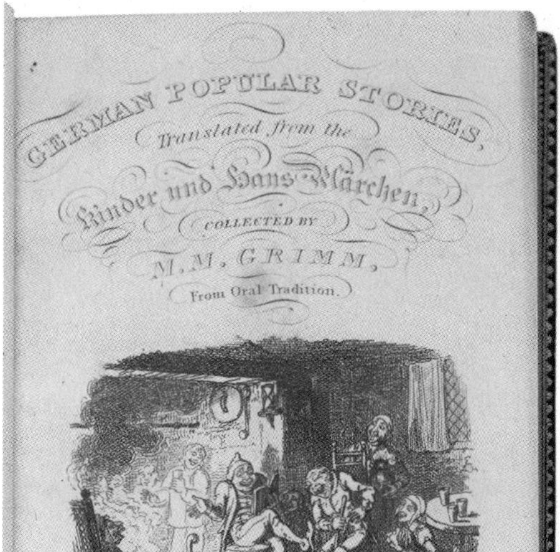

Titelblatt der German Popular Stories mit einem Kupferstich von George Cruikshank.

> Eine englische Übersetzung mit Kupfern von Cruickschank angekündigt in der Abendzeitung 1822. Nr, 296.

Die Grimms hörten von einem Exemplar in Göttingen, das vermutlich David Jardine an Freunde geschickt hatte, liehen es sich aus, untersuchten es genau und waren beeindruckt. Jacob Grimm berichtet seinem Freund Karl Lachmann am 12. Mai 1823:

> Kürzlich sind wir ins Englische übersetzt worden, d. h. ein Auszug der Kindermährchen, alles sauber gedruckt und wie mir scheint sehr lesbar (nur die Auswahl nicht sonderlich), ja, von den Reimen abgesehen, lesbarer und flüssiger zuweilen, als der deutsche Text. Das knappe, nette Englisch paßt zum erzählenden Kinderton an sich weit mehr, als das etwas steife Hochdeutsch und wir hatten aus andern Gründen, die ich jetzt aufgeben oder mäßigen würde, auf den Stil nicht alle nöthige Sorgfalt gewendet. Auch Kupferstiche sind dabei, wie sie (seit Chodowieckis Tod) kein deutscher Kupferstecher machen kann.[1]

[1] Albert Leitzmann: Briefwechsel der Brüder Jacob und Wilhelm Grimm mit Karl Lachmann. Jena 1927, S. 390.

Die eigenen Texte im Spiegel einer fremden Sprache und Präsentation zu erleben, löst bei Jacob Grimm offensichtlich etwas aus. Am 23. Juni schickt Edgar Taylor dann ein Exemplar seines Buches nach Kassel und bittet im Begleitbrief um Verständnis für die Freiheiten seiner Übersetzung, schließlich hatte er „the amusement of some young friends principally in view."[2] Dafür erteilte ihm Wilhelm Grimm in seinem Antwortbrief Dispens:

> Ihre Übersetzung ist treu und liest sich gut. Sie haben hier und da etwas abgeschnitten, oder eine Kleinigkeit geændert, das ist bei dem Zweck, den Sie im Auge haben, natürlich und kann auch, da der Stoff einmal gesichert ist, weiter keinen Nachtheil haben.[3]

Am 4. November 1825 berichtet Wilhelm Grimm Achim von Arnim, dem wichtigsten Paten der Grimm'schen Märchenedition, stolz von der englischen Fassung, hat aber auch etwas auszusetzen:

[2] Otto Hartwig: Zur ersten englischen Übersetzung der Kinder- und Hausmärchen der Brüder Grimm. In: Centralblatt für Bibliothekswesen, 1. u. 2. Heft. Leipzig 1898, S. 6f.

[3] Ebd. S. 8.

> Unsere Märchen haben großen Beifall in England gefunden. Ein Auszug daraus mit artigen Bildern ist dreimal in einem Jahr in London aufgelegt worden und eben wird der zweite Band gedruckt, wie der Uebersetzer, ein in Göttingen gebildeter Engländer, schreibt. Gleichwohl könnte bei vielen die Erzählung gewiß besser, freier und lebendiger sein.[4]

Die Grimms sind vom Erfolg der englischen Ausgabe jedenfalls tief beeindruckt und beschließen, Georg Andreas Reimer, dem Verleger der *Kinder- und Hausmärchen*, eine ähnliche Ausgabe vorzuschlagen. In seinem Brief vom 16. August 1823 berichtet ihm Wilhelm Grimm von der Aufmerksamkeit, die Taylors Buch in England gefunden hat und macht konkrete Vorschläge für ein deutsches Pendant: Eine Auswahl in einem Band soll es sein, im „Taschenbuchformat", wichtig ist auch die Preisgestaltung – der Gesamtausgabe aller Märchen war in Rezensionen wiederholt der hohe Verkaufspreis vorgehalten worden:

> Nur wünschte ich, daß das kleine Buch recht wohlfeil würde, wenn es angieng, nur 1 Thaler

4 Reinhold Steig: Achim von Arnim und Jacob und Wilhelm Grimm. Stuttgart/Berlin 1904, S. 547f.

> kostete. Auf diese Art meine ich würde es erst rechten Eingang finden, da nicht jeder die 3 Bände der großen Ausgabe sich kaufen kann. Es fielen natürlich auch alle Anmerkungen, die Einleitungen, überhaupt alles Gelehrte weg[5]

Reimer ist skeptisch, der Absatz der 1819 erschienenen zweiten Auflage der ‚Großen Ausgabe' stockt, es waren bis dahin fast ausschließlich sehr unfreundliche Rezensionen veröffentlicht worden, und Reimer fürchtet sehr nachvollziehbar, dass ein preiswertes Best of, noch dazu illustriert, den Verkauf der ‚Großen Ausgabe' ganz zum Erliegen bringen könnte. Die beiden ersten Auflagen der *Kinder- und Hausmärchen* hatten noch nicht einmal ihre Herstellungs- und Vertriebskosten wieder eingebracht, und jetzt sollte er in ein neues Projekt zum selben Thema investieren. Doch er lässt sich überreden, und Wilhelm Grimm kann es jetzt kaum schnell genug gehen: Zunächst ist ein Erscheinungstermin noch für 1824 anvisiert, doch die Kupferstecher sind alle ausgebucht, so dass das Projekt ‚Kleine Ausgabe' um ein Jahr verschoben wird.

[5] Hans Gürtler und Albert Leitzmann: Briefe der Brüder Grimm. Jena 1923, S. 286.

1825 war ein bemerkenswert reicher Märchenjahrgang.

Er wurde schon kurz vor dem Jahreswechsel mit dem Erscheinen der letzten von fünfzehn (auf 1825 vordatierten) Bänden der *Arabischen Erzählungen* aus *Tausend und Einer Nacht*[6] eingeleitet, an der auch einer der größten philologischen Konkurrenten der Grimms beteiligt war: Friedrich von der Hagen. Es handelte sich um die bis dahin umfassendste deutsche Ausgabe, sie präsentierte Material aus einer angeblich neu entdeckten Handschrift, wurde von einem großen Werbeeinsatz und Medienecho begleitet und war eines der meistbeachteten Buchprojekte der Zeit. Sowohl die Grimms[7] als auch Goethe nahmen die Ausgabe in ihre Bibliotheken auf, *Faust II* empfing von ihr wichtige Impulse. Im Juli kamen die *Volksmärchen der Deutschen* von Musäus, die seit ihrem Ersterscheinen in den 1780er Jahren immer lieferbar geblieben waren, in einer fünfbändigen Neuauflage auf den Buchmarkt.[8] Zur Bewerbung schalte-

6 Maximilian Habicht, Friedrich von der Hagen, und Karl Schall: Tausend und Eine Nacht: Arabische Erzählungen. Zum erstenmal aus einer Tunesischen Handschrift ergänzt und vollständig übersetzt. 15 Bde. Breslau 1825.

7 Denecke/Teitge: Bibliothek der Brüder Grimm. Weimar 1989, S. 366.

8 Friedrich Jacobs: Volksmärchen der Deutschen von I. A. Musäus. Neue Auflage. 5 Bde. Gotha 1826.

te der Verlag umfangreiche Anzeigen, in denen die *Volksmärchen* als das wahre Original vorgestellt wurden, das sich „unter einem fast zahllosen Nachwuchse von Nachahmungen und ähnlichen Schriften"[9] (das zielte auch auf die Grimms) als zeitloser Klassiker bewährt hätte. Zur Herbstmesse erschienen zwei Bände mit *Erzählungen und Mährchen,*[10] herausgegeben von Friedrich von der Hagen – eine wilde Mischung arabischer, europäischer und „heimischer Mährchen", ergänzt um „Morgenländische Erzählungen".

Die Märchen von Perrault kamen in zwei neuen, illustrierten und vorwiegend an Kinder adressierte Ausgaben heraus, Wilhelm Grimm edierte im November Thomas Crofton Crokers *Irische Elfenmärchen*[11] mit einer sehr umfangreichen Einleitung, die auch in die späteren englischen Auflagen übernommen wurde. Und im selben Monat veröffentlichte ein gewisser Wilhelm Hauff in Stuttgart seinen ersten *Mährchen-Almanach für Söhne und Töchter gebildeter Stände,*[12] der unter anderem die Geschichten von *Kalif Storch* und *dem kleinen Muck* enthielt.

[9] Intellgenz-Blatt, Nr. 25 [ohne Tagesdatum] 1825, S. 98.

[10] Heinrich von der Hagen: Erzählungen und Mährchen, 2 Bde. Prenzlau 1825.

[11] Brüder Grimm: Irische Elfenmärchen. Leipzig 1826.

[12] Wilhelm Hauff: Mährchen-Almanach auf das Jahr 1826 für Söhne und Töchter gebildeter Stände. Stuttgart 1826.

Eine von zwei Neuausgaben der traditionsreichen Märchen von Charles Perrault, hier in einer zweisprachigen Ausgabe. Diese Edition ist bislang in keiner Bibliografie nachweisbar.

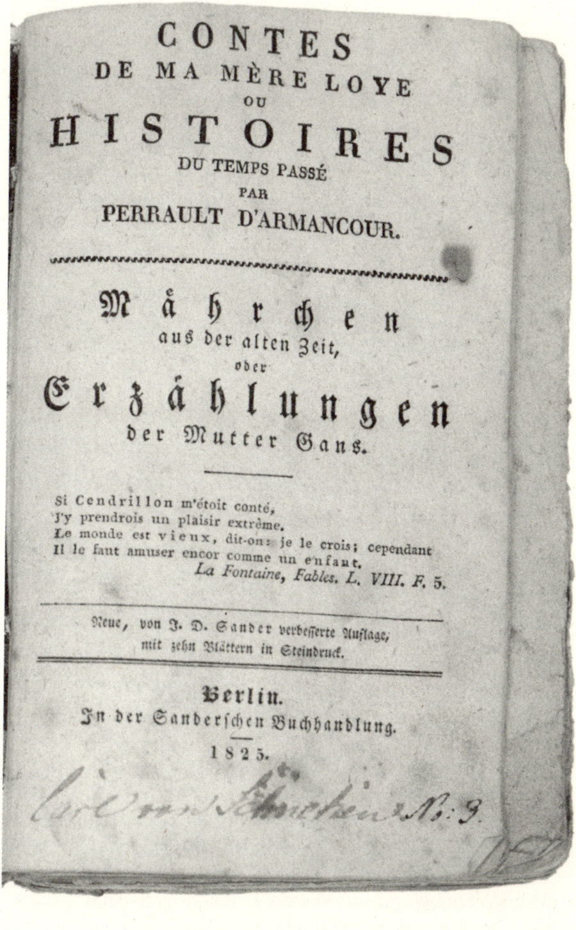

CONTES
DE MA MÈRE LOYE
OU
HISTOIRES
DU TEMPS PASSÉ
PAR
PERRAULT D'ARMANCOUR.

Mährchen
aus der alten Zeit,
oder
Erzählungen
der Mutter Gans.

Si Cendrillon m'étoit conté,
J'y prendrois un plaisir extrême.
Le monde est vieux, dit-on: je le crois; cependant
Il le faut amuser encor comme un enfant.
La Fontaine, Fables. L. VIII. F. 5.

Neue, von J. D. Sander verbesserte Auflage,
mit zehn Blättern in Steindruck.

Berlin.
In der Sanderschen Buchhandlung.
1825.

Deutsche Bibliographie.

XXXIV.

Kinder= und Hausmährchen. Gesammelt durch die Brüder Grimm. Kleine Ausgabe. IV u. 316 S. in 12. Berlin, Reimer. geh. 1 Rthlr. Ausgabe mit 7 Kupfert. cart. 2 Rthlr.

Aus dem ‚Intelligenzblatt der Zeitung für die elegante Welt'. Nr. 37, 8. November 1825, S. 1.

Die Premiere: Grimms Märchen mit Bildern

Die ‚Kleine Ausgabe' der Brüder Grimm erschien zur Herbstmesse 1825 in zwei Versionen: als reine Textausgabe zum Preis von einem Reichstaler und alternativ ergänzt um sieben Kupferstiche zum doppelten Tarif. Die Grimms hatten erkannt: Illustrationen waren in anderen deutschen Märchenbüchern längst zum Standard geworden und bildeten auch den Schlüssel zum Erfolg der englischen Ausgabe. Diese Einschätzung bestätigte der Londoner Korrespondent von Cottas viel gelesenem *Morgenblatt für gebildete Stände*:

In J.A.C. Löhrs Buch der Märchen (Leipzig 1818) wird „Fräulein Schneeweißchen" in ganzer Figur gezeigt und steht im Zentrum der Szene, in der ‚Kleinen Ausgabe' von 1825 verschwindet Sneewittchen dagegen fast vor der überwältigenden Naturkulisse (S. 217). Der illegale Nachdruck der ‚Kleinen Ausgabe' von Macklot ersetzt 1826 Ludwig Emil Grimms Illustration durch Löhrs Bild.

H. Ramberg del. Stölzel jun. sc.

Prinzessin Schneeweißchen.

Der Kupferstich aus der zweisprachigen Ausgabe der Märchen von Charles Perrault (Contes des ma mere loye ou histoires du temps passe. Mährchen aus der alten Zeit, oder Erzählungen der Mutter

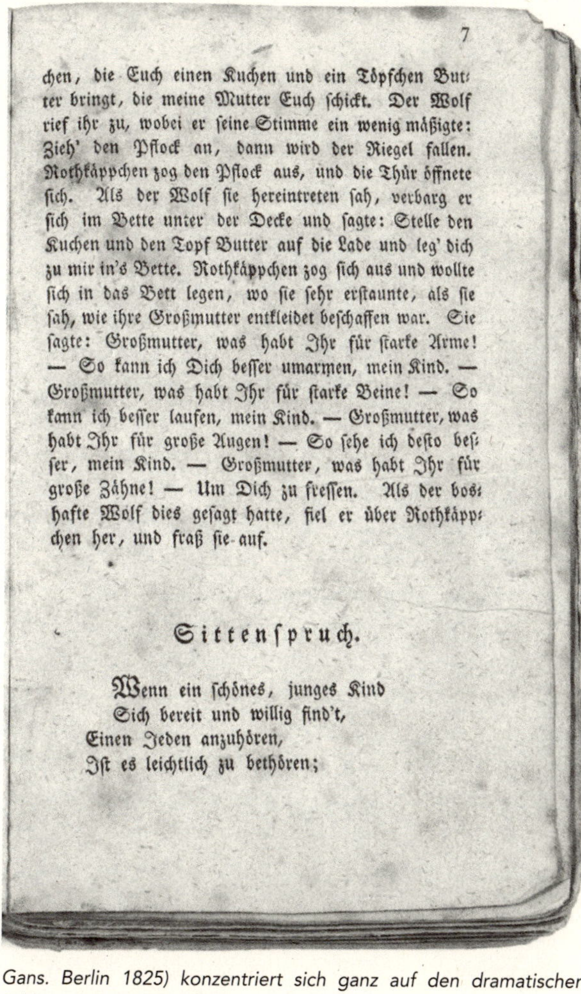
7

chen, die Euch einen Kuchen und ein Töpfchen Butter bringt, die meine Mutter Euch schickt. Der Wolf rief ihr zu, wobei er seine Stimme ein wenig mäßigte: Zieh' den Pflock an, dann wird der Riegel fallen. Rothkäppchen zog den Pflock aus, und die Thür öffnete sich. Als der Wolf sie hereintreten sah, verbarg er sich im Bette unter der Decke und sagte: Stelle den Kuchen und den Topf Butter auf die Lade und leg' dich zu mir in's Bette. Rothkäppchen zog sich aus und wollte sich in das Bett legen, wo sie sehr erstaunte, als sie sah, wie ihre Großmutter entkleidet beschaffen war. Sie sagte: Großmutter, was habt Ihr für starke Arme! — So kann ich Dich besser umarmen, mein Kind. — Großmutter, was habt Ihr für starke Beine! — So kann ich besser laufen, mein Kind. — Großmutter, was habt Ihr für große Augen! — So sehe ich desto besser, mein Kind. — Großmutter, was habt Ihr für große Zähne! — Um Dich zu fressen. Als der boshafte Wolf dies gesagt hatte, fiel er über Rothkäppchen her, und fraß sie auf.

Sittenspruch.

Wenn ein schönes, junges Kind
Sich bereit und willig find't,
Einen Jeden anzuhören,
Ist es leichtlich zu bethören;

Gans. Berlin 1825) konzentriert sich ganz auf den dramatischen Schlusspunkt der Geschichte, Ludwig Emil Grimms Darstellung verliert sich in Details (S. 137).

> Sie haben wohl gehört, daß man hier eine Uebersetzung von einem Bande von Grimms Volksmährchen herausgegeben hat. Von diesen ist bereits eine Ausgabe vergriffen, und man druckt eben eine andere. Die Mährchen selbst gefallen ohne Zweifel, gewiß aber haben die sieben Kupfer von dem genialen Cruikshank, womit der Band geziert ist, ein Großes zu dem schnellen Verkauf desselben beygetragen.[13]

Der ursprüngliche Plan, Cruikshanks Bilder nachzustechen, wurde fallengelassen, stattdessen erhielt Ludwig Emil, der künstlerisch begabte jüngere Bruder von Jacob und Wilhelm, den Auftrag, sieben Motive zu zeichnen. Von künstlerischer Freiheit kann jedoch keine Rede sein. Wilhelm Grimm bestimmt, welche Szenen zu illustrieren seien und auch die genaue Art der Realisierung: auf den Bildern sollten möglichst viele der im Text erwähnten Details zu erkennen sein. Es existieren Skizzen von der Hand Ludwig Emils, die von Wilhelm ausführlich kommentiert wurden. Auch die Auswahl der Kupferstecher trifft er selbst. Es fällt auf, dass vor allem

[13] Morgenblatt für gebildete Stände, Nr. 173, 21. Juli 1823, S. 692. Eine Notiz auf einem der Vorsatzblätter im Handexemplar der *Kinder- und Hausmärchen* 1819 zeigt, dass die Grimms diese Bemerkung kannten.

junge Frauen in eher kontemplativen Situationen gezeigt werden, während parallel erscheinende Märchenbücher die gleichen Stoffe sehr viel dramatischer inszenieren.

Am 19. Oktober 1825 verschickt Reimer die Belegexemplare des fertigen Buches an Wilhelm Grimm, „nämlich 6 Stck ohne Kupfer u 6 mit Kupf. von den letzteren folgen noch in kurzem 6 ungeglättete auf feinem Papier […] Mit der Ausführung der Kupfer werden Sie und Ihr Bruder hoffentlich zufrieden seyn."[14] Doch Ludwig Emil ist es ganz und gar nicht: „Die Kupfer darinnen sind nicht so gut als sie sein könten […] ich muß gestehn sie sind, besonders die Figuren u die Köpfe, von dem fremden Kupferstecher schlecht nachgestochen worden."[15]

Aus dem Konvolut der 170 Texte der ‚Großen Ausgabe' von 1819 hatte Wilhelm Grimm 50 Märchen ausgewählt, die er jedoch noch einmal sprachlich überarbeitet. So fügt er auch eine Ergänzung, die er bereits im Handexemplar von 1819 an den Rand notiert hatte, jetzt in den Text ein – im Finale von *König Drosselbart*:

14 Staatsbibliothek zu Berlin, Preußischer Kulturbesitz, Nachlass Grimm (SBB-PK Nachl Grimm) 1514, Bl. 16^r.

15 Brief an Amalie Heereman von Zuydtwyck v. 30. September 1827. In: Egbert Koolman, Ludwig Emil Grimm, Briefe, Marburg 1985, S. 73 f.

Angst, was sie anfangen sollte. „Ach wie wird mirs ergehen! rief sie, was wird mein Mann dazu sagen!“ Sie lief heim und erzählte ihm das Unglück. „Wer setzt sich auch an die Ecke des Markts mit irdenem Geschirr! sprach der Mann, laß nur das Weinen, ich sehe wohl, du bist zu keiner ordentlichen Arbeit zu gebrauchen; da bin ich in unseres Königs Schloß gewesen und habe gefragt, ob sie nicht eine Küchenmagd brauchen könnten und sie haben mir versprochen, sie wollten dich dazu nehmen, dafür bekommst du freies Essen.“

Nun ward die Königstochter eine Küchenmagd, mußte dem Koch zur Hand gehen und die sauerste Arbeit thun. Sie machte sich an beiden Seiten in den Taschen ein Töpfchen fest, darin trug sie, was sie von dem übrig gebliebenen erhielt, nach Haus und sie lebten zusammen davon. Es trug sich zu, daß die Hochzeit des ältesten Königssohns sollte gefeiert werden, da ging die arme Frau hinauf, stellte sich vor die Saalthüre und sah zu. Als ~~nun~~ alles voll Pracht und Herrlichkeit war, da dachte sie mit betrübtem Herzen an ihr Schicksal, und verwünschte ihren Hochmuth und Uebermuth, der sie in diese Armuth gestürzt hatte. Von den köstlichen Speisen, die da ein und ausgetragen wurden, erhielt sie von den Dienern manchmal etwas geschenkt, das that sie in ihre Töpfchen und wollte es heim tragen. Auf einmal trat der Königssohn in goldenen Kleidern daher, und als er die schöne Frau in der Thüre stehen sah, ergriff er sie bei der Hand und wollte mit ihr tanzen, aber sie wollte nicht und erschrak, denn sie sah, daß es der König Droßelbart war, der um sie ge-

1825: Als nun **die Lichter angezündet wurden, und immer einer schöner als der andere hereintrat, und** alles voll Pracht und Herrlichkeit war, da dachte sie mit betrübtem Herzen an ihr Schicksal […]

Auch das Märchen *Der Arme und der Reiche* ergänzt Wilhelm Grimm um eine neue Passage, einen charakterisierenden inneren Monolog:

> 1819: Wie er nun dahin ging durch den Sand und als zu Mittag die Sonne heiß brannte, ward's ihm so warm und verdrießlich zu Muth, der Sattel drückte ihn dazu auf den Rücken, auch war ihm noch immer nicht eingefallen, was er sich wünschen sollte. Wenn er meinte, er hätte etwas, da schien's ihm hernach doch viel zu wenig und gering.
> 1825: Wie er nun dahin gieng durch den Sand, und als zu Mittag die Sonne heiß brannte, ward's ihm so warm und verdrießlich zu Muth; der Sattel drückte ihn dazu auf den Rücken, auch war ihm noch immer nicht eingefallen, was er sich wünschen sollte. Wenn **ich mir auch alle Reiche der Welt und alle Schätze wünsche, dachte er bei sich selbst, so habe ich hernach doch noch allerlei Wünsche, dieses und jenes, das weiß ich im voraus; ich will mir aber etwas wünschen, daß mir gar nichts mehr übrig bleibt, wornach ich noch Verlangen hätte**. Meinte er, diesmal hätte er etwas, so schien's ihm hernach doch viel zu wenig und gering

Insgesamt nimmt Wilhelm Grimm im Übergang von 1819 zu 1825 mehr als 2.300 Änderungen vor – bei einigen handelt es sich lediglich um die Korrektur von Druckfehlern, es werden aber auch größere Textpassagen eingefügt, insgesamt erhöht sich das Textvolumen um über 5.600 Zeichen. Das Märchen *Der Jude im Dorn* wird besonders sorgfältig bearbeitet und stark erweitert. Erstaunlich ist vor allem die gewaltige Vermehrung der Kommata: Die zusätzlichen 1.295 Beistriche machen mehr als die Hälfte der Veränderungen aus. Sie folgen keinen erkennbaren Regeln und geben als rhythmische Markierungen den Sätzen eine neue Struktur. Sie lassen damit eine Parallelität erkennen zu „Kleists eigentümlicher Zeichensetzung, die oft eher den Vortragsduktus als die grammatische Untergliederung zu akzentuieren sucht".[16]

Die ‚Kleine Ausgabe' von 1825 ist also weit mehr als nur ein Auszug aus der Gesamtausgabe, in ihr sei „von einigen Märchen ein neuer und besserer Text"[17] geliefert worden, empfiehlt Wilhelm Grimm Edgar Taylor die Neuerscheinung. Nachdem die

[16] Klaus Müller-Salget im Kommentarteil zu: Heinrich von Kleist. Erzählungen, Anekdoten, Gedichte, Schriften, Frankfurt a.M. 1990, S. 681.

[17] Brief vom 4. August 1826 (Hartwig: Zur ersten englischen Übersetzung, S. 10).

wichtigen gelehrten Informationen mitgeteilt worden waren, berichtet er im Postskriptum dem befreundeten Germanisten Georg Friedrich Benecke in seinem Brief vom 29. Oktober 1825 von der neuen Edition: „Von den Hausmärchen ist eine kleine Ausgabe erschienen, die nur 50 ausgewählte Stücke enthält, ein paar sind ganz umgeschrieben, an den andern ist wenig geändert, außerdem sind 7 Kupfer von Louis dabei d. h. nach Zeichnungen von ihm."[18] Wie wichtig Wilhelm Grimm die „umgeschriebenen" Texte sind, zeigt der Brief an den Büchersammler und passionierten Philologen Gregor Hartwig von Meusebach vom 1. Dezember 1825. Darin berichtet Wilhelm Grimm ihm von seiner Hoffnung, dass Gott ihm „den Genusz bescheert und einen Recensenten so weit animiert, dasz er eine Vergleichung mit der früheren Edition veranstaltet und die Verbeszerungen und Zusätze der Welt vorlegt."[19]

Wurde diese intensive Arbeit an den Texten gewürdigt, wurde sie überhaupt bemerkt? Gab es eine Reaktion auf die erstmals zwischen die Märchen eingeschobenen Bilder von Ludwig Emil Grimm?

[18] Wilhelm Müller: Briefe der Brüder Jacob und Wilhelm Grimm an Georg Friedrich Benecke, Göttingen 1889, S. 187

[19] Camillus Wendeler: Briefwechsel des Freiherrn Karl Hartwig Gregor von Meusebach mit Jacob und Wilhelm Grimm, Heilbronn 1880, S, 26

Überliefert ist jedenfalls eine Beschwerde aus der Familie von Arnim: „Meine Kinder bemerken nur, daß die Gänse auf dem Blatte, wo das Mädchen sich kämmt, zu klein, fast noch kleiner wie Enten angegeben sind, das Marienkindchen auf dem vordern Blatte sei aber zu groß."[20] Ein wenig gelangweilt berichtet das *Literatur-Blatt* des *Morgenblattes für gebildete Stände* am 16. Dezember 1825 von den Neuerscheinungen der Herbstbuchmesse: „Grimm und von der Hagen geben wieder Mährchen." Andere Reaktionen sind nicht bekannt.

Von der ‚Kleinen Ausgabe' von 1825 sind bislang keine aussagekräftigen Informationen aus den Archivalien des Reimer Verlags aufgetaucht. Wir wissen also nicht, wie viele Exemplare insgesamt gedruckt wurden, wie viele Bücher mit den Kupferstichen verkauft worden sind und wie viele als reine Textversion. Erhalten haben sich überwiegend illustrierte Exemplare, Reimer selbst spricht davon, dass jedoch deutlich mehr bilderlose Varianten verkauft wurden. Interessant ist, dass er in einem Brief an Wilhelm Grimm berichtet: „Ich habe Verbindungen in England, die auch schon einen wenn gleich nicht beträchtlichen Absatz der Kindermärchen bewirkt haben."[21] Bis Mit-

[20] Steig: Bw. Arnim/Grimm, S. 549.
[21] SBB-PK Nachl Grimm 1514, Bl. 17^v.

te des 19. Jahrhunderts war es durchaus üblich, dass gebildete Briten deutsche Märchen im Original in ihre Bibliotheken aufnahmen – neben den *Kinder- und Hausmärchen* auch die Märchen von Albert Ludwig Grimm (einem nicht verwandten Namensvetter), Ludwig Bechstein und Wilhelm Hauff – Märchen aus Deutschland waren zu einem Begriff geworden. Taylors *German Popular Stories* hatten hier wie ein Türöffner gewirkt, und viele Engländer waren so fasziniert, dass sie eigens Deutsch lernten, um die Originale näher kennenzulernen.[22]

Der Text in zweifacher Gestalt

Von der ‚Kleinen Ausgabe' 1825 existieren zwei unterschiedliche Textfassungen. Das 1982 von Hermann Gerstner herausgegebene Faksimile[23] geht auf ein einzelnes Exemplar der Fürstlich Fürstenber-

[22] 1842 erschien bei Nutt in London eine Ausgabe mit *Fünf Mährchen aus der Tausend und Einen Nacht* von Albert Ludwig Grimm. Der deutsche Text hatte ein englisches Vorwort und diente dem Erlernen der deutschen Sprache. Es tauchen auch immer wieder Einzelexemplare deutschsprachiger Märchenbände des 19. Jahrhunderts mit englischen Buchhändlermarken oder Widmungstexten sowie typisch britischen Bibliothekseinbänden auf.

[23] Hermann Gerstner: Grimms Märchen. Die kleine Ausgabe aus dem Jahr 1825. Dortmund 1982.

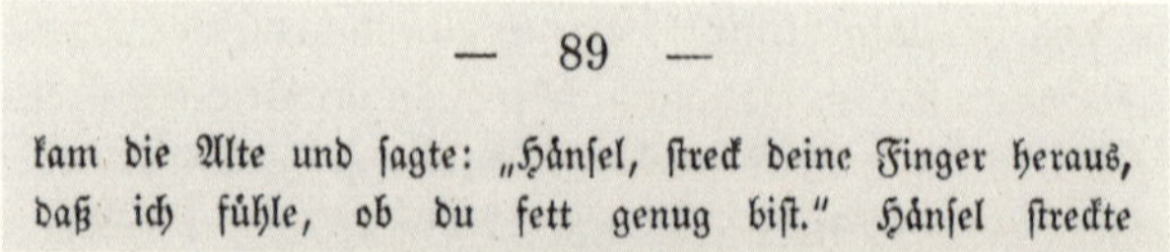

— 89 —

kam die Alte und sagte: „Hänsel, streck deine Finger heraus, daß ich fühle, ob du fett genug bist.“ Hänsel streckte

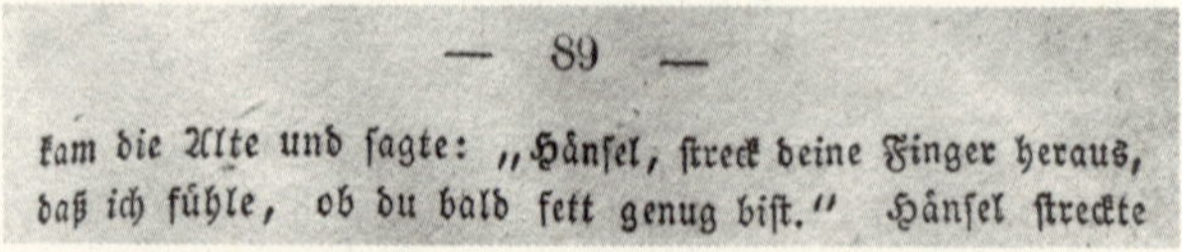

— 89 —

kam die Alte und sagte: „Hänsel, streck deine Finger heraus, daß ich fühle, ob du bald fett genug bist.“ Hänsel streckte

Ein Beispiel für die druckinternen Satzvarianten in beiden Textfassungen: In 1825 A fordert die Hexe Hänsel auf, seinen Finger herauszustrecken, „dass ich fühle, ob du fett genug bist.“ In 1825 B wird in die zweite Zeile ein „bald“ eingefügt.

gischen Hofbibliothek in Donaueschingen (1825 A) zurück und weicht in zahlreichen Details von einer zweiten Version ab. Diese zweite Fassung (1825 B) lässt sich in zehn zur Zeit erreichbaren internationalen Sammlungen nachweisen.[24]

Für die beiden unterschiedlichen Textfassungen gibt es zwei mögliche Erklärungen: Reimer könnte

[24] Die Staatsbibliothek zu Berlin Preußischer Kulturbesitz besitzt drei Exemplare von 1825 B: Nachl. Grimm 145 (aus dem Besitz der Grimms) sowie Libri impr. rari oct. 331 und B IV 1b, 752. Darüber hinaus finden sich Exemplare von 1825 B in den Universitätsbibliotheken Frankfurt, Fukuoka, Harvard (Houghton Library), Kassel, Stuttgart (Sammlung Borst) und konnten in einer deutschen und einer schweizer (ein Exemplar aus der Sammlung Dr. Strähuber) Privatsammlung nachgewiesen werden.

nachgedruckt haben – ohne Wilhelm Grimm zu informieren und ohne Bezeichnung einer Neuauflage. Nach dem für ihn geltenden Preußischen Landrecht war er dazu berechtigt, sofern kein anderslautender Vertrag mit dem Autoren oder Herausgeber vorlag, und eine solche Vereinbarung gab es hier nicht. Allerdings hätte dies wohl kaum geschehen können, ohne dass Ferdinand Grimm, der jüngere Bruder von Jacob und Wilhelm, der seit 1815 in Reimers Verlag arbeitete, davon Wind bekommen hätte. Von dem Ärger, der daraus entstanden wäre, hätten Mit- und Nachwelt erfahren.

Eine andere mögliche Erklärung könnte sein, dass Wilhelm Grimm vor dem eigentlichen Druck Korrekturbögen erhielt, von denen er später einen an seinen Freund Joseph von Laßberg weiterreichte (Laßberg besaß eine sehr wertvolle Bibliothek – darin befand sich auch eine Handschrift des Nibelungenliedes –, die er später der Fürstlich Fürstenbergischen Hofbibliothek verkaufte). So ist Wilhelm Grimm noch öfter verfahren: 1847 schenkt er den speziell für ihn vom Verlag produzierten Prototypen einer möglichen US-Exportausgabe seinem Freund Wilhelm Wackernagel. Für die zweite Theorie spricht, dass die Fassung A bislang nur in einem Exemplar nachgewiesen werden konnte, das wäre dann speziell für Wilhelm Grimm hergestellt worden. Auch der Textbefund stärkt die zweite These, die Fassung B zeigt zahlreiche Korrekturen, die nicht nur Druckfehler beseitigen, sondern redaktioneller Art zu sein scheinen.[25] Wilhelm Grimm hätte demnach in den Korrekturfahnen (A) Druckfehler berichtigt und den Text nachjustiert. Die Fassung B wäre dann die daraus entstandene Version, die in den Handel gelangte.

Aber war die ‚Kleine Ausgabe' von 1825 ein Verkaufserfolg? Reimer weigert sich auch auf wiederholte Nachfrage, den Grimms genaue Verkaufszahlen zu nennen. „Eine Zeit lang hat der Absatz ganz gestockt", kontert Reimer am 12. Januar 1833 die wiederholten Honorarforderungen der Brüder und ergänzt: „aber seit 1½ Jahren ist namentlich die Kleine Ausgabe wieder ein Gegenstand lebhafterer Nachfrage gewesen."[26] Also erst nach sieben Jahren, ungefähr zu dem Zeitpunkt, an dem die Brüder

[25] Rumpelstilzchen spricht zum Beispiel in 1825 A: „heut back ich", 1825 B verändert zu „heute back ich", was sich allein aus metrischen Gründen besser fügt. Im *Märchen von einem, der auszog …* lässt sich die Königin in der Schlusssequenz von A „einen Eimer voll Gründlinge holen", in B „einen ganzen Eimer voll Gründlinge". Hier wie auch in der bereits auf Seite 376 dokumentierten Szene aus *Hänsel und Grethel* scheint es um das Klangbild und die ausgewogene Satzbalance zu gehen.

[26] SBB-PK Nachl Grimm 1514, Bl. 22^{v}.

Grimm sich in Göttingen als Wissenschaftler zu etablieren beginnen, begann auch das allgemeine Interesse an dem neuen Format langsam zu wachsen. Als es dann 1833 – also erst nach acht Jahren – zu einer Nachauflage kommt, stellt Reimer fest, dass sich „noch einige 100 Ex der früheren Ausgabe vorgefunden haben."[27] Vermutlich sind es diese Exemplare, die dann zehn Jahre später verramscht werden.[28] Von einem spontanen durchschlagenden Verkaufserfolg der ‚Kleinen Ausgabe' von 1825 kann also keine Rede sein, von einem „Sensationserfolg", wie Heinz Rölleke behauptet,[29] erst recht nicht.

Mittlerweile ist das Interesse an dem Premierenband der ‚Kleinen Ausgabe' allerdings rasant gestiegen. Originale kommen kaum noch auf den Markt, und als 2005 bei einem Münchner Auktionshaus ein gut erhaltenes Exemplar mit einer

[27] SBB-PK Nachl Grimm 1514, Bl. 26r.

[28] In einer großen Sammelanzeige bietet die Stettin'sche Verlagsbuchhandlung in Ulm einen großen Posten „gut erhaltener Bücher dem Meistbietenden einzeln oder in Partien" an. Es handelt sich um Belletristik und Fachbücher aus dem 16. bis 19. Jahrhundert, darunter auch eine nicht genannte Zahl der ‚Kleinen Ausgabe' von 1825 (Börsenblatt für den Deutschen Buchhhandel und die mit ihm verwandten Geschäftszweige vom 28. Juli 1843. Leipzig 1843, Sp. 2278).

[29] Heinz Rölleke: So leben sie noch heute. Frankfurt a.M. 2021, S. 20.

Taxe von 5.000 € aufgerufen wird, steigern sich die Bieter bis zum Hammerpreis von 46.000 €. Den Zuschlag erhielt den Gerüchten nach Joanne K. Rowling.[30]

Die eigenen Geschichten in einer fremden Sprache zu lesen, hat offensichtlich, wie die Briefe von Jacob Grimm an Lachmann und Wilhelm an Arnim andeuten, einen Erkenntnisprozess ausgelöst. Die Vermutung, dass es vor allem die freiere Textbearbeitung gewesen sein könnte, die neben den Bildern die *German Popular Stories* in England so beliebt gemacht haben, zeigt bei der Vorbereitung für das deutsche Pendant deutliche Wirkung. In den ‚Kleinen Ausgaben' fühlt sich Wilhelm Grimm befreit von philologischen Zwängen und nutzt sie in den kommenden Jahren als Textlabore. Er entdeckt den Erzähler in sich und seine Lust an narrativen Experimenten, deren Ergebnisse ab 1837 dann auch Eingang in die ‚Große Ausgabe' finden. Sprache und Struktur der Märchen weiterzuentwickeln, ohne den Ursprungsplan zu verraten, scheint der Leitgedanke zu sein, der Wilhelm Grimms Umgang mit seinem wichtigsten Buchprojekt von nun an prägt. 1813

[30] Claudia Herstatt: Es war einmal ... Schriften der Gebrüder Grimm und von Hans-Christian Andersen erzielen Märchenpreise, in: Die Zeit v. 4. April 2005, S. 58.

hatte August Wilhelm Schlegel, einer ihrer schärfsten und prominentesten Kritiker, den „Herren Grimm" noch öffentlich vorgehalten, „ausschließend für Kenner"[31] zu schreiben. Das galt zwar in erster Linie ihren wissenschaftlichen Aufsätzen, doch auch Achim von Arnim hatte seinen Freunden ja bereits erklärt, dass sich die pathetischen Vorworte und die gelehrten Aufsätze und Kommentare wie eine Barriere vor die Märchen legten und einen großen Teil des Buchpublikums abschreckten. Ohne Zugeständnisse an dessen Vorlieben, auch dies eine wichtige Erfahrung ein Jahrzehnt nach der Erstausgabe, ließen sich die Herzen der kleinen und großen Märchenfreundinnen und -freunde nicht gewinnen und waren keine nennenswerten Verkaufszahlen zu erzielen. Und ohne Erfolg auf dem Buchmarkt würden auch die geduldigsten Verleger irgendwann das Interesse verlieren.

Gut möglich, dass die *Kinder- und Hausmärchen* ohne die Anregung aus England ein interessantes philologisches Seitenstück mit lediglich zwei Auflagen geblieben wären. Denn teure Märcheneditionen mit gelehrtem Anspruch standen offensichtlich bei der zeitgenössischen Lesewelt nicht eben hoch im

[31] August Wilhelm Schlegel in: Heidelbergische Jahrbücher der Litteratur, No. 46, 1815, S. 722.

Kurs, und die Konkurrenz auf dem Kinderbuchmarkt der Zeit war mit produktiven und verkaufsstarken Märchenautoren wie Albert Ludwig Grimm, Johann Andreas Christian Löhr und Wilhelm Hauff groß. Immer noch beliebt waren auch die *Volksmährchen* von Musäus, die das ganze 19. Jahrhundert über in illustrierten „Prachtausgaben" kursierten. Und am Seitenrand lief sich bereits ein weiterer ambitionierter Herausgeber warm: der junge Ludwig Bechstein mit seinen *Thüringischen Volksmährchen* (1823) und den *Mährchenbildern und Erzählungen, der reiferen Jugend geweiht* (1829).

Zumindest in den Anfangsjahren bestand die reale Gefahr, dass die Märchen der Grimms angesichts ihres gelehrten Auftritts, der philologischen Textgestalt, des publizistischen Gegenwinds und der gut positionierten Mitbewerber auf dem Buchmarkt von der Öffentlichkeit mit ähnlich höflichem Desinteresse zur Kenntnis genommen werden würden wie die parallel erschienenen *Deutschen Sagen* (1816/1818), die es zu Lebzeiten der Grimms auf nur eine Auflage brachten. Zwar lässt der ganz große Verkaufserfolg der *Kinder- und Hausmärchen* noch Jahrzehnte auf sich warten, doch die Londoner Ausgabe hat wichtige Impulse gesetzt, und die ‚Kleine Ausgabe' von 1825 nimmt sie auf und stellt die entscheidenden Weichen für eine produktive Weiterentwicklung. Sie steht am Beginn einer neuen Ära und bietet uns zugleich die letzte Gelegenheit, Grimms Märchen noch einmal in der Frische der Anfangszeit zu erleben. Noch enthalten die Texte deutliche Spuren improvisierten Sprechens sowie typische Kennzeichen mündlichen Erzählens.[32] Noch sind viele Verben von unaufgeregter Schlichtheit, sind die sprachlichen Eingriffe behutsam gesetzt und die Sätze noch nicht so perfekt austariert und rund geschliffen wie in den Fassungen der Spätzeit, die das Ergebnis vielfacher redaktioneller Überarbeitungen sind.

[32] Zu den charmanten Ungenauigkeiten zählt die Szene in *Aschenputtel*, in der die erste Stiefschwester den Schuh probiert: „Das Mädchen hieb die Zehe ab, zwängte nun den Schuh hinein, und gieng zum Königssohn." Natürlich zwängt sie den Fuß hinein (in den Schuh), und so korrigiert Wilhelm Grimm ab 1836. Bei *Dornröschen* hat Wilhelm Grimm sich beim Auftreten der weisen Frauen schlicht verzählt: „Als zehn ihre Wünsche eben gethan hatten, kam die dreizehnte herein, die nicht eingeladen war, und sich dafür rächen wollte." Das aber ist eine Fee zu früh, es hätte die elfte sein müssen, und so verändert Wilhelm Grimm ab 1837 auch die Reihenfolge. Zwei typische Fehler, die beim mündlichen Erzählen nicht wahrgenommen werden – das lauschende Publikum erfasst unmittelbar den intendierten Sinn.

Das Faksimile der ‚Kleinen Ausgabe' aus dem Insel Verlag von 1911 lässt die Einbandmotive des Originals besonders gut erkennen.

Textausgaben

[Taylor, Edgar:] German Popular Stories. Translated from the Kinder und Hausmarchen [spätere Auflagen korrigieren den Umlaut], collected by M. M. Grimm, From Oral Tradition. 2 Bde. 240/258 S. C. Baldwyn: London 1823/1826.

Grimm, Brüder: Kinder- und Haus-Märchen. Kleine Ausgabe. [Mit sieben Kupferstichen nach Ludwig Emil Grimm.] 316 S. G. Reimer: Berlin 1825.

Grimm, Brüder: Kinder- und Haus-Märchen. Kleine Ausgabe. 280 S. A. F. Macklot: Stuttgart 1826.

[Unautorisierter Nachdruck, im Gegensatz zum Original enthält er acht kolorierte Kupferstiche, das Bild von *Sneewittchen* wird gegen das Motiv aus Löhrs *Mährchen* ausgetauscht (vgl. S. 365), zusätzlich enthält er eine Illustration zum Märchen *Vom klugen Schneiderlein.*[33] Reimer erwähnt den Raubdruck in seinem Brief an Wil-

[33] Die acht Farbbilder dokumentiert der Katalog: 200 Jahre Brüder Grimm. Dokumente ihres Lebens und Wirkens. Hrsg. v. Dieter Hennig und Bernhard Lauer. Kassel 1985, S. 396f.

helm Grimm vom 26. Juni 1826: „So eben schreibt mir Winter [?]: Macklott in Stuttgard habe einen Nachdruck davon veranstaltet. Kann man diesem Gesindel denn nicht endlich einen Damm setzen?“[34] 1838, als die Diskussion über diese Art Raubdrucke zu neuen Gesetzten und damit größerer Rechtssicherheit führt, hat Macklot noch 1169 Exemplare in seinem Depot.[35]]

Grimm, Brüder: Kinder- und Haus-Märchen. Kleine Ausgabe. G. Reimer: Berlin 1825. [Buchstabengetreuer Neudruck in 500 nummerierten Exemplaren.] 317 S. Insel Verlag: Leipzig 1911.

Gerstner, Helmut: Die kleine Ausgabe aus dem Jahr 1825. [Faksimile mit ausführlichem Nachwort.] 354 S. Harenberg: Dortmund 1982.

Emmrich, Christian: Grimm, Brüder: Kinder- und Haus-Märchen. Kleine Ausgabe. [Normalisierte Neuausgabe mit umfangreichem Anhang.] 304 S. Der Kinderbuchverlag: Berlin 1989.

Grimm, Brüder: Kinder- und Haus-Märchen. 368 S. Haffmans Verlag: Zürich 2001 u.ö.

[34] SBB-PK Nachl Grimm 1514, Bl. 17v.

[35] Börsenblatt für den Deutschen Buchhhandel und die mit ihm verwandten Geschäftszweige vom 21. Dezember 1838. Leipzig 1838, Sp. 2725 f.

Literatur

Wendeler, Camillus: Briefwechsel des Freiherrn Karl Hartwig Gregor von Meusebach mit Jacob und Wilhelm Grimm. Heilbronn 1880.

Hartwig, Otto: Zur ersten englischen Übersetzung der Kinder- und Hausmärchen der Brüder Grimm. In: Centralblatt für Bibliothekswesen. 1. u. 2. Heft. Leipzig 1898.

Steig, Reinhold: Achim von Arnim und Jacob und Wilhelm Grimm. Stuttgart/Berlin 1904.

Gürtler, Hans/Leitzmann, Albert: Briefe der Brüder Grimm. Jena 1923.

Denecke, Ludwig/Teitge, Irmgard: Die Bibliothek der Brüder Grimm. Weimar 1989.

Koszinowski, Ingrid/Leuschner, Vera: Ludwig Emil Grimm. Zeichnungen und Gemälde. 2 Bde. Kassel/Marburg 1990.

Reimer, Doris: Passion & Kalkül. Der Verleger Georg Andreas Reimer (1776 – 1842). Berlin 1999.

Freyberger, Regina: Märchenbilder – Bildermärchen. Illustrationen zu Grimms Märchen 1819 – 1945.

Über einen vergessenen Bereich deutscher Kunst. Oberhausen 2009.
Zipes, Jack: Grimm Legacies. The Magic Spell of the Grimms' Folk and Fairy Tales. Princeton 2015.
Winzer, Axel: Permanente Metamorphosen. Neues zur Verlags- und Editionsgeschichte der Kinder- und Hausmärchen der Brüder Grimm. Marburg 2021.

Zur Textgestalt

Die ‚Kleine Ausgabe' von 1825 existiert in zwei unterschiedlichen Textversionen. Keine von beiden ist frei von Fehlern. Die nachfolgende Aufstellung verzeichnet die Texteingriffe in diesem Buch. Wenn es sich nicht um eindeutige Satzfehler handelte („Hnchzeit", „Schestern"), galt es zu entscheiden, welche Variante der größeren Wahrscheinlichkeit nach die Herausgeberintention Wilhelm Grimms trifft. Orientierung gaben hier die vorangegangene Textfassung der ‚Großen Ausgabe" von 1819 und die nächstfolgende der ‚Kleinen Ausgabe' von 1833. In vielen Fällen boten sie übereinstimmende korrekte Textversionen; die Setzer hatten also vermutlich 1825 Fehler verursacht, die dann 1833 von Wilhelm Grimm korrigiert wurden. In einem Fall war auch der Blick in das Handexemplar der Brüder Grimm von 1819 hilfreich. Wenn in *Von dem Fischer und un syne Fru* der Fischer das niederdeutsche Verb „segen" benutzt wird und Wilhelm Grimm im Handexemplar von 1819 (Bd. 1, S. 101) zu „seggen" korrigiert, schien es vertretbar, diesen Fehler hier zu verbessern.

Die Buchstaben „A" und „B" bezeichnen die im Nachwort beschriebenen unterschiedlichen Textfassungen der ‚Kleinen Ausgabe' von 1825, „1819" die zweite Auflage der ‚Großen Ausgabe", ein „H" hinter der Jahreszahl die Korrektur aus dem Handexemplar der Brüder Grimm. „1833" und „1836" beziehen sich auf die in diesen Jahren in Berlin erschienenen ‚Kleinen Ausgaben' der *Kinder- und Hausmärchen*. Die nachfolgend fett markierten Worte bezeichnen Satzfehler, die sich in beiden Fassungen der ‚Kleinen Ausgabe' von 1825 finden.

Von einem, der auszog, das Fürchten zu lernen

22, 1 Brod [A: Brot | B/1819/1833: Brod]

31, 24 verloren." [A/1833: verloren." | B/1819: verloren.]

34, 25 einen ganzen Eimer [A: einen Eimer | B/1819/1833: einen ganzen Eimer]

Der treue Johannes

46, 18 Knie." [A/1833: Knie." | B/1819: Knie"]

48, 22 Antlitz; [A: Antlitz, | B/1819: Antlitz;]

49, 3 Gefängniß [A: Gefängnis | B/1819/1833: Gefängniß]

49, 20 „ach! [A/1833: „ach | B/1819: ach]

Der gute Handel

52, 16 einen. [**A/B: einen."** | 1819H/1833: einen.]
52, 18 ak!" [A/1819: ak! | B/1833: ak!"]
53, 11 viel [A: vil | B/1819/1833: viel]
54, 12 dem Fleischer [**A/B/1819: den** | 1833: dem]
56, 19 „au weih [A: au | B/1819/1833: „au]
57, 19 habe?" [A: habe? | B: habe?"]

Brüderchen und Schwesterchen

70, 15 zusammen!" [A: zusammen! | B/1819/1833: zusammen!"]
71, 20 „Ach [**A/B/1819: Ach** | 1819H: „Ach]

Die drei Männlein im Walde

83, 21 hat?" [A: hat? | B/1819/1833: hat?"]
85, 21 aufthat [**A/B/1819**: aufthät | 1833: aufthat]
85, 24 ihm [A: vor ihr | B/1819/1833: vor ihm]
86, 10 schlittere [A: schlittre | B/1819/1833: schlittere]

Die drei Spinnerinnen

89, 10 wollte, sie [A: wollte sie | B/1819/1833: wollte, sie]
92, 10 Hochzeit [A: Hochzeit | B: Hnchzeit]

Hänsel und Grethel

96, 27 „Was [A/1819/1833: „Was | B: Was]

98, 1 dem [**A/B/1819: aus den Wald** | 1833: aus dem Wald]

100, 9 ob du bald fett genug [A: fett genug | B/1819/1833: bald fett genug]

100, 11 wollte [A/1836: wollte | B/1819/1833: wolle]

100, 22 hineinschieben. [**A/B: hineinschieben?** | 1833: hineinschieben.]

Von dem Fischer und syne Fru

104, 14 „Nu [**A/B/1819: Nu** | 1833: „Nu]

107, 14 Daar ging de Mann [A: de Mann | B: de de Mann]

107, 24 warden." [**A/B/1819: warden"** | 1833: warden."]

108, 3 syne Fru [A: syn | B: syne]

108, 11 to [**A/B/1833: te** | 1819 druckt korrekt to]

108, 15 tom [**A/B/1819: tum** | 1833: tom]

108, 17 seggen [**A/B/1833: segen** | 1819H: seggen]

109, 6 daar kamm [**A/B/1819: daarkamm** | 1833: daar kamm]

109, 13 veele Fürsten [A: viele | B/1819/1833: veele]

110, 24 nix meer warden [A: werden | B/1819/1833: warden]

112, 3 will se denn [A/1833: denn | B/1819: den]

Aschenputtel

114, 22 Das [**A/B: „Das** | 1819/1833: Das]

115, 19 guten [**A/B/1819: gute** | 1833: guten]

118, 16 entgegen [A: entgegen, | B/1819/1833 entgegen]

119, 1 sagte zu ihm [A: zu ihm | B/1819/1833: sagte ihm]

119, 8 Oehllämpchen [A: Oehllämmpchen | B/1819: Oehllämpchen]

120, 23 fort [**A/B: dort** | 1819/1833: fort]

123, 14 erst Hände [A: erst die Hände | B/1819/1833: erst Hände]

123, 26 123, 26: zwei weißen Täubchen [1819/A: zwei Täubchen | B/1833: zwei weißen Täubchen]

124, 14 Auge [A/1833: Auge | B/1819: Aug]

Frau Holle

126, 18 ihm so gut [**A/B: so gut ihm** | 1819/1833: ihm so gut]

127, 11 darunter stand [A: darunterstand | B/1819: darunter stand]

128, 11 Brod [A: Brot | B/1819/1833: Brod]

128, 17 reif." [**A/B1819: reif"** | 1833: reif." Sie]

129, 7 Golds [A: Goldes | B/1819/1833: Golds]

Die sieben Raben

130, 17 Haupt [A: Haupte | B/1819/1833: Haupt]

130, 26 Tags [A: Tages | B/1819/1833: Tags]
131, 26 besondern Stühlchen [A: besonderen | B/1819/1833: besondern]

Die kluge Else
150, 25 wollten [A/1819/1833: wollten | B: wollte]

Daumesdick
155, 11 „Nun [A/1819: „Nun | B: Nun]
155, 21 Bette [A: Bett | B/1819/1833: Bette]
158, 4 Häuptlein [**1819/A/B: Hauptlein**, das Druckfehlerverzeichnis von KHM 1819, S. 440, korrigiert zu „Häuptlein" | 1833: Haupt]
158, 27 an [A: in | B/1819/1833: an]

Des Schneiders Daumerling Wanderschaft
165, 5 Lärmen [A: Lärm | B/1819/1833: Lärmen]

Fitchers Vogel
168, 8 hineintrat [A: hereintrat | B/1819/1833: hineintrat]

Van den Machandel-Boom
172, 11 beede [A: beed | B/1819/1833: beede]
175, 7 toreden [1812 druckt das korrekte „toreden", 1819 bis 1843 falsch „toriden"]

181, 5 Mählenburschen [**A/B: Mählenbursche** | 1819/1833: Mählenburschen]

182, 11 „Ja, segd he [A: „J | B/1819/1833: „Ja]

184, 6 „min Vader de mi att," [A: att," | B: att,„]

184, 8 herlich [A: herrlich | B/1819/1833: herlich]

185, 7 hen [A: heen | B/1819/1833: hen]

185, 5 herinn [A: herin | B/1819/183: herinn]

Dornröschen

190, 1 Ich spinne," [**A/B: Ich spinne,** | 1833: Ich spinne,"]

190, 20 Dornenhecke [A: Dornhecke | B/1819/1833: Dornenhecke]

Vom Fundevogel

194, 15 auf die Jagd [A: auf der Jagd | B/1819/1833: auf die Jagd]

195, 3 die Jagd [A: der Jagd | B/1819/1833: die Jagd]

König Drosselbart

198, 7 / 199, 1 so wohl gefallen [A: so gefallen | B/1819/1833: so wohl gefallen]

Sneewittchen

213, 16 alsbald [A: albald | B: alsdald]

216, 21 eine Rabe [A: ein Rabe | B/1819/1833: eine Rabe]

Rumpelstilzchen

223, 18 heute back [A: heut back | B/1819/1833: heute back]

Der Hund und der Sperling

225, 14 rollten, [A: rollten; | B/1819/1833: rollten,]

228, 22 soll ich ihn todt schlagen? [A: schlagen! | B/1819/1833: schlagen?]

Der Frieder und das Catherlieschen

232, 15 kaufen! [A: kaufen! | B/1819: kaufen?]

235, 18 anderes zu essen [A: anderes essen | B/1819/1833: anderes zu essen]

Allerlei-Rauh

247, 18 goldnen [A: goldenen | B/1819/1833: goldnen]

Jorinde und Joringel

251, 11 fiel vor [A: fiel aber vor | B/1819/1833: fiel vor]

Hans im Glück

258, 25 Gans gekauft? [**A/B: gekauft.** | 1819/1833: gekauft?]

Der Arme und der Reiche

261, 12 Weg [A: Wege | B/1819/1833: Weg]

Die Gänsemagd

271, 16 unterweges [A: unterwegs | B/1819/1833: unterweges]

277, 3 ihr ganzes Herz [**A/B: ganz Herz** | 1819/1833: ganzes Herz]

Der Zaunkönig und der Bär

287, 18 sind." [A: fort sind." | B: fort sind "]

Die treuen Thiere

293, 19 auch boten [A: und boten | B/1819/1833: auch boten]

Der Jude im Dorn

306, 9 begegnete er einem [**A/B: einen** | 1833: einem]

Die drei Brüder

316, 16 ältste [A/1819/1837: ältste | B: älteste]

Die vier kunstreichen Brüder

321, 24 sitzt und brütet, [A: sitz, und brütet | B, 1818, 1833: sitzt und brütet,]

Einäuglein, Zweiäuglein und Dreiäuglein

328, 13 Schwestern [A: Schestern | B: Schwestern]

331, 14 das Tischlein [A/1833/1837: das Tischlein | B/1819: dem Tischlein]

335, 9 wir uns deiner [A: deine | B: deiner]

Die weiße und die schwarze Braut

339, 6 ward sie ihr [A: ward ihr | B: ward sie ihr]

343, 2 setzte [A: setzt | B: setzte]

Vom Tod des Hühnchens

348, 3 Die Noth gieng von neuem an [A: neuem an | B: von neuem an]

Wort- und Sacherläuterungen

1. Der Froschkönig ...

10, 14 *während ihr fast jedes Bißlein im Hals blieb*: längst sprichwörtlich gewordene Redensart, die auf auf ein altes germanisches Gottesurteil zurückgeht: „Geweihter bißen, judicium offae, ein schnitt *brot* oder *käse* wurde dem verdächtigen in den mund gesteckt; konnte er ihn leicht und ohne schaden eßen, so galt er für unschuldig, für schuldig aber, wenn er ihm im halse stecken blieb und wieder herausgenommen werden mußte" (Jacob Grimm: Deutsche Rechtsalterthümer, Göttingen 1828, S. 931f.).

3. Mährchen von einem, der auszog das Fürchten zu lernen

31, 17 *schüppeln*: hessisch für „rollen" (vgl. Jacob Grimm und Wilhelm Grimm: Deutsches Wörterbuch, Leipzig 1854–1961, Bd. 15, Sp. 2018).

5. Der treue Johannes

39, 10 *Der getreue Johannes war aber*: Das „aber" bezeichnet an dieser Stelle keinen Gegensatz, sondern ist zum einen ein fernes Echo der Bibelsprache („Er aber sprach zu ihnen", Markus 16,6; „JEsus aber, da er auferstanden war", Markus 16,9 u.ö.), ganz sicher aber ein rhetorisches Element, das die literarische Qualität des Textes steigert: *„so kann sie* [die Konjunktion „aber"] *jeder einmal in gang gekomme vortrag, nach manigfacher abstufung, allenthalben einfügen, wie denn überhaupt diese partikel der rede häufig ton und schatten verleiht"* (Grimm: Wörterbuch. Bd. 1, Sp. 31).

42, 13 *„meine Liebe zu ihr ist so groß, wenn alle Blätter an den Bäumen Zungen wären, sie könntens nicht aussagen"*: Typisch christlicher Topos der Unsagbarkeit, der sich in zahlreichen evangelischen Erbauungsbüchern des 18. Jahrhunderts findet: „... daß, wenn alle Blätter auf den Bäumen Zungen waren, dennoch Gottes Barmhertzigkeit nimmer genug dafür können gepriesen werden." (Philipp Christoph Zeyßen: Exegetische Einleitung in den Psalter des Königes und Propheten Davids ..., Leipzig 1732, S. 1323); „Unsere liebe Alte haben recht und wol gesagt: Wann ein Mensch wäre, der hundert Zungen hätte, ja wann alle Blätter auf den Bäumen [...] eitel Zungen wären, und mit heller Stimme reden könnten, so wäre es ihnen doch unmüglich, diese ewige Pein mit Worten zu erreichen." (Johann Jacob Rambach: Evangelische Krancken- und Sterbe-Postill: in welcher nach Anleitung aller Sonn- Fest- und Feyertäglichen Evangelien ..., Nürnberg 1735, S. 711).

6. Der gute Handel

52, 8 *die schreien auch ins Haberfeld hinein*: Grimms Wörterbuch definiert „Haber" als alten, aus dem Mittelhochdeutschen stammenden Ausdruck für Hafer (Grimm: Wörterbuch. Bd. 10, Sp. 78) und erklärt „Haberfeld" und den damit in Verbindung stehenden Ausdruck folgendermaßen: „HABERFELD, *n. feld auf dem haber gebaut wird* [...] *die jetzt mehr und mehr in abnahme gekommene dreifelderwirtschaft* (2, 1380) *weist dem* haberfeld *eine grosze ausdehnung an, weil nach ihr in jedem zweiten jahre auf dem felde nur sommerfrucht, gerste oder haber, gebaut werden kann. wie nun an* feld *die vorstellung des freien weiten raumes haftet* (3, 1476) *und wie man* ins feld hinein leben *für blind, unvorsichtig hin leben braucht, so bedeutet auch* ins haberfeld schreien *gedankenlos schreien:* ja, sprach er für sich, die schreien auch ins haberfeld hinein, sieben sinds, keine acht. *k. u. hausm.* 1, 39 (1857). *bair.* mit seinen gedanken im haberfeld sein, *zerstreut sein.*"

55, 24 Scheidemünz: Wechselgeld (1 Thaler = 24 Groschen).

56, 2 *Mauschel*: *„spottname für einen juden, weitergebildet aus dem jüdischen namen Moses, in jüdisch-deutscher aussprache* Mausche *oder* Môsche, *wie denn diese und verwandte formen als allgemeiner rufname für juden begegnen"* (Grimm: Wörterbuch. Bd 12, Sp. 1820).

7. Die zwölf Brüder

59, 10 *betraurig*: barocke Sprachform von „traurig", die sich in der Luther-Bibel bis ins 18. Jahrhundert hinein, in den *Kinder- und Hausmärchen* aber nur in den Auflagen von 1819 und 1825 findet. Grimms Wörterbuch kennt sie nicht.

63, 26 *Studenten*: Grimms Wörterbuch gibt unter dem Stichwort „STUDENTENBLUME" die botanische Definition *„tagetes patula, mexicanische sammetblume"* (Grimm: Wörterbuch. Bd. 20, Sp. 265) und ergänzt unter „STUDENT": *als verkürzung von bildungen wie* studentenblume [...] *noch heute sagt man in Hessen nicht* studentenblumen, *sondern* studenten" (Grimm: Wörterbuch. Bd. 20, Sp. 264).

9. Brüderchen und Schwesterchen

78, 20 *sie getraute nicht, Jemand etwas davon zu sagen*: Hier scheint bei „getraute" das „sich" zu fehlen, erst die Große Ausgabe 1843 A fügt es ein. Tatsächlich finden sich in der literarischen Sprache der Zeit Beispiele für die Verwendung mit und ohne Reflexivum. Grimms Wörterbuch (Bd. 5, Sp. 4440) bemerkt dazu: „bei den schriftstellern des 18. jahrh. schwankt der gebrauch; bei einem und demselben stilisten wechselt das verbum mit und ohne reflexiv. es läszt sich nicht verkennen, dasz die feineren stilisten von dieser freiheit einer übergangsperiode für ihre zwecke gebrauch machen: [...] er hielt sein besteck in der hand und getraute sich nicht es zu eröffnen, er stand und getraute nicht niederzusitzen. der widerwille dieses herrliche naturereignisz noch weiter zu entstellen stritt mit der anforderung, welche der wissensbegierige mann an sich zu machen hat und welcher sämmtliche umhersitzende genüge leisteten. Göthe (W. Meisters Wanderjahre 3, 3) 23, 26".

10. Die drei Männlein im Walde

83, 4 *Haule-Männerchen*: Laut Wilhelm Grimm „Höhlen-Waldmännlein" (KHM 1856, S. 22/23).

86, 5 *Garn schlittern*: Grimms Wörterbuch vermutet an dieser Stelle die Bedeutung *„spülen"* (Grimm: Wörterbuch. Bd. 15, Sp. 758)

11. Die drei Spinnerinnen

89, 14 *Königinn*: Das zweite „n" existiert nur in der KHM 1825, weder in der KHM 1819 noch in der KHM 1833. „Königinn" ist nicht unbedingt ein Druckfehler, möglich ist auch das Relikt einer alten Sprachstufe (vgl. Grimm: Wörterbuch. Bd. 11, Sp. 1702). Auch das „Cabinet der Feen", eine von Friedrich Immanuel Bierling herausgegebene, zwischen 1761 und 1765 in neun Bänden in Nürnberg erschienene deutsche Fassung französischer Feenmärchen, druckt durchgehend „Königinn" und „Prinzeßinn".

90, 21 *gespunnen*: Alte Form des Participium Präteritum von „spinnen", KHM 1833 verändert zu gesponnen.

12. Hänsel und Grethel

94, 6 *glänzten wie lauter Batzen*: Grimms Wörterbuch erklärt zum Stichwort „BATZE": „*eine geringe zu Bern geprägte, vier kreuzer werthe münze, die sich seit dem* 15. 16 *jh. im südlichen Deutschland allgemein verbreitete und auch in andern gebieten, ohne dasz der Berner bär darauf abgebildet war, gleichen namen behielt* [...] *das wort ist allmälich ein ausdruck für geld überhaupt geworden*" (Grimm: Wörterbuch. Bd. 1, Sp. 1159).

104, 7 *Grethel aber bekam nichts, als die Krebsschalen*: eine Bemerkung, die die größte vorstellbare Fallhöhe zu Hänsels „bestem Essen" veranschaulichen soll. Noch im 19. Jahrhundert waren Flusskrebse so verbreitet und wurden so wenig geschätzt, dass sie nur die Ärmsten und auch nur in großer Not als Eiweißlieferanten akzeptierten.

13. Von dem Fischer un syne Fru

107, 4 *beschlapen*: Eigentlich müsste es an dieser Stelle „beslapen" heißen. Bereits das Handexemplar der Brüder Grimm korrigiert KHM 1812 (S. 71, Z. 28) auch entsprechend „beschlapen" zu „beslapen". Die falsche niederdeutsche Form bleibt trotzdem bis zur grundsätzlichen Revision des Märchens in der Druckfassung der KHM 1843 A erhalten.

110, 19 *Köken-Licht*: Das Druckfehlerverzeichnis von Band 2 der Erstauflage KHM 1815 verbessert hier zu „Köten- oder Kötinglicht". Und ergänzt noch zusätzlich: „v. kötken, das letzte Endchen von einem abgebrannten Licht".

14. Aschenputtel

115, 1 *Hochzeit*: An dieser Stelle ist zunächst noch ganz allgemein ein Fest auf dem Königsschloss gemeint, im Sinne von „*mhd.* hôchzît, *hohe, festliche zeit*" (Grimm: Wörterbuch. Bd. 10, Sp. 1640), erst später im Text (118, 10) bezeichnet „Hochzeit" die Vermählung mit dem Königssohn.

16. Die sieben Raben

131, 27 *Hinkelbeinchen*: Grimms Wörterbuch definiert „HINKEL" als „junges Huhn".

18. Die Bremer Stadtmusikanten

144, 5 *bei die warme Asche*: Ein Ausdruck, der direkt vom Niederdeutschen ins Hochdeutsche übernommen wurde. Grimms Wörterbuch (Bd. 1, Sp. 1346) stellt klar: „bei *regiert beide casus*" [den Akkusativ wie den Dativ], und fügt einen längeren Abschnitt an, der die ganze Vielfalt und den Variantenreichtum des zeitgenössischen Sprachgebrauchs in diesem Fall veranschaulicht. „Bei" mit nachfolgendem Akkusativ findet sich auch in *Der Frieder und das Catherlieschen* („da gieng es bei sie, und sprach [...]").

22. Fitchers Vogel

167, 10 *Kötze*: „*korb, rückenkorb*" (Grimm: Wörterbuch. Bd. 11, Sp. 1903).

170, 27 *Bodenloch*: Dachbodenfenster.

23. Van den Machandel-Boom

172, 8 *Machandel-Boom*: „MACHANDEL" ist „wacholder" (Grimm: Wörterbuch. Bd. 12, Sp. 1362).

25. Vom Fundevogel

196, 13 *Krone*: hier als Synonym für „Kranz" zu verstehen, wie etwa auch in der „Brautkrone" oder Christi „Dornenkrone".

26. König Drosselbart

198, 8 *Zinshahn*: Adelungs Wörterbuch bietet folgende Erklärung: „1. Ein Hahn, so fern er als ein Grundzins gegeben wird. 2. Im gemeinen Leben, ein zorniger, erhitzter Hahn. Du bist erhitzt, wie ein Zinshahn, Less. (im Drama: „Der junge Gelehrte", 3. Akt, 12. Szene) Vielleicht, weil zu den Zinshähnen die muthigsten und stärksten ausgesucht werden mußten" (Johann Christoph Adelung: Grammatisch-kritisches Wörterbuch der Hochdeutschen Mundart, Leipzig 1793–1801, Bd. 4, S. 1723).

27. Sneewittchen

206, 23 *Hirschfänger*: *„seitengewehr der jäger zum fangen, d. h. abstechen des hirsches"* (Grimm: Wörterbuch. Bd. 10, Sp. 1566)

28. Rumpelstilzchen

220, 2 *Rumpelstilzchen*: Wilhelm Grimm bemerkt hierzu: „Die Unterirdischen führen Namen, die bei den Menschen nicht in Gebrauch sind, daher das Männchen ganz sicher zu sein glaubt, als es die Bedingung stellt, seinen Namen zu errathen" (KHM 1856, S. 95)

220, 6 *Stroh zu Gold spinnen*: Wilhelm Grimm dazu in seinen Anmerkungen (KHM 1856, S. 95): „Das Spinnen des Goldes kann auch die schwere kummervolle Arbeit Golddraht zu verfertigen andeuten, welche armen Jungfrauen überlassen blieb; so heißt es im altdänischen Lied, Kämpe Viser S. 165, V. 24

> nu er min Sorg saa mangefold,
> som Jongfruer de spinde Guld."

In Wilhelm Grimms Kämpe Viser-Übersetzung (1811) wird die Fähigkeit, Gold zu spinnen dagegen auch als Attribut vornehmer Abkunft beschrieben. Gleichzeitig scheint „Haar wie von Gold gesponnen" seit dem Mittelalter ganz allgemein als Metapher für weibliche Schönheit gegolten zu haben (Wilhelm Grimm: Altdänische Balladen und Märchen. Heidelberg 1811, S. 401).

221, 26 *wann dir das gelingt*: Beim ersten Auftrag zum Goldspinnen stellt der König die Bedingung: „wenn du diese Nacht durch, bis morgen früh dieses Stroh nicht zu Gold versponnen hast [...]". Beim dritten Auftrag steht in ebenfalls konditionaler Funktion ein scheinbar temporales „wann": „wann dir das gelingt". Grimms Wörterbuch weist den parallelen und gleichbereichtigten Gebrauch beider Formen nach: „bei nahezu allen anwendungen konkurrieren bis ins

18. jh. die formen wann und wenn" (Grimm: Wörterbuch. Bd. 29, Sp. 53f.).

29. Der Hund und der Sperling

224, 14 *betraurig*: siehe Kommentar zu S. 59, 10

30. Der Frieder und das Catherlieschen

232, 5 *Gickelinge*: Grimms Wörterbuch erklärt: „GICKELING, *m., schlechtes geldstück, ‚spiel-, zahlpfennige'*".

239, 13 *hockeln*: etwas auf dem Rücken tragen

33. Hans im Glück

257, 1 *begegnete ihm ja eine Verdrießlichkeit*: „ja" steht hier in der Bedeutung „doch", vgl. Grimms Wörterbuch: „ja in bedingungssätzen, wo es, wie doch oder überhaupt, eine behauptung abschwächt, mäszigt, vermittelt" (Grimm: Wörterbuch. Bd. 10, Sp. 2194)

34. Der Arme und der Reiche

262, 27 *schlechte Kost*: „schlecht" ist hier im Sinne von „schlicht, einfach" gebraucht

35. Die Gänsemagd

272, 21 *geschnatzt*: *schnatzen* bedeutet, „das Haar der Frauenspersonen glatt kämmen, flechten und um die Haarnadel wickeln" (Vilmar, August, Friedrich Christian: Idiotikon von Kurhessen, Marburg und Leipzig 1868, S. 361).

37. Doctor Allwissend

284, 13 *ABC-Buch, so eins, wo vorne ein Göckelhahn drin ist*: Viele Erstlesebücher des 18. Jahrhunderts zeigten auf dem Titelblatt einen Hahn.

39. Die treuen Thiere

293, 3 *Marstall*: *„stall einer herrschaftlichen hofhaltung, der zahlreiche luxuspferde enthält"* (Grimm: Wörterbuch. Bd. 12, Sp. 1676).

40. Märchen von der Unke

297, 2 *Unke*: hier in der Bedeutung „Hausschlange" (vgl. Grimm: Wörterbuch. Bd. 24, Sp. 1080).

41. Der arme Müllerbursch und das Kätzchen

300, 1 *krappelte*: hessische Form des hochdeutschen „krabbeln", „doch mehr in der Bedeutung des Fortkriechens mit eilfertiger, käferartiger Bewegung der Arme und Beine", wie Friedrich Christian August Vilmars „Idiotikon von Kurhessen" bemerkt.

300, 4 *begegnete ihm ein kleines, buntes Kätzchen*: „bunt" steht hier im Sinne von „gefleckt, gescheckt" (vgl. Grimm: Wörterbuch. Bd. 2, Sp. 526 f.)

301, 8 *und weil sie die Thüre so aufmacht*: „weil" hat hier die ältere, temporale Bedeutung im Sinne von „als", wie sie sich noch in Mundarten erhalten hat. Vgl. hierzu: „*der urspr. sinn der conj. ist ihrer herkunft gemäsz zeitlich*" (Grimm: Wörterbuch. Bd. 28, Sp. 763)

301, 9 *die hatten geblänkt und gespiegelt*: „blänken" ist ein hessischer Ausdruck für „glänzen" (Südhessisches Wörterbuch. Begr. v. Friedrich Maurer, Marburg 1965, Bd. 1, Sp. 892).

42. Der Jude im Dorn

305, 22 *einer, der blau pfeifen kann*: Das ist ein „Altgescheiter, urspr. ‚einer, der hexen kann'" (Pfälzisches Wörterbuch. Begr. v. Ernst Christmann. Fortgef. von Julius Krämer. Bearb. von Rudolf Post. Unter Mitarb. von Josef Schwing und Sigrid Bingenheimer. Stuttgart 1965, Bd. 1, Sp.1001). Der Ausdruck wird von Wilhelm Grimm erstmals in KHM 1825 eingesetzt und auch von ihm in einem Brief an Meusebach vom 5. April 1826 erwähnt (Camillus Wendeler: Briefwechsel des Freiherrn Karl Hartwig Gregor von Meusebach mit Jacob und Wilhelm Grimm. Heilbronn 1880, S. 32).

307, 15 *splendid*: freigiebig. Wird in der nächsten Auflage gegen „spendabel" ausgetauscht.

43. Vom klugen Schneiderlein

312, 7 *Bratenrock*: „*sonntagskleid*" (Grimm: Wörterbuch. Bd. 2, Sp. 311)

45. Die vier kunstreichen Brüder

319, 5 *lieben Kinder:* eine durchaus übliche Form der Anrede im Plural (vgl. Grimm, Wörterbuch. Bd. 12, Sp. 898: „3) *in der anrede:* ah, lieben brüder, thut nicht so ubel. 1 *Mos.* 19, 7; lieben herrn, wie lang sol meine ehre geschendet werden?"). Auch Achim von Achim spricht Jacob und Wilhelm in seinen Briefen mit „lieben Freunde" an (z. B. Reinhold Steig: Achim von Arnim und Jacob und Wilhelm Grimm. Stuttgart und Berlin 1904, S. 187 u. 240). Die Form scheint aber Anfang des 19. Jhs. bereits veraltet zu sein, denn ab KHM 1833 drucken alle Auflagen an dieser Stelle „liebe Kinder".

50. Die Sternthaler

349, 2 *Sternthaler*: „STERNTALER, *m., nennt man diejenigen hessischen thaler, welche landgraf Friedrich II. 1776 auf den* [...] *löwenorden schlagen liesz*" (Grimm: Wörterbuch. Bd. 18, Sp. 2524).

349, 21 *Leibchen*: „wams ohne ärmel, [...] der weiblichen tracht angehörig" (Grimm: Wörterbuch. Bd. 12, Sp. 591), also eine Art Weste.

Zur Druckanordnung

Diese Neuausgabe präsentiert den Text der Erstauflage in größtmöglicher Treue. Sie bewahrt den Sprachstand des Originals, die Inkonsequenzen in der Orthografie und Zeichensetzung und berücksichtigt auch Details in der Druckanordnung – das betrifft vor allem Einzüge und Absatzformatierungen –, jedoch ohne die zahlreichen Unregelmäßigkeiten des historischen Satzbildes im Detail nachzustellen.

Die Passagen, die 1825 durch Sperrung hervorgehoben wurden, sind hier kursiviert.

Sämtliche Auflagen der zu Lebzeiten Wilhelm Grimms erschienenen ‚Kleinen Ausgaben' der *Kinder- und Hausmärchen* sind in Berlin verlegt worden – wie diese Neuedition.